信息系统分析与设计

谢益武　李冠宇　主　编
张维石　主　审

大连海事大学出版社

图书在版编目(CIP)数据

信息系统分析与设计 / 谢益武,李冠宇主编. —大连 : 大连海事大学出版社, 2017.12

ISBN 978-7-5632-3587-2

Ⅰ.①信… Ⅱ.①谢… ②李… Ⅲ.①信息系统—系统分析—教材 ②信息系统—系统设计—教材 Ⅳ.①G202

中国版本图书馆 CIP 数据核字(2017)第 312024 号

大连海事大学出版社出版

地址:大连市凌海路1号　邮编:116026　电话:0411-84728394　传真:0411-84727996

http://www.dmupress.com　E-mail:cbs@dmupress.com

大连住友彩色印刷有限公司印装　　　大连海事大学出版社发行

2017 年 12 月第 1 版　　　　　　　2017 年 12 月第 1 次印刷

幅面尺寸:185 mm×260 mm　　　　　印张:11.25

字数:279 千　　　　　　　　　　　印数:1～1500 册

出版人:徐华东

责任编辑:席香吉　　　　　　　　　责任校对:张　慧　陈　亮

封面设计:张爱妮　　　　　　　　　版式设计:解瑶瑶

ISBN 978-7-5632-3587-2　　　定价:27.00 元

前　言

　　系统分析和系统设计作为一门课程,主要介绍信息系统开发建设的一些理论、方法、工具及信息系统开发实施的工程化的步骤和方法。尤其着重介绍了作为信息系统开发建设的关键阶段——系统分析和系统设计阶段的主要工作内容、任务和技术方法。

　　本书根据作者多年从事信息系统的教学和科研工作的经验,结合国内外关于信息系统分析和设计方面的文献资料加以整理汇编而成。本书的内容如下:

　　第1章为绪论。本章阐述了系统分析设计工作在整个信息系统开发建设生命周期过程中的地位和作用,以及作为一名合格的系统分析设计人员应具备的知识结构。

　　第2章为基础概念。本章阐述了与信息系统相关的一些概念,包括信息系统的概念及发展,信息的概念及性质,系统和管理的一些基础理论。这些基础理论是形成信息系统科学的理论基础,是认识信息系统开发建设规律的前提。

　　第3章为信息系统建设生命周期。本章阐述了信息系统开发建设生命周期各个阶段工作的目标、任务和内容。

　　第4章为信息系统开发方法论综述。本章介绍了信息系统开发建设应遵循的原则;阐述了信息系统建设作为一个复杂的社会－技术系统工程,必须用科学的、简明的、实用的方法论来指导;介绍了信息系统开发方法论的概念、组成,以及信息系统开发方法的发展过程和分类。

　　第5章为结构化系统开发方法。结构化方法作为信息系统建设比较成熟和流行的一种方法,是每个系统分析设计人员必须掌握的。本章介绍了结构化方法的基本思想和系统开发的基本过程,介绍了结构化方法在系统分析和设计阶段使用的技术方法和工具。

　　第6章为信息工程方法论。信息工程方法论是在总结20世纪70年代中后期爆发的软件危机的经验教训的基础上形成和发展起来的关于集成化、网络化信息系统建设的方法论,它改变了过去系统开发以过程或以处理为中心的思想,建立以数据为中心的系统开发思想和理念。强调了统一、共享、稳定的主题数据库模型是现代信息系统建设的基础。这套方法论对于我国目前信息化建设具有重要的指导意义,本章介绍了信息工程方法论的基本原理和思想,着重介绍了信息资源规划的需求分析,系统建模的技术、方法和工作过程。

第 7 章为面向对象的系统开发方法。随着面向对象的技术发展和完善,其应用范围越来越广,将逐渐成为未来信息系统开发的主流方法,本章介绍了面向对象方法的基本概念和思想,面向对象的系统分析、系统设计的过程和方法。

本书由大连海事大学信息科学技术学院的谢益武和李冠宇编写。

由于时间仓促和编写水平有限,书中难免有不妥之处,欢迎广大读者在使用过程中提出宝贵意见,我们会进一步改进和完善。

编 者
2017 年 12 月于大连

目　录

第1章 绪 论

1. 信息系统建设是信息化建设的中心内容和主要方面

信息系统(Information Systems, IS)或管理信息系统(Management Information Systems, MIS)在信息时代的今天,已不是新鲜事物。信息系统是企业或组织的神经网络系统,它用信息流调配企业各种资源的运作来实现企业的目标。随着信息技术的发展和信息化进程的推进,信息系统应用范围越来越广,规模越来越大,信息系统已经成为企业和国家信息化的中心内容和主要方面。

在21世纪信息经济时代,信息系统开发建设作为信息化建设的主要内容,在计算机应用领域的地位越来越重要,它蕴含着极其广阔的产业前景和就业市场,并需要大量的信息系统开发建设人才。

2. 信息系统开发建设是一项复杂的社会－技术系统工程

众所周知,信息系统开发建设绝不是简单地创建一些数据库、编制一些数据库应用软件或创建一个网站和一些网页,它是复杂的社会－技术系统工程,需要综合协调利用好各方面的因素,运用多学科的知识,经过长期艰苦的工作,才能做好。信息系统是一个模型建立和实施的周而复始的生命周期演化过程,随着企业组织业务以及信息技术的发展而不断变化。

信息系统开发建设的整个生命周期过程一般都要经历系统规划、系统分析、系统设计、系统实施、系统测试和调试、系统切换和运行维护等阶段。早期的信息系统建设,由于信息技术相对不发达,系统建设只面向单个事务和部门级的应用,规模小,复杂程度低,因此整个系统的开发中心往往下移到系统实施和测试阶段。而现代信息系统建设都是面向整个组织或全企业,应用规模广、复杂程度高,必须走集成化、网络化建设的道路,并且随信息技术的发展,系统的实施和测试工作变得相对容易,整个系统开发建设的中心不再是编程实现的问题,更重要的是系统模型的构建问题,因此,系统分析与系统设计是现代集成化信息系统建设中极其重要的两个阶段,在这两个阶段中我们要完成系统的概念模型和逻辑模型的建立工作,构筑起信息系统的框架。根据大量的信息系统建设的经验和教训,在系统分析和设计阶段,耗费的人力、时间和资源的投入占整个系统开发建设的投入的60%以上,并且系统分析与设计阶段的工作做得好与坏是信息系统建设是否成功的关键。

作为一项复杂的社会－技术系统工程,信息系统开发建设需要有正确的方法论来指导。经过几十年信息系统开发建设的实践和许多专家、学者的理论探索,产生了多种信息系统开发建设方法,如结构化方法、信息工程方法、面向对象方法、原型方法,每种方法又有不同的流派和分支,它们在不同时期、不同领域对信息系统开发建设产生过巨大的影响,做出过巨大的贡献。每种方法论本身还在不断地发展和完善,将继续对信息系统的建设发挥巨大的作用。

3. 系统分析与系统设计人员在信息系统建设中的地位和作用

信息系统是一项极其复杂的系统工程,其间不但要有大量物质、资金和人力的投入,而且要克服技术、组织、思想、观念上的种种困难。因而,建设信息系统必须有一支训练良好的技术队伍和开发队伍。在这支队伍中,起着最重要的作用、处于最重要的地位的成员就是系统的分析和设计人员。系统分析和设计人员在信息系统开发建设的各个阶段,都肩负着重要的使命。

企业建设信息系统是为实现企业生产经营总目标服务的,反过来,要通过精心工作,把企业总目标转化为建设信息系统的计划方案和实施步骤,这个过程往往交织着企业管理和专业技术两种因素,因而,只有那些既懂经营管理又懂信息技术的复合型人才才能担负起组织实施信息系统建设的重任,而系统分析设计人员正是这样的角色。系统分析设计人员是企业决策层的重要成员,因而,他能够较深入地理解企业的总体目标,同时,系统分析设计人员是信息系统的专家,因而,他能够科学地规划、设计企业信息化建设的短期、中期乃至长期目标,科学地分析、设计企业的信息系统。

信息系统建设只有几十年的历史,且与传统的建设项目有着许多不同的本质特征,必须采用几乎全新的方法和技术,而系统分析员正是掌握了这些新的方法和技术的专家,因而,系统分析员能够恰当地、科学地选择并采用有效的、先进的系统开发技术和方法,选择或设计系统开发的配套工具和支撑环境,从而实现系统开发目标。

系统分析设计人员应该做到科学和技术的统一。一个信息系统,特别是大型信息系统往往十分复杂,处于开放的耗散结构之中,因此,要做出好的系统分析和设计是很困难的。系统分析设计人员必须具有系统科学的观点,并运用系统科学的方法和技术,站在企业全局的角度看问题,做到高屋建瓴,运筹帷幄;同时,又要善于将复杂问题进行分解,找出其内部联系,抓住主要矛盾和主要矛盾方面,做到提纲挈领,纲举目张。

系统分析设计人员应该是具有广博的科学技术知识和社会知识,而那些只具有某种专业知识,如只具有计算机硬件知识、软件知识或通信知识的人员是不能算作合格的系统分析设计人员的。系统分析设计人员不但要具有深入广博的信息系统方面的知识和技术,而且还要有丰富的企业管理和经济分析方面的知识和经验。

信息化建设是人们认识客观世界和改造客观世界的过程,因而,要求系统分析设计人员必须做到理论与实践的统一,知与行的统一。系统分析设计人员必须具有深厚的理论修养,只有这样,才能提出真知灼见的观点和意见;同时,他们又必须具有丰富的实践经验,只有这样,才能灵活地运用理论知识,恰当地解决各种实际问题。

系统分析设计人员作为信息化建设的主导人员,必须具有组织和管理的才能;必须能够妥善处理好人际关系,还应地富有与人合作的精神;必须具有深入观察问题的能力;应当具有丰富的想象力和创造力;还应该具有善于谈判和协商的能力;更重要的是,他们必须具有强烈的事业心和使命感。只有这样,系统分析设计人员才能在信息系统开发中得心应手地工作,才能提高系统开发的成功率,开发出强健的系统。

第 2 章　基础概念

　　一个合格的信息系统的分析设计人员必须准确地把握信息系统或管理信息系统的概念、信息的概念、系统的概念和管理的基本理论,建立起相应的知识体系结构,才能扮演好在信息系统开发中的角色,搞好信息系统的开发建设工作。本章主要介绍上述几个重要的基础概念。

2.1　信息系统的概念和结构

2.1.1　信息系统概述

1. 信息系统的定义

　　我们在日常生活、工作中用到或感知到的信息系统有很多,如企业的生产管理系统、财务管理系统、人力资源管理系统,高校的学生管理系统、教学管理系统、科研管理系统、图书管理系统、实验设备管理系统,网上购物的淘宝、京东等电商平台系统,都属于信息系统。

　　信息系统的概念起源很早,刚开始叫“管理信息系统”。应该说它是管理科学和组织理论等概念的实际延伸,信息系统属于管理的范畴。一个组织(如一个企业或事业单位),只要有管理就有信息系统的存在。一个组织的各项业务运作过程中,总伴有物流、资金流和信息流的发生,图 2-1 是一个工厂的物流、资金流和信息流的业务运作示意图。在整个业务运作过程中,管理人员通过信息流对物流和资金流加以控制,以实现整个组织业务过程的顺利进行和组织目标的实现。只是人们通过信息流对物流和资金流加以控制的程度,是随着社会的发展、生产和科学技术的进步,特别是管理科学的发展而不断提高的。组织中所有的信息流构成一个系统,犹如人的神经系统一样。这就是我们今天所讲的管理信息系统或信息系统。早期的管理信息系统,由于当时计算机还没有诞生,或者计算机还没有被引入数据处理领域,因此只能采用手工(或人工)系统,信息的收集、储存、加工、传输和使用主要依靠人脑和纸质文件,“管理信息系统”的概念还没被明确地提出来,但实质是存在的。随着 1946 年第一台电子计算机的诞生,到 20 世纪 50 年代计算机首次被运用于数据处理领域,经过几十年的发展变化,人们对管理信息系统的概念的认识越来越清晰,并且随着管理理论和信息技术的发展而发展。不过现在比较关键的是,人们再谈论“管理信息系统”一词时,都包含了使用计算机技术的管理信息系统,并且都是集成化、网络化的计算机信息系统。所以,对于企业来说,管理信息系统只有优劣之分,不存在有无的问题。

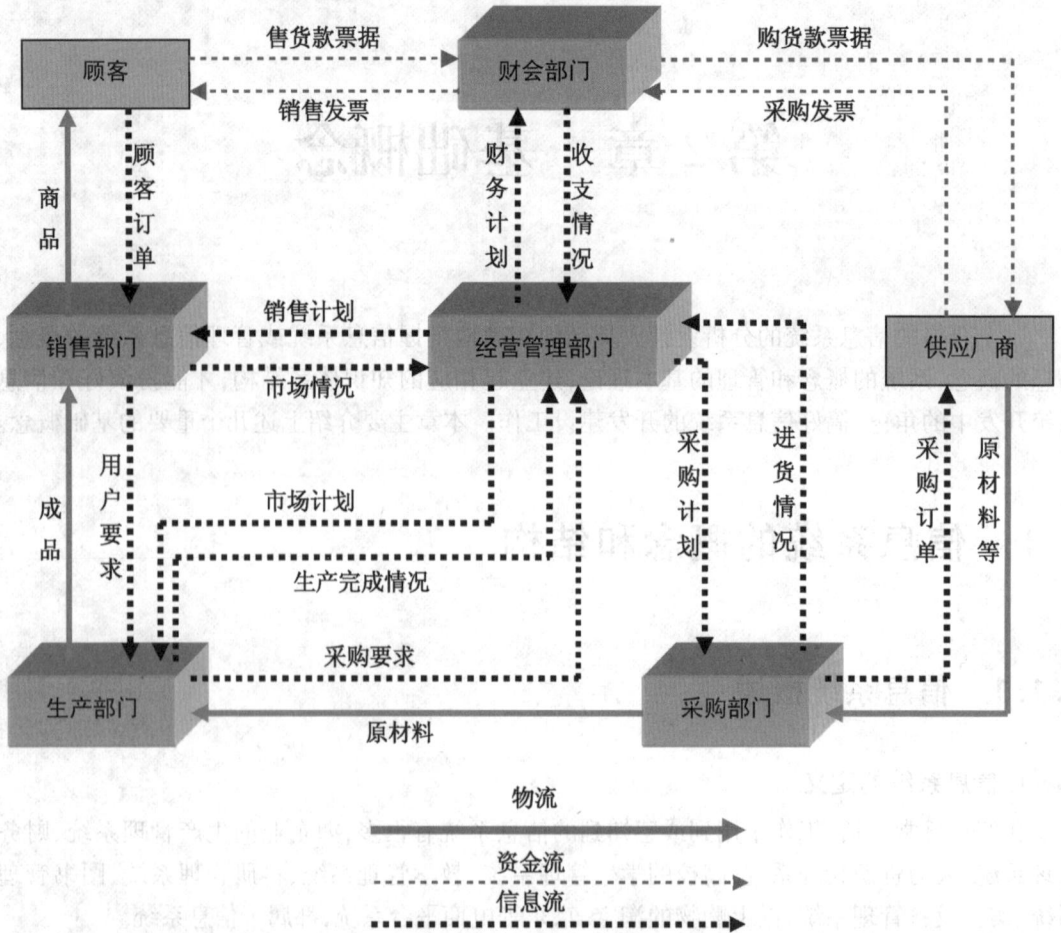

图 2-1　物流、资金流和信息流的业务运作示意图

"管理信息系统"一词最早出现在 1970 年,由瓦尔特·肯尼万(Walter T. Kennevan)给它下了一个定义:"以书面或口头的形式,在合适的时间向经理、职员以及外界人员提供过去的、现在的、预测未来的有关企业内部及其环境的信息,以帮助他们进行决策。"很明显,这个定义是出自管理的,而不是出自计算机的。它没有强调一定要用计算机,它强调了用信息支持决策,但没有强调应用模型,显示了这个定义的初始性。1985 年,管理信息系统的创始人——明尼苏达大学卡尔森管理学院的著名教授高登·戴维斯(Gordon B. Davis)给管理信息系统下了一个较为完整的定义:"它是一个利用计算机硬件和软件,手工作业,分析、计划、控制和决策模型以及数据库的用户－机器系统。它能提供信息,支持企业或组织的运行、管理和决策功能。"这个定义不仅说明了管理信息系统的目标、功能和组成,而且反映了管理信息系统当时已达到的水平。它说明了管理信息系统的目标是在高、中、低三个层次,即决策层、管理层和运行层上支持管理活动。

"管理信息系统"一词在中国出现于 20 世纪 70 年代末 80 年代初,根据中国的特点,许多最早从事管理信息系统工作的学者给管理信息系统也下了一个定义,登载于《中国企业管理百科全书》上。该定义为,管理信息系统是“一个由人、计算机等组成的能进行信息的收集、传递、储存、加工、维护和使用的系统。管理信息系统能实测企业的各种运行情况;利用过去的数据预测未来;从企业全局出发辅助企业进行决策;利用信息控制企业的行为;帮助企业实现其规划目标”。这个定义指出了当时在国内一些人认为管理信息系统就是计算机应用的误区,强调了管理信息系统的功能和性质,再次强调了计算机只是管理信息系统的一种工具。对于一个企业来说,即使没有计算机也要有管理信息系统,管理信息系统是任何企业都不能没有的系统。

20 世纪 90 年代以后,支持管理信息系统的一些环境和技术有了很大的变化,因而对管理信息系统定义的描述也有了一些变化。由于在 20 世纪 70 年代对管理信息系统过分强调集中,过分强调大而全,所以当时建立的一些管理信息系统成功的比例约占 50%。有一些学者看到这种情况时试图标新立异,发表了管理信息系统过时的论调,他们试图以别的名词和内容来代替管理信息系统,但是均未获得成功。几个主要的名词有决策支持系统、信息技术和信息管理。决策支持系统(Decision Support Systems,DSS)替代论者试图用小而方便的模型支持管理决策,从而得到巨大的收益。这种想法除了在极少数的情况下得到了成功,大多数情况下均以失败告终。因为没有管理信息系统提供足够的信息支持,决策支持系统就成了“梁上君子”,上不着天,下不着地,难以发挥作用。以美国麻省理工学院(MIT)的一些教授为代表的学者曾以信息技术(Information Technology,IT)来取代管理信息系统,当时激起了很大的风波,但是并没有普遍化。因为信息技术过分强调了技术的变革,而削弱了管理信息系统的系统性和综合性,不利于管理信息系统的发展。对信息管理(Information Management,IM)这个名词接受的人相对来说多一点。国内有些人认为资讯和信息有区别,其实它们本来就是一个“根”。虽然我国将“图书情报”专业改名为“信息管理”专业,在原有的知识结构上加强了计算机的能力,能适应一般的计算机应用的工作,但它毕竟不是管理学院的管理信息系统专业。由于这个原因,管理信息系统专业在国内仍然不同于信息管理专业。

近年来一个比较普遍的趋势是用信息系统(Information Systems,IS)代替管理信息系统。应当说,信息系统比管理信息系统有更宽泛的概念范围,用于管理方面的信息系统就是管理信息系统。在国外,信息系统就是指管理信息系统,两者恰似同义语。但在国内,由于一些电子技术专业抢先占用了信息系统的名词,它们主要偏重于硬件和软件技术,因此和管理信息系统属于不同的专业。所以在国内不能简单地认为信息系统就是管理信息系统。但在本书中信息系统均指管理信息系统。当代世界发生了巨大的变化,管理信息系统的环境、目标、支持层次、功能、组成等也均发生了很大的变化。

- 环境:世界已变成市场全球化,需求多元化,竞争激烈化,战略短现化。一切事物变化加快,企业不得不更加重视变化管理和战略管理。
- 目标:企业要在激烈的竞争中立于不败之地,首先产品或服务要适应市场的需要;其次企业要有效益和效率,要在交货时间(T)、产品或服务质量(Q)、产品或服务成本(C)方面处于优越地位;再次就是不仅短时而且能长期保持战略优势。企业的管理信息系统应有利于企业战略竞优,有利于企业提高效益和效率,有利于改善 T、Q、C。
- 支持层次:管理信息系统应支持高层决策管理、中层管理和基层业务处理。
- 功能:进行信息的收集、传输、加工、储存、更新和维护。

- 组成：人工手续、计算机硬件、软件、通信网络、其他办公设备（复印、印刷、传真、电话等）以及人员。

由此我们可以重新描述一下信息系统的定义：

信息系统是一个以人为主导，利用计算机硬件、软件、网络通信设备以及其他办公设备，进行信息的收集、传输、加工、储存、更新和维护，以企业战略竞优、提高效益和效率为目的，支持企业高层决策、中层控制、基层运作的集成化的人－机系统。

从上述定义中我们可以看出，信息系统与一般计算机应用的不同：一般计算机应用系统属于技术系统范畴；信息系统绝不仅仅是一个技术系统，而是把人包括在内的人－机系统，因而它是一个管理系统，是一个社会系统。因此，信息系统属于社会－技术系统工程范畴，是复杂系统。

2. 信息系统的组成模型

根据上述信息系统的定义，我们提出了"信息系统的组成模型"（如图 2-2 所示），使我们对信息系统有了实质性和完整性的认识。

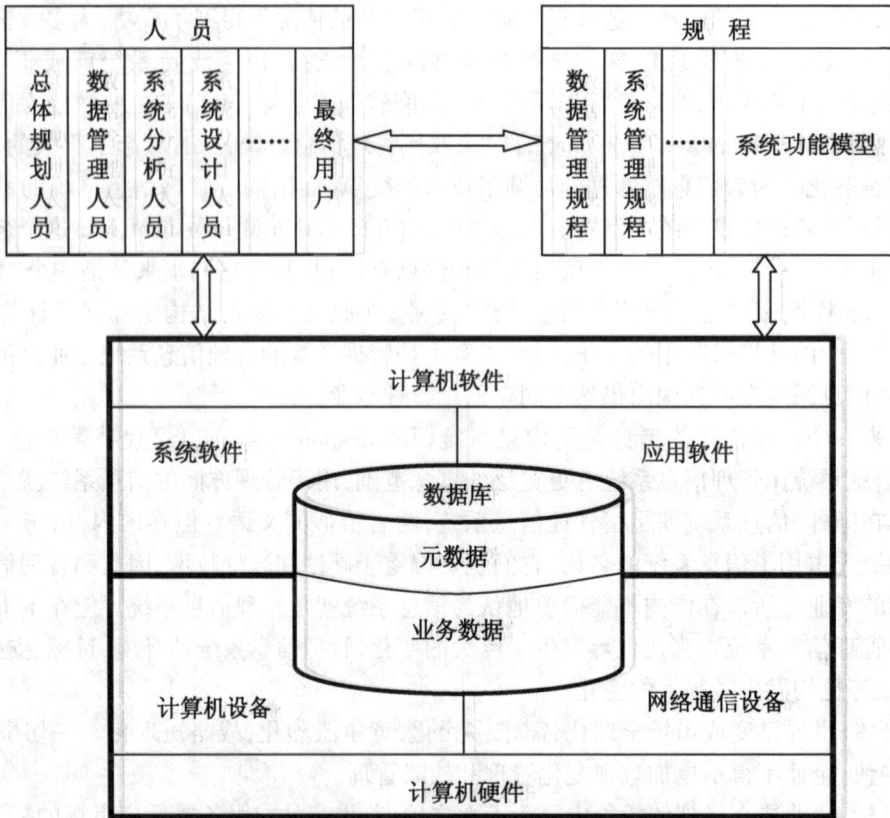

图 2-2　信息系统的组成模型

信息系统由五个基本部分组成：

①人员：包括总体规划人员、数据管理人员、系统分析人员、系统设计人员、程序设计人员、系统维护人员、最终用户等。

②规程：包括数据管理规程、系统管理规程、运行规章制度、业务过程、系统功能模型等。

③数据库：包括元数据（关于数据的数据）和业务数据。

④计算机软件：包括系统软件和应用软件两大部分。系统软件如操作系统（OS）软件、数据库管理系统（DBMS）软件等；应用软件是针对具体的应用开发的软件，如人事管理系统软件、工资管理系统软件、生产管理系统软件、设备管理系统软件等。

⑤计算机硬件系统：包括计算机设备和网络通信设备等。

概括地说，信息系统组成模型的五个部分具有这样的关系：

- 数据库是信息系统的中心（核心）；
- 计算机软件系统和硬件系统是信息系统的"运行环境"；
- 人员和规程是信息系统的"开发和使用环境"；
- 运行环境强调了信息系统是一种"技术系统"的特征；
- 开发使用环境强调了信息系统是一种"社会系统"的特征。

3. 信息系统的特征

（1）信息系统是一个"一体化系统"或"集成化系统"。信息系统进行企业的信息管理是从总体出发，全面考虑，把信息当作企业的资源来管理，保证企业各个职能部门共享数据，减少数据的冗余度，保证数据的兼容性和一致性。严格地说，只有信息集中统一，才能真正成为企业的资源。数据的一体化并不限制个别功能子系统可以保存自己的专用数据，更重要的是保证整个企业系统的数据共享。为保证一体化，应采取以下措施：首先要有一个全局的系统计划，每一个小系统的实现均要在这个总体计划的指导下进行；其次，通过标准、大纲和手续达到系统一体化。这样数据和程序就可以满足多个用户的要求，系统的设备也应当互相兼容，即使在分布式系统和分布式数据库的情况下，保证数据的一致性也是十分重要的。

（2）具有集中统一规划的数据库（集成化的共享性数据环境）是信息系统成熟的重要标志。集中统一规划的数据库象征着信息系统是经过周密地设计而建立的，它标志着信息已集中成为资源，为各种用户所共享。数据库有自己功能完善的数据库管理系统，管理着数据的组织、数据的输入、数据的存取，使数据为多种用户服务。

（3）信息系统用数学模型分析数据，辅助决策。只提供原始数据或者一些综合数据对管理者来说往往是不够的，管理者希望信息系统能直接给出辅助决策的数据。为得到这种数据往往需要利用数学模型，例如联系于资源消耗的投资决策模型，联系于生产调度的调度模型，联系于物流配送的运输调度模型等。模型可以用来发现问题，寻找可行解、非劣解和最优解。在高级的信息系统中，系统备有各种模型，供不同的子系统使用，这些模型的集合叫作"模型库"。高级的智能模型能和管理者以对话的形式交换信息，并提供辅助决策信息。

4. 信息系统的功能

管理信息系统主要有以下几项功能：

- 准备和提供统一格式的信息，使各种统计工作简化，信息成本降低；
- 及时全面地提供不同要求、不同细度的信息，以期分析解释现象，迅速、及时产生正确的控制；
- 全面系统地保存大量的信息，并能迅速地查询与综合，为组织的决策提供信息支持；
- 利用数学方法和各种模型处理信息，以期预测未来，并进行科学的决策。

5. 信息系统的发展

信息系统正在形成一门学科,我国已把它列为管理科学与工程一级学科下的二级学科。它引用其他学科的概念,综合集成为一门系统性的学科,具有综合型、交叉型和边缘型的特点。现在我国多数高校都设置了相关的专业(如信息管理和信息系统专业)。作为一门学科,信息系统有三个要素:系统的观点、数学的方法和计算机应用。管理科学、计算机科学和数学是信息系统的支柱学科,信息系统专业经过多年的发展,也形成了自己独特的内涵,其主要内容则是研究信息系统开发方法、信息系统建模技术及工具。

2.1.2 信息系统结构

信息系统作为一个系统,必然有一定的结构,这种结构反映信息系统各组成部分之间的关系、各个部分的特点。掌握信息系统的结构,对于我们正确处理好在信息系统开发过程中遇到的各种问题将大有益处。关于对信息系统的结构的认识,可以从如下几个方面来进行:

- 信息系统的总体结构(或概念结构);
- 信息系统的层次结构;
- 信息系统的功能结构;
- 信息系统的软件结构;
- 信息系统的硬件结构。

1. 信息系统的总体结构

由信息系统的定义我们可以得出信息系统的总体结构,如图 2-3 所示,即信息系统是由信息源、信息处理器、信息用户和信息管理者组成的。

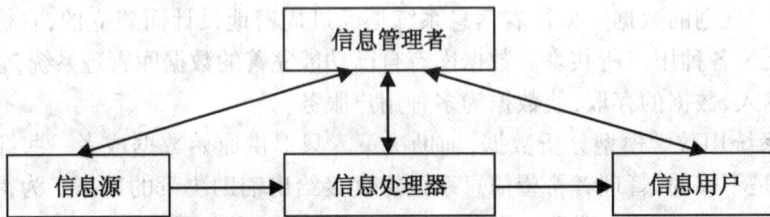

图 2-3 信息系统的总体结构

(1)信息源——信息产生地;

(2)信息处理器——担负信息的传输、加工、保存等任务;

(3)信息用户——信息的使用者,应用信息进行管理和决策;

(4)信息管理者——负责信息系统的设计实现;在实现以后,负责信息系统的运行和协调。

按照以上四大“部件”之间的联系,信息系统可以划分为“开环结构”和“闭环结构”。

(1)开环结构又称无反馈结构,系统在执行一个决策的过程中不收集外部信息,并不根据信息情况改变决策,直至产生本次决策的结果,事后的评价只供以后的决策作参考。如图 2-4(a)所示。

(2)闭环结构是在过程中不断收集信息,不断送给决策者,不断调整决策。事实上最后执行的决策已不是当初设想的决策,如图 2-4(b)所示。

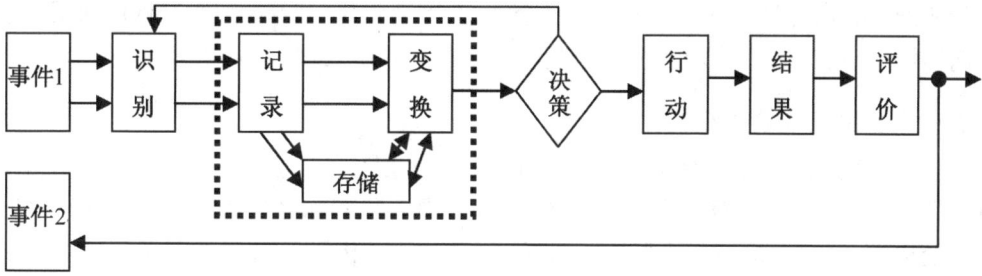

(a)开环结构

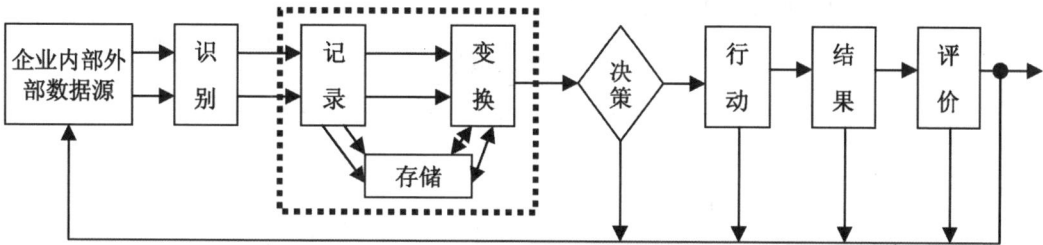

(b)闭环结构

图 2-4　开环与闭环结构

一般来说,计算机"实时处理系统"均属于"闭环系统",而"批处理系统"均属于"开环系统",但对于一些较长的决策过程来说,批处理系统也能构成闭环系统。

2. 信息系统的层次结构

根据管理理论,企业管理是分战略规划、管理控制、运行控制、业务处理等层次的。管理信息系统作为企业的神经网络系统,也可以划分为相应的层次,以支持企业的决策和战略规划、管理控制、运行控制、业务处理,这样我们可以把管理信息系统看成一个金字塔式的结构,如图 2-5 所示。

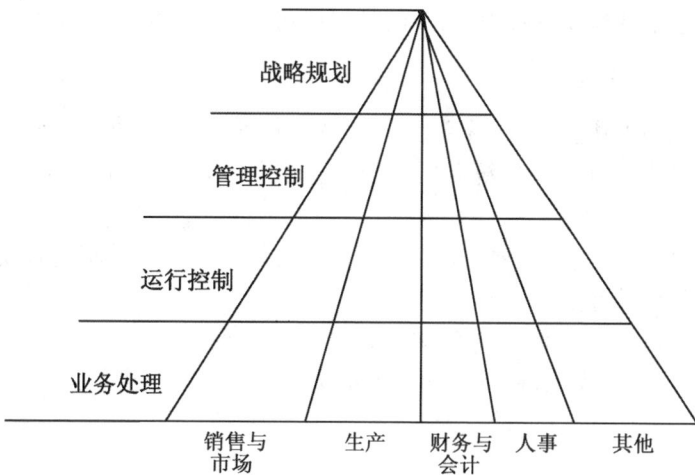

图 2-5　管理信息系统的金字塔结构

在金字塔结构中,服务于不同管理层次的信息系统,具体落脚点还是为了实现企业的相应的职能,如:销售与市场、生产、财务与会计、人事及其他,等等。层次结构反映了信息系统的纵向结构。一般来说,下层的系统处理量大,上层的系统处理量小。

3. 信息系统的功能结构

信息系统的功能结构是按照企业管理的职能来划分的,这是信息系统的横向结构。把信息系统按照其实现的功能划分成若干个部分(习惯上我们称之为系统或子系统),这些系统或子系统构成一个"有机结合的整体",形成一个"功能结构"。不同行业、企业的信息系统的系统或子系统的划分是根据其特定的情况而进行的,所以不尽相同,例如,一个企业的内部管理系统可以具有如图 2-6 所示的功能结构。

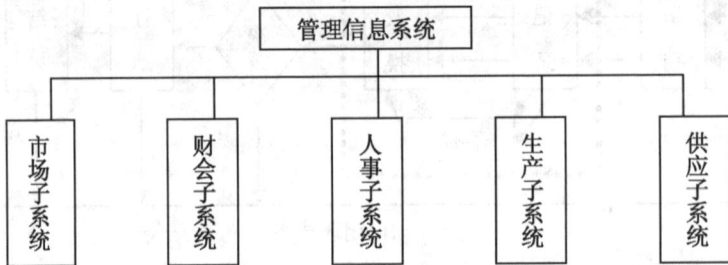

```
                    管理信息系统
          ┌────────┬────────┬────────┬────────┬────────┐
        市场子    财会子    人事子    生产子    供应子
        系统      系统      系统      系统      系统
```

图 2-6　信息系统的功能结构

由图 2-6 我们可以看出:

(1)子系统的名称所标注的是管理的功能/职能。

(2)它说明信息系统能实现哪些功能的管理,而且说明如何划分子系统,并说明子系统是如何联结起来的。

实际上这些子系统下面还要划分子系统或功能模块,即二级子系统。信息系统的职能结构不是组织结构。例如有个二级子系统是职工考勤子系统,在组织上它可能属于生产系统,而在职能上它属于人事子系统。

在实际的信息系统建设过程中,更多的是按照功能来确定信息系统结构的。

4. 信息系统的软件结构

支持信息系统各种功能的"软件系统"或"软件模块"所组成的"系统结构",是信息系统的"软件结构"。一个企业管理系统可用一个"管理层次/功能矩阵"表示,如图 2-7 所示。其中:

- 图中的"列"——代表一种"管理功能",图上共有 7 种。其实这种功能没有标准的分法,因组织不同而异。
- 图中的"行"——表示一个"管理层次";
- "行列交叉"——表示每一种"功能子系统"。

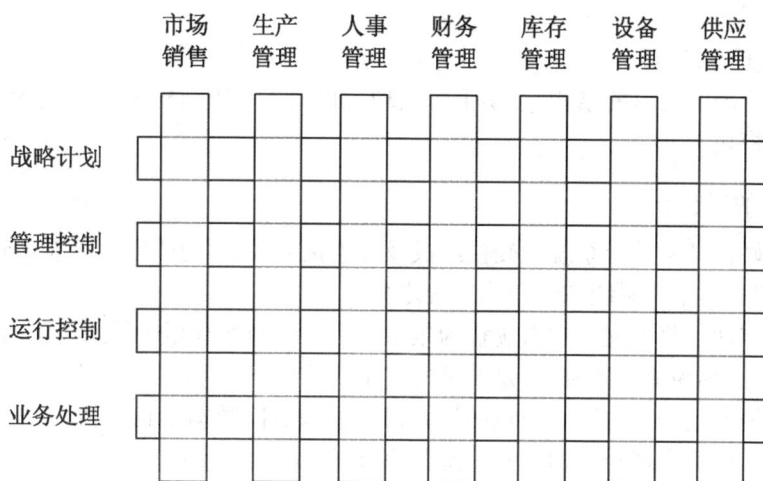

图 2-7　管理层次/功能矩阵

对应于这个"管理层次/功能矩阵",每个交叉点就对应于信息系统的一个"模块",组成管理信息系统的"软件结构",如图 2-8 所示。

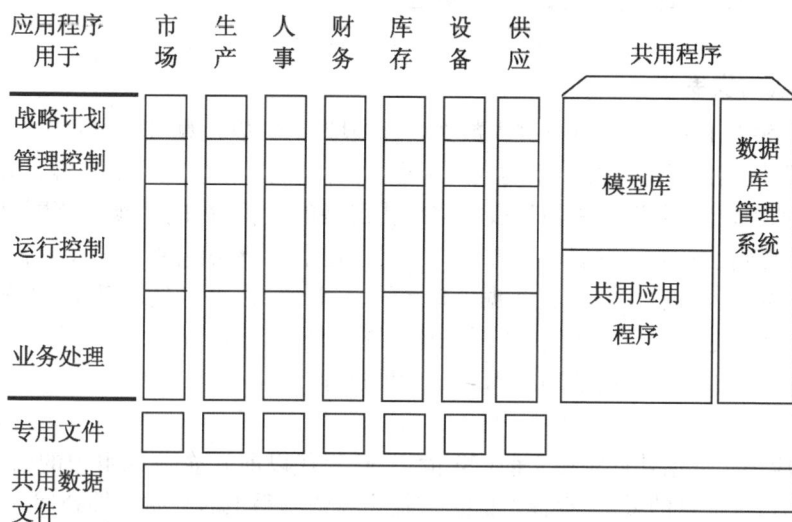

图 2-8　管理信息系统的"软件结构"

在这个软件结构图中:

- 每个方块是一段程序块或一个文件;
- 每一个纵行是支持某一管理领域的软件系统。

例如,生产管理的软件系统是由以下两方面组成:

- 支持战略的模块和支持管理控制、运行控制以及业务处理的模块;
- 它自己的专用数据文件。

整个系统中有为全系统所共享的数据和程序,包括:

- 公用数据文件;
- 公用程序;

- 公用模型库；
- 数据库管理系统等。

当然这个图所画的是总的结构，事实上每块均可再用一个树结构表示，每个树的叶子均表示一个小的程序模块。

5.信息系统的硬件结构

信息系统的硬件结构是指系统的硬件组成及其连接方式，并说明硬件所能达到的功能、物理位置安排，一般有集中式系统和分布式系统之分。

信息资源在空间上集中配置的系统称为集中式系统。如配有相应外围设备的单台计算机为基础的系统，通常称为单机系统，就是典型的集中式系统。

利用计算机网络把分布在不同地点的计算机硬件、软件、数据等信息资源联系在一起，服务于一个共同的目标而实现相互通信和资源共享，就形成了信息系统的分布式结构。具有分布结构的系统称为分布式系统。

硬件结构还要关心硬件的能力，例如有无实时、分时或批处理能力等。

2.1.3　信息系统的发展及发展模型

1.信息系统的发展

从 20 世纪 50 年代中期，计算机进入数据处理领域开始，以计算机为主要手段和组成部分的信息系统的开发建设经历了几十年的发展历程，并且伴随着信息技术的发展，信息系统发展经历了由简单到复杂、从分散单一向集成化网络化发展的过程，在应用领域范围、信息技术应用、开发方法上得到了极大的发展。在整个的发展过程中，关于信息系统概念的称谓也出现了不同的说法(或名称)，如称为计算机数据处理系统、统计系统、事务处理系统、状态报告系统、联机实时处理系统、办公自动化系统、知识管理系统、管理信息系统、决策支持系统、首长信息系统、专家系统等。以下我们简要回顾 MIS 的发展过程。

(1)人工系统或手工系统阶段

在计算机应用于数据处理领域之前(20 世纪 50 年代以前)，企业或组织的信息处理方式主要依靠手工方式，信息的采集、存储、加工、传输主要依靠手工的纸质文件处理。企业的信息系统是人工系统或手工系统。

(2)数据处理系统阶段

1950—1970 年是数据处理系统阶段。计算机信息系统主要用于简单数据处理，如工资的汇总、各种数据的统计，将人工进行的各种统计、汇总和计算工作用计算机来实现。系统的开发只是针对一些数据处理的要求，编制相应的应用程序。这个时期对信息系统的叫法有：

- 统计系统(Statistical System，SS)
- 数据更新系统(Data Update Systems，DUS)
- 电子数据处理(Electronic Data Processing，EDP)
- 业务(事务)处理系统(Transaction Processing Systems，TPS)

主要典型的系统有：工资统计汇总系统，美国航空公司的预约订票系统。

(3)管理信息系统阶段

1970—1980 年是管理信息系统阶段。这个时期计算机化信息系统开始用于辅助业务的运作,计算机不仅能简单地用于统计、汇总和计算工作,而是能辅助企业的计划、调度和企业运行过程的监控。这个时期,数据库管理系统(Database Management Systems,DBMS)开始产生并逐渐被应用,尤其关系数据库管理系统(Relationship DBMS,RDBMS)和结构化的查询语言(Structured Query Language,SQL)的产生和发展,对信息系统的建设发展起到了巨大的推动作用。这个时期企业计算机应用发展非常迅速,各个部门级的计算机管理系统都建立起来,并且有向集成化发展的强烈要求,计算机信息系统在企业的预测和决策工作中开始应用。这个时期的系统开发建设主要以过程为中心。这个时期对 MIS 的叫法有:

- 管理信息系统(Management Information Systems,MIS)
- 管理报告系统(Management Reporting Systems,MRS)
- 信息管理系统(Information Management Systems,IMS)
- 决策支持系统(Decision Support Systems,DSS)
- 管理支持系统(Management Support Systems,MSS)

(4)集成化网络化的信息系统阶段

1980 年至今是集成化网络化的信息系统阶段。随着计算机管理信息系统在企业应用中的大发展,各部门的业务系统基本建成,如何将分散的各个应用系统集成到一起,充分实现全企业的信息共享,发挥信息资源的作用,是信息系统建设的主要任务。特别是计算机网络技术的发展,给系统的集成提供了有力的技术支持。同时计算机不仅要支持企业的业务运作,要辅助企业各个部门的协同办公,在积累了大量业务信息的基础上,建立支持企业首脑进行战略决策的支持系统的要求也日趋强烈。在信息系统开发方向上,由过去的分散开发向集成化开发方向发展,由以过程为中心向以数据为中心方向发展。这个阶段信息工程方法论和面向对象方法论随之产生并得以应用。这个时期对 MIS 的叫法有:

- 管理信息系统(Management Information Systems,MIS)
- 主管信息系统(Executive Information Systems,EIS)
- 主管支持系统(Executive Support Systems,ESS)
- 专家系统(Expert Systems,ES)
- 战略信息系统(Strategic Information Systems,SIS)
- 知识管理系统(Knowledge Management Systems,KMS)
- 办公自动化系统(Office Automation System,OAS)

2. 信息系统的发展模型

20 世纪 70 年代至 90 年代,管理信息系统开发建设的专家学者们通过多年的探索研究,总结出了反映企业信息系统的发展进程的阶段理论模型,主要有诺兰模型、西诺特模型和米切模型 3 种。

(1)诺兰模型

美国哈佛大学教授里查德·诺兰(R. Nolan)在 1974 年首先提出了信息系统发展的 4 阶段论,之后经过实践进一步验证和完善,于 1979 年将其调整为 6 阶段论。

① 诺兰的 4 阶段论模型

在诺兰的信息系统发展 4 阶段论中,诺兰按时间顺序将时间横轴划分成 4 个区间,即:起步、扩展、控制和成熟。他把这些区间称为信息系统的发展阶段,同时用纵轴来表示与信息系统相关联的费用支出。当时计算机主要用于促进组织的业务合理化和省力化,与信息系统相关的支出额与效果之间的关系比较明确(如图2-9所示)。

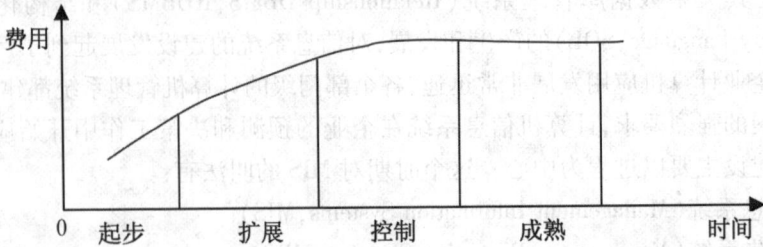

图2-9 诺兰4阶段发展模型

②诺兰的6阶段论模型

进入20世纪80年代后,信息系统的用途不断扩大,信息化投资额与它带来的效果之间的关系变得模糊起来。这就带来了评价变量的多样化,此时诺兰又总结出了6阶段论模型(如图2-10所示)。诺兰把阶段(横轴)分为起步、扩展、控制、集成、数据管理和成熟6个阶段,这是一种波浪式的发展历程,其前3个阶段具有计算机数据处理时代的特征,后3个阶段则显示出信息技术时代的特点,前后之间的"转折区间"是在集成期中。

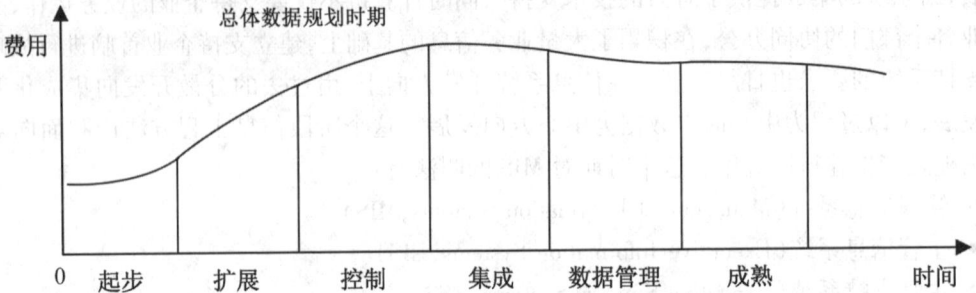

图2-10 诺兰6阶段发展模型

根据诺兰模型,结合我国企业信息化发展的实际情况,我们将企业信息系统的发展划分为3个阶段,即:初级阶段、中级阶段和高级阶段。这3个阶段与诺兰6阶段模型的对应关系及其在各阶段的特点如表2-1所示。

③诺兰模型的应用

诺兰模型是第一个描述信息系统发展阶段的抽象化模型,具有划时代的重要意义。诺兰模型总结了全球尤其是美国企业近20年的计算机应用发展历程所浓缩出的研究成果,该理论已成为说明企业信息化发展程度的有力工具。20世纪80年代,美国人和世界上相当多的国家的人都接受了诺兰的观点。该模型在概念层次上对企业中信息化的计划制订过程大有裨益。据权威统计,发达国家大约有近半数的企业在20世纪80年代末到90年代初都认为本企业的信息系统发展处于整合期阶段,并从实践中验证了诺兰模型的正确性。

根据诺兰阶段性理论模型的描述,目前我国绝大多数企业的信息化进程刚刚处于控制期,马上要进入抉择期和转折点,要想进一步促进企业发展,就必须抓住机遇实施企业信息资源的总体数据规划。

表 2-1　企业信息系统发展阶段及特点

IS 发展阶段 评价指标	初级阶段 （起步与扩展）	中级阶段 （控制与集成）	高级阶段 （数据管理与成熟）
应用规模	单项应用； 选好开头项目	若干应用系统； 主要业务领域	全企业范围
运行环境	微机； 单用户系统	微机局域网； 多用户/联机系统	多机互连； 集中与分布式系统
开发使用环境	计算机专业人员； 专职操作员； 个别管理人员	计算机专业人员； 少数操作员； 部分管理人员	信息中心； 全体管理人员
数据库建设	数据文件； 应用数据库	主题数据库	主题数据库； 综合数据库
数据管理工作	由不做数据管理到 做初步数据管理	较全面考虑； 建立数据管理基础	全企业信息资源

（2）西诺特模型

1988 年西诺特（W. R. Synnott）参照诺兰模型提出了一个新的模型,这是一个过渡性的理论,主要考虑到了信息随时代变迁的变量。他用 4 个阶段的推移来描述计算机所处理的信息。从计算机处理原始数据的"数据"阶段开始,逐步过渡到用计算机加工数据并将它们存储到数据库的"信息"阶段;接着,经过诺兰所说的"技术性断点",到达把信息当作经营资源的"信息资源"阶段;最后到达将信息作为带来组织竞争优势的武器,即"信息武器"阶段。

西诺特还提倡,随着计算机处理的信息机器作用的变化,作为信息资源管理者的高级信息主管或称为首席信息官（Chief Information Officer,CIO）的重要性应当受到重视。当前,西诺特对诺兰模型的改善在发达国家中获得了普遍的接受。

（3）米切模型

诺兰模型和西诺特模型均把系统整合（集成）和数据管理分割为前后两个阶段,似乎可以先实现信息系统的整合后再进行数据管理,但后来的大量实践表明这是行不通的。美国的信息化专家米切（Mische）于 20 世纪 90 年代初对此做了进一步修正,揭示了信息系统整合与数据管理密不可分,系统整合期的重要特征就是做好数据的组织工作,或者说信息系统整合的实质就是数据的整合或集成。此前的研究仅仅集中于数据处理组织机构的管理和行为的侧面,而没有更多地研究各种信息技术的整合集成,忽视了将信息技术作为企业的发展要素而与经营管理相融合的策略。米切的信息系统发展阶段论研究成果可以概括为具有"4 阶段、5 特征"的企业综合信息技术应用连续发展的"米切模型"（如图 2-11 所示）。

米切将综合信息技术应用的连续发展划分为 4 个阶段,即:起步阶段（20 世纪 60～70 年代）;增长阶段（20 世纪 80 年代）;成熟阶段（20 世纪 80～90 年代）和更新阶段（20 世纪 90 年代中期～21 世纪初期）。其特征不仅涉及数据处理工作的增长和管理标准化建设方面,还涉及知识、理念、信息技术的综合水平及其在企业的经营管理中的作用及地位,以及信息技术服务机构提供成本效益和及时性都令人满意的解决方案的能力。

决定这些阶段的特征有五个方面,包括:技术状况,代表性应用和集成程度,数据库和存取

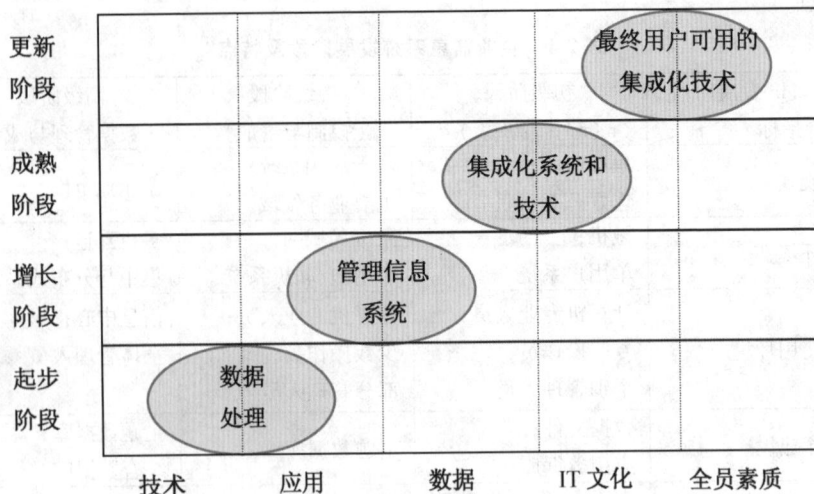

图 2-11　综合信息技术应用连续发展的米切模型

能力,信息技术融入企业文化,全员素质、态度和信息技术视野等。其实,每个阶段的具体属性还有很多,总括起来有 100 多个不同的属性。这些特征和属性可用来帮助一个企业来确定自己在综合信息技术应用的连续发展中所处的位置。

米切模型可以帮助企业和开发机构把握自身当前的发展水平,了解自己的 IT 综合应用在现代信息系统的发展阶段中所处的位置,是研究一个企业的信息体系结构和制订变革途径的认识基础,由此就能找准这个企业建设现代信息网络的发展目标。

调查表明,目前许多企业运行的信息系统在开发时没有经过科学有效的构思和详细的规划,也没有深入地研究如何将信息技术与业务工作结合起来,在考虑系统整合或集成时,一般都偏重于计算机系统和通信网络方面,这看起来似乎是花大价钱而立竿见影的解决方案,而实际上却根本达不到企业信息系统整合集成的目的。

2.2　信息基础知识

在知识经济时代,信息是企业的重要资源,信息系统的开发建设就是要极大限度地开发利用信息资源,因此,信息是信息系统的最重要的成分。

2.2.1　信息的概念和性质

1.信息的概念

(1)信息的定义

信息一词在不同的领域里有着不同的概念。广义上的信息的定义有多种:

* 信息是消息;
* 信息是知识;

- 信息是运动状态的反映；
- 信息是经过加工后并对实体行为产生影响的数据。

在管理科学领域中,通常认为信息是经过加工处理之后的一种数据形式。它能够提高人们对事物认识的深刻程度,因此,可以用来辅助工作计划的制订、执行与控制。在这种特定领域中的"信息"称为"管理信息",信息是组织(企业)的重要资源。

故在这个领域,信息可定义为:经过加工处理后的数据,它对接受者有用,对决策或行为有潜在的或现实的价值。

(2)信息与数据的关系

"信息"与"数据"是信息系统中最基本的术语。在我们的日常生活中,因为信息与数据的表述形式相同,所以数据和信息也经常是不分的。但在信息系统中,信息和数据的概念是不同的。数据是指一组表示数量、行动和目标的非随机的可鉴别的符号。也可以这样来表述:数据指的是用来记录客观事物的性质、形态、数量、特征等的抽象符号。它可以是字母、数字或其他符号,如 $;也可以是图像、声音或者味道。关于数据的分类在不同的场合有不同的分法,但总的可以分为两大类型,即字符型(包括图形、图像和声音)和数值型。

表示企业名称、人名、地名或零部件的数据称为字符型数据;表示价格、税金、工资、奖金等数量的数据称为数值型数据。

信息是经过加工处理后的数据,数据只有经过加工处理后才能成为信息。

例如:我们在商场中看到一种商品的价格(数据),这时就可以判断这个价格的高低(信息),然后决定买还是不买。这就是价格这个数据在头脑里进行加工得出"高"或"低"的信息,而对买或不买的行为产生影响。

数据与信息的关系可以比喻为原料和产品的关系,数据是原料,而信息是产品,如图2-12所示。

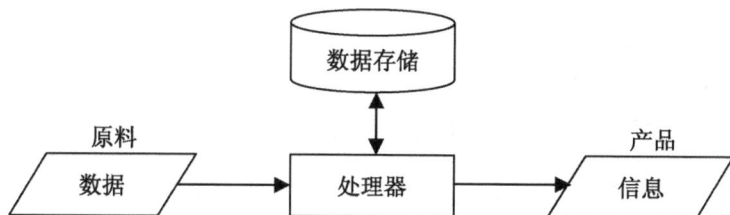

图 2-12　数据与信息的关系

与原料和产品的概念相似,一个系统的产品可能是另一个系统的原料,那么一个系统的信息可能成为另一个系统的数据。这种情况可用图 2-13 来说明。

2. 信息的基本属性

信息具有以下基本属性:事实性、等级性、可压缩性、扩散性、传输性、分享性、增殖性、转换性。

(1)事实性

信息一定要反映客观事实,人们的决策或行为以信息为依据。信息的正确、可靠与否直接影响到人们的决策或行为的效果。正确的、可靠的信息就会使决策和行为产生良好的结果,错误的、不可靠的信息就会使人们的决策产生不良的后果。因此,"事实性"是信息的中心价值,

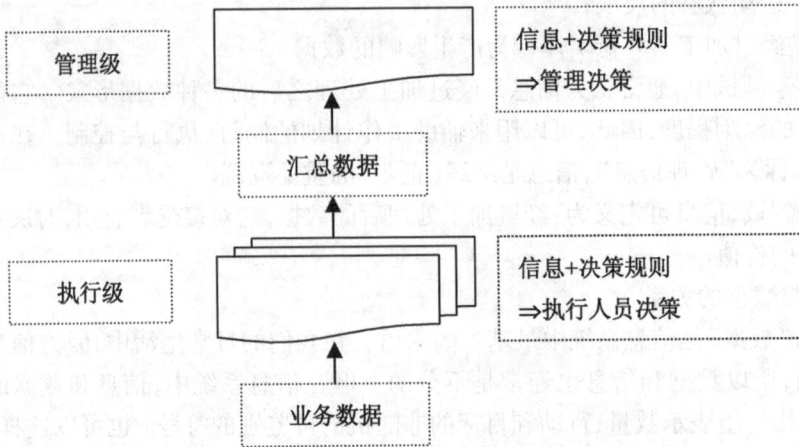

图 2-13 一级的信息可能是另一级的数据

是信息的第一和基本的性质。不符合事实的信息不仅没有价值,而且可能为负值,既害别人也害自己。事实性是信息收集时最应当注意的性质。维护信息的事实性,也就是维护信息的真实性、准确性、精确性和客观性等,从而达到信息的可信性。对生产信息的信息源单位或信息服务单位来说,这个问题尤为重要。

(2)等级性

根据信息系统的层次结构(金字塔结构模型),我们可以知道,管理是分层次的,一般分为高、中、低(战略层、战术层和执行运作层)三层;相应地,为各层管理服务和使用的信息也可分为相应的等级——战略级信息、策略级信息和执行级信息。

不同等级的信息,其性质是不相同的:

- 战略级信息——关系到企业长远命运和全局的信息;
- 策略级信息——关系到企业运营管理的信息;
- 执行级信息——关系到企业业务运作的信息。

关于不同层次信息的属性比较,我们可以参照图 2-14。

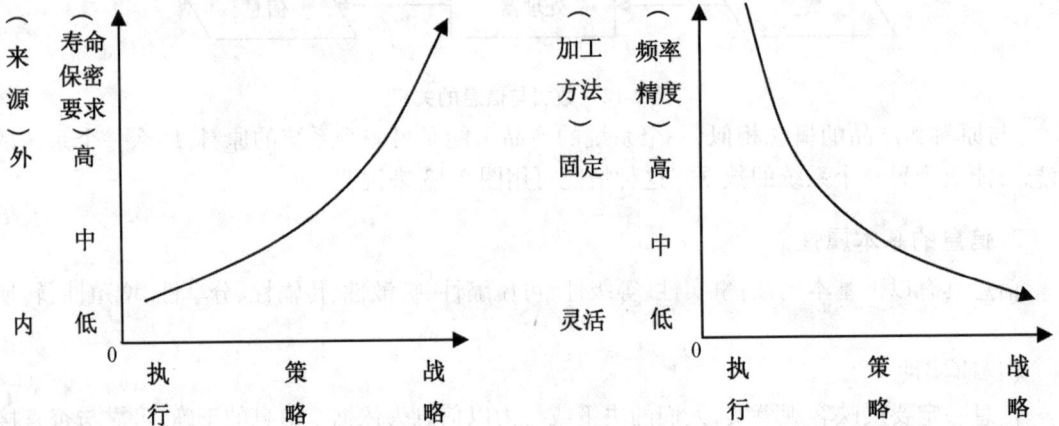

图 2-14 不同层次信息的属性比较

由图 2-14 我们可以看出,从来源上来看:

- 战略信息多来自外部;
- 执行信息多来自内部;
- 策略信息有内有外。

从寿命角度来看:

- 战略信息寿命较长;
- 执行信息寿命较短;
- 策略信息处于中间状态。

从保密程度来看:

- 战略级信息要求最高。公司战略对策是公司的生命线,如果泄露出去,有时不只使公司赚不到钱,而且可能使公司垮台。对最友好的单位,战略级信息也是不可泄露的。
- 策略级保密程度要低一些,但也不会轻易泄露,或者有偿转让,或者推迟一段时间。
- 执行级的信息很零散,很难从中提取有价值的信息,因而保密要求不高。

加工方法有以下几个特点:

- 执行级信息的加工方法最固定;
- 策略级信息次之;
- 战略级信息最不固定。

从使用频率上来看:

- 执行级信息的频率最高;
- 策略级信息次之;
- 战略级信息使用频率最低。

从信息的精度上来看:

- 执行级信息精度最高;
- 策略级信息次之;
- 战略级信息要求最低。

(3)可压缩性

信息的可压缩性是指信息可以进行"浓缩""集中""概括""综合",而不至于丢失信息的本质。当然在压缩的过程中会丢失一些信息,但丢失的应当是无用的或不重要的信息。

无用的信息有两种:一种是纯属干扰的信息,如收音机中的杂音,本来就该清除,清除得越干净越好,通常这种清除也叫滤波;另一种是冗余的信息,虽然它在本质上是多余的,但在传输的过程中却能起到补充作用,可以利用它进行检错和纠错。

在日常通信中,冗余信息是大量存在的。冗余信息过多会使人感到啰嗦,信息接收者的水平越高,传输的信息越简练。

压缩不重要的信息和压缩无用的信息在性质上是完全不同的。应从管理的目标出发,提取和目标相关的信息而舍弃其他无关信息。例如,根据企业长远战略规划的需要,在业务信息中综合提炼出战略信息。压缩在实际中是很有必要的。因为我们没有能力收集一个事物的全部信息,我们也没有能力和必要储存越来越多的信息,这叫信息的不完全性。只有正确地舍弃信息,才能正确地使用信息。"书越读越薄"正是反映了信息可压缩性的这个原理。

（4）扩散性

信息的扩散是其本性。信息力图冲破保密的非自然约束,通过各种渠道和手段向四面八方传播。信息的浓度越大,信息源和接收者之间的梯度越大,信息的扩散力度就越强。越离奇的消息,越耸人听闻的新闻,传播得越快,扩散的面越大。中国有句古话"没有不透风的墙",正是说明了信息扩散的威力(例如,软件的非法复制等)。

信息的"扩散"存在"两面性":一方面,它有利于知识的传播,所以,我们有意识地通过各类学校和各种宣传机构加快信息的扩散;另一方面,扩散可能造成信息的贬值,不利于保密,这一特性的存在,可能危害国家和企业利益,不利于保护信息所有者的积极性(例如,非法软件的复制扩散使软件贬值,导致软件获利不足,因而使软件创新乏力)。

（5）传输性

信息是可以传输的。它可以以各种形式(文字、图形、图像、声音等)通过各种渠道(书籍、报刊、广播、电视、电话、计算机网络、人们之间的交谈)向外传播。它的传输成本远远低于传输物质和能源。因而,我们应当尽可能用信息的传输代替物质的传输。利用信息流减少物流,宁可用多传输十倍的信息来换取少传输一倍的物质。信息的可传输性加快了资源的交流,加快了社会的变化。

（6）分享性

信息的分享性有利于信息成为企业的一种资源。严格来说,只有实现企业信息的共享,信息才能真正成为企业的资源,然后,才能很好地利用信息进行企业的计划与控制,从而有利于企业目标的实现。

一般性而言,信息的分享性具有以下特征:

按信息的固有性质来说,信息只能共享,不能交换(非零和性)。我告诉你一个消息,我并没失去什么(即"信息的分享",具有"非零和性"),不能把这则消息的记忆从我的脑子里抹去。相反,物质的交换就是"零和"的。你的所得,必为我之所失,我给你一支笔,我就失去一支笔,你就得到一支笔,所得与所失之和为零。

信息的分享没有直接的损失,但是可能造成间接的损失。如果我告诉你生产某种药品的药方,你也去生产这种药品,就造成与我的竞争,将会影响我的销路。

信息分享的"非零和性"造成信息分享的复杂性。有时我告诉你消息,我不失你得;有时你得我也得;有时你得我失;有时我不失你也不得。

（7）增殖性

用于某种目的的信息,随着时间的推移价值可能耗尽,但对于用于另一种目的的信息可能又显示出用途。信息的增殖在量变的基础上可能产生质变,在积累的基础上可能产生飞跃。原来不保密的东西变成保密的了,原来不重要的信息变成重要的了。

信息的增殖性和再生性使我们能变废为宝,在信息废品中提炼有用的信息。

（8）转换性

信息、物质和能源是人类现在利用的三项重要的宝贵资源。它们之间存在以下关系:不可分割性,三者有机地联系在一起形成三位一体,互相不能分割;相互转换性,信息、物质、能源三位一体,又是可以互相转换的。

就一般性而言,信息的转换性具有以下特征:能源、物质能换取信息,这是不言而喻的。那么信息能否转换为物质和能源呢?现在有大量的事实可以说明能进行转换。现在国际经营上有一种说法——有了信息就有了一切,就是对这种转换的一种艺术的概括。知识是信息的结晶,因而也有信息的这种性质。知识就是力量的说法,也是信息的转换性的一种描述。

3. 信息的价值衡量

信息的价值是除信息定义和基本性质以外的另一个重要的问题。信息价值有的可以衡量,有的不可以衡量。对于可以衡量的信息的价值,有两种衡量方法:

- 一种是按所花的社会必要劳动量来计算(即信息的内在价值);
- 另一种是衡量使用效果的方法(即信息的外延价值)。

(1)信息的内在价值:按照社会必要劳动量来计算信息产品的价值,其方法与计算其他一般产品价值的方法相同。

$$V = C + P$$

其中:
- P——利润
- C——生产该信息所花的成本
- V——信息产品或服务价值

(2)信息的外延价值:衡量使用效果的方法认为信息的价值(V)是在"决策过程"中用该信息所增加的"收益"(P)减去获取信息"所花费用"(C)。

$$V = P - C$$

其中:
- C——获取信息所花费用
- P——使用信息所增加的收益
- V——信息的价值

这里所说的收益是指在设计选择方案时用信息系统在多个方案中选出一个最优的(即最优方案),与不用信息系统随便选出一个方案,这两种方案所获得的经济效益之差。

设有 n 个方案,那么这种收益 P 的计算公式如下:

$$P = P_{max} - P_i$$

其中:
- P_i——任选方案之收益
- P_{max}——最佳方案的收益
- P——使用信息的收益

比较合理的是用几种方案的期望收益代替 P_i,再严格一些应该表示为:

$$P = \text{Max}[P_1, P_2, \ldots P_n] - \sum (1/n) P_i$$

如果不是在多个方案中选出一个,而是直接利用信息和模型选出最优方案(即使用了新的系统),那么上式应为:

$$P = P_{opt} - \sum (1/n) P_i$$

式中,P_{opt} 为最优方案的收益。

(3)全情报价值(Expected Value of Perfect Information,EVPI)

值不值得收集信息,或值不值得使用新的信息系统,要用全情报价值来衡量。

所谓全情报价值是指获得全部情报,对客观环境完全了解,得到最优决策,与不收集情报所得最好收益之差。

情报值是指通过调查研究、预测等获得信息而支出的有关费用,全情报价值应该表示为:

$$EVPI = \sum P(\theta_i) \max \left[C(a_i, \theta_i) \right] - \max E(a_i)$$

式中:a_i 表示策略行动方案;θ_i 表示条件状态;$P(\theta_i)$ 表示条件状态的概率,$\max C(a_i, \theta_i)$ 表示某一策略行动方案在什么条件状态下最大值。

例2-1:9 月份,好天气概率为 0.67(20 天),坏天气概率为 0.33(10 天)。如果好天气销售快,则可得利润 100 元;如果坏天气销售不出去,则损失 50 元。现在,如果有个情报机构提供天气预报,提供准确的资料,报道哪天是好天气,哪天是坏天气,这样可以避免坏天气的损失,得到利润 100 元。请计算其情报值。

每天销售获利的期望值为:$0.67 \times 100 + (-50) \times 0.33 = 50.5$(元)。

如果每天获得准确情报,可以避免由于坏天气的影响带来的损失,则每天获利的期望值为:$0.67 \times 100 = 67$(元)。

则,全情报价值为:$EVPI = 67 - 50.5 = 16.5$(元)。

如果购买情报的费用超过这个数字,就不划算了。

例2-2:某个体户由外地每天向北京运菜。如北京市场好,则可按原价卖出 3 车;如市场为中,则可卖 2 车;如市场差,则只能卖 1 车。每车 6 000 kg,每千克赚 1 元。如超过以上市场情况多运,则多运的部分要便宜处理,每千克损失 5 角钱。按照以往的统计规律,市场好的概率为 0.3,中为 0.5,差为 0.2,各种方案和各种情况的收益矩阵见表 2-2。

表 2-2　收益矩阵

市场状态及概率 方案	差 0.2	中 0.5	好 0.3	期望值 -(元)
1 车	6 000	6 000	6 000	6 000
2 车	3 000	12 000	12 000	10 200
3 车	0	9 000	18 000	9 900

如果不获得关于市场的准确情报,则三个方案收益的最大期望值为 10 200 元,即,不论市场状况怎样,每天都发运 2 车菜,平均获利 10 200 元。

如果在北京设立一个信息点,每天提供市场的准确信息。如市场好,运 3 车;如市场为中,运 2 车;如市场差,只运 1 车。不存在多运部分的损失。则期望值计算如下:

$0.2 \times 6\,000 + 0.5 \times 12\,000 + 0.3 \times 18\,000 = 12\,600$(元)

则市场信息的全情报价值计算如下:

$EVPI = 12\,600 - 10\,200 = 2\,400$(元)

2.2.2　信息生命周期阶段

1. 信息生命周期概念

信息生命周期的概念是基于考虑管理是一个动态的具有周期性的活动这一事实提出的。

信息的生命周期描述了信息从产生起到能够对管理决策活动起作用所经历的时间。信息和其他商品一样,是有生命周期的。一般商品的生命周期大致包括研究、制造、应用和报废。信息的生命周期包含要求、获得、服务和退出。

- 要求阶段:信息的孕育和构思阶段。人们根据所发生的问题、要达到的目的、设想所可能采取的方法来构思所需要的信息种类和结构。
- 获得阶段:得到信息的阶段,包括信息的收集、传输以及加工成合用的形式,达到使用的要求。
- 服务阶段:使用信息,提供效益。
- 退出阶段:信息已经老化,失去了价值,没有再保存的必要,就要将它更新或销毁。

2. 生命周期的阶段及各阶段的过程

信息生命周期的构成是由一些阶段构成的。信息生命周期的每个阶段中又包括一些过程。这些过程支持这个阶段的实现。各个阶段可能有相同的过程,而且可能不止一次,见表2-3。

这些过程包括信息的收集、信息的传输、信息的加工、信息的储存、信息的维护以及信息的使用等六个过程。

例如:

- "信息的要求阶段"可能包括信息的收集、传输、加工和存储。
- "信息的获得阶段"可能包括收集、传输、加工过程。
- "信息的服务阶段"可能包括信息的加工、维护、使用等过程。
- "信息的退出阶段"包括信息的加工过程。

表 2-3   信息生命周期及其包含的过程

信息生命周期阶段	（典型共性)信息处理过程					
	收集	传输	加工	存储	维护	使用
要求阶段	√	√	√	√		
获得阶段	√	√	√			
服务阶段			√		√	√
退出阶段			√			

不同的过程组成了不同的生命周期阶段。

(1)信息的收集

信息的收集过程包括以下三个方面的问题:信息的识别、信息的采集、信息的表达。

①信息的识别

信息收集所遇到的第一个问题是确定信息需求的问题,或者叫作信息的识别。信息识别的方法有三种:由决策者进行识别(发放调查表,开调查会,交谈,提问);系统分析员亲自观察识别(亲自熟悉业务过程);两种方法相结合进行识别(前两种方法联合使用模式)。

②信息的采集

信息识别以后,下一步就是信息的采集。由于目标不同,信息的采集方法也不相同,大体有三种方法:

- 自下而上地广泛收集(有固定的时间周期、固定的数据格式,如统计数据)。
- 有目的地专项收集(为了了解某一方面的信息)。
- 随机积累法(随机收集来自各种途径来的信息,如网络信息、报刊摘要等)。

③信息的表达

信息收集的最后一步是信息的表达。信息表达不外乎三种形式:一种是文字表达,另一种是数字表达,再一种是图像表达。其中:

- 文字表达是系统分析员的基本功,无须多言。
- 利用数字来表达一般来说是比较严格的,但有时也容易产生错觉。
- 表格表示能把总数和个别项目进行精确比较。
- 利用图形表达信息是现在的发展趋势。

(2)信息的传输(如图 2-15 所示)

信息传输的理论最早是在通信中研究的。它一般遵守香农模型,如图 2-15(a)所示。信息传输中,信道起到了至关重要的作用。

在信息传输中,一个好的信道应满足以下要求:①信道的容量足够大;②干扰尽可能小;③传输延时 t 尽可能短;④具有双工能力;⑤保密性好。信息传输在电子通信发展的历程中经过声音通信、数据通信,逐渐向图像通信过渡。其中,图像通信的主要形式有闭路电视、会议电视、可视电话、可视数据、传真等。它们和计算机结合起来,构成了通信的新方式:可视报刊、可视杂志、可视小说等。

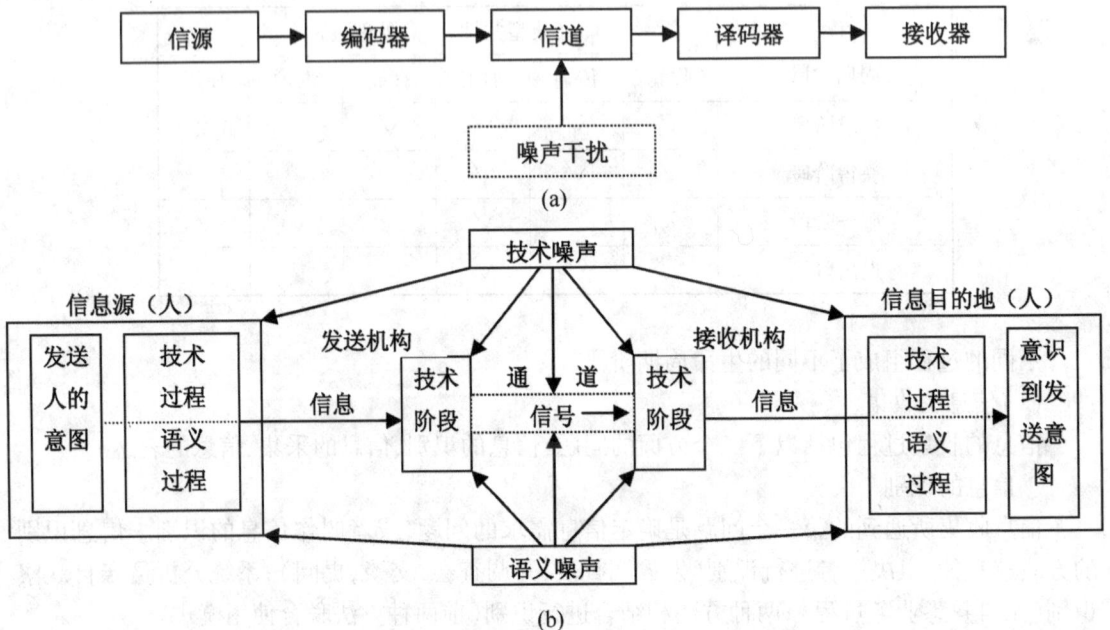

(a)

(b)

图 2-15　信息传输的一般模式

（3）信息的加工

数据要经过加工以后才能成为"信息"，其过程如下：

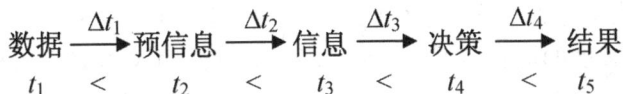

$$数据 \xrightarrow{\Delta t_1} 预信息 \xrightarrow{\Delta t_2} 信息 \xrightarrow{\Delta t_3} 决策 \xrightarrow{\Delta t_4} 结果$$

$$t_1 < t_2 < t_3 < t_4 < t_5$$

数据加工以后，成为预信息或统计信息，统计信息再经过加工才成为信息。信息经过使用，才能产生决策，有决策才有结果。

每种转换均需要时间，因而不可避免地产生时间延迟，这也是信息的一个重要特征——滞后性。信息有不可避免的滞后性，需要我们不断地进行研究，以满足系统的要求。

（4）信息的存储

信息的存储是将信息保存起来，以备将来应用。需要存什么信息？这主要由系统目标确定。在系统目标确定以后，根据支持系统目标的数学方法和各种报表的要求确定信息存储的要求。信息的存储方式也是由系统目标确定的。首先考虑的问题是集中还是分散的存放。对于公用的信息，在有能力提供共享设备的支持下应集中存放，因为集中存放可以减少冗余。应用数据库技术更可以减少存储信息的冗余量。而在没有设备和非公用数据的情况下，分散存储是合理的。分散虽然有冗余并且不能共享，但它方便了使用者。所以现在使用的方式是既有集中，也有分散。在信息的存储过程中，要了解集中的内容，避免重复，不断综合分散的内容供给集中；最新的信息要分散，"老"的信息要集中，确定合理的集中与分散的关系，是信息存储研究的重要内容。总之，信息的存储是信息系统的重要方面。在今天信息爆炸性增长的时代，那种"存得越多越好"的概念是不对的。即使将来存储技术高度发展，"存储越多越好"也是不对的。只有正确地舍弃信息，才能正确地使用信息。

（5）信息的维护

保持信息处于合用状态，叫作信息的维护。狭义上说，它包括经常更新存储器中的数据，使数据均保持合用状态；广义上说，它包括系统建成后的全部数据管理工作。

信息的维护是信息资源管理（IRM）的重要一环。没有好的信息维护，就没有好的信息使用，就没有好的信息信誉，尤其当前在我国有重使用、轻维护的倾向，信息维护的重要性更要充分强调。

做好信息的维护要保证信息的准确、及时、安全和保密。

①信息的准确性

保证信息的准确性，首先要保证数据处于最新的状态，其次数据要在合理的误差范围内。数据不准确的主要原因在于操作过程的不严格，或把错误的数据放进去，或者一种数据放到另一种数据的位置。更值得注意的是，我们不仅要保证数据的准确性，还要保证数据的唯一性。其中应用数据库容易保证数据的唯一性；但应用文件系统，因为一个数据存于几个文件之中，如果一个文件修改了，别的文件没有修改，则造成不唯一的情况发生，所以很难判定哪个正确。在数据操作时有严格的规程是非常重要的，在程序中放入提示也很重要。

②信息的及时性

信息的维护应考虑能及时地提供信息，不至于半天找不到一个信息。可以采用以下几种措施：常用的信息放在易取的地方；各种设备状态完好；各种操作规程健全；操作人员技术熟练;信息目录清楚;信息的可用性和可获得性强。

③信息的安全性

保证信息的安全性要防止信息由于各种原因而受到破坏,同时采取一些安全措施,万一信息被破坏则能较容易地恢复数据。为了保证信息的安全,首先要保证存储介质的环境,要防尘、干燥,并维持一定程度的恒温。不管维护得多好的数据,都难免因为各种因素而遭到破坏,所以信息维护时往往需要保存备份,或是保存前几天的业务信息。这样,即使今天的信息受到了破坏,我们也可以根据前几天的数据和今天的原始记录恢复现在的数据。考虑到特殊情况,如火灾、地震、战争等,对于这些重要的信息甚至应考虑不保存在一个地方,甚至可以保存在相隔几十千米的地方。

④信息的保密性

信息的保密性是当前人们十分关心的问题。随着信息越来越成为一种资源,人们也越来越把它当成一种财产来对待,因而被盗的情况也越来越多。信息被盗就是失窃。盗窃信息的方式有很多,如:电缆窃听;机内安装窃听器发报机;以维护为名,通过厂家把设备拿走,取出录制的信息;读出已抹去的磁带;通过终端非法查阅数据库更是常用的方法。为了维护信息的密级,许多技术被应用于信息系统,其中在机器内部可采用密码方式,密码的方式主要有换位、替代和成组替代字母等方法。但是没有不能破的密码,只是破码的时间和成本的问题。通常,为维护信息保密性,可采用以下措施:既使用密码,又广泛使用"通过字"(passwords)。每人自己选设一个通过字,当你要使用自己的数据时,机器会问你通过字是什么,如果你回答得正确,才能通过。这样就可以保证你的数据不被别人取走。在机器上记录终端试探次数是个好办法,如果对试探几次的人进行追究,这样别人也就不敢多试了。在机器外部也应采取一些办法防止信息失窃,包括应用严格的处理手续进行物理上的隔绝,不让闲人接触终端和磁带库,整个机房全用铁板屏蔽。所有这些防范措施均不能防止失窃的根源——人员,所以加强人员的保密教育,慎重选择机要人员是根本措施。

(5)信息的使用

信息的使用包括两个方面:一是技术方面,二是价值转换方面。

①技术方面主要解决的问题是如何高速度、高质量地把信息提供到使用者手边。现代的技术已经发展得相当先进,但远未达到普遍使用的程度。例如:信息的提供已由过去的定期报告发展到现在的实时检索;提供信息的形式已由过去的报告或报表发展到现在的图形和图像,甚至是声音;人-机的对话方式也有很大的进展,使得非专业的管理人员可以直接和机器打交道。所以技术可以说已相当先进,当然由于成本问题使其远未普遍使用。

②信息价值转化方面相比之下差得太远。价值转化是信息使用概念上的深化,是信息内容使用深度上的提高。信息使用深度大体上可分为三个阶段,即提高效率阶段、及时转化价值阶段和寻找机会阶段。

2.3　系统的概念、分类、性能、计划与控制

2.3.1　系统的概念

1. 系统的定义

系统是一些部件为了某种目标而有机地结合为一个整体。这里部件、目标、联系是不可缺少的因素。也可以说,系统是一些相互联系、相互影响、相互制约的因素(部件)为了实现共同目标而组成的统一的有机体。

2. 系统的特点

系统具有如下特点:

(1)系统是由部件组成的,部件处于运动状态之中。

(2)部件之间存在着联系。

(3)系统行为的输出也就是对目标的贡献,系统各主量和的贡献大于各主量贡献之和,即系统观点 $1+1>2$。

(4)系统的状态是可以转换的,在某些情况下,系统可以输入和输出,系统状态的转换是可以控制的。

(5)系统可以是抽象的或物理的。抽象系统是一些相关的思想或概念的有序排列,如神学系统是一套条理分明的有关神和神与人类关系的思想体系。物理系统则由为达到同一目标而共同起作用的一组元素构成。

3. 系统的性质

系统具有如下 4 个方面的性质:

(1)整体性

一个系统由多个要素组成,所有要素的集合构成了一个有机的整体。在这个整体中,各个要素不但有着自己的目标,而且为实现整体的目标充当着必要的角色,缺一不可。

(2)目的性

任何一个系统的发生和发展都具有很强的目的性。这种目的性在某些系统中又体现出多重性。目的是一个系统的主导,它决定着系统要素的组成和结构。

(3)关联性

关联性是指一个系统中各要素之间存在着显著、密切的联系,这种联系决定了整个系统的机制。这种联系在一定时间内处于相对稳定的状态,但随着系统目标的改变以及环境的发展,系统也会发生相应的变更。

(4)层次性

一个系统必然地被包含在一个更大的系统内,这个更大的系统通常被称为环境。一个系统内部的要素本身也可能是一个个很小的系统,这些小系统常被称为这个系统的子系统(Subsystem），由此形成了系统的层次性。

4. 系统的一般模型

系统的一般模型包括输入、处理和输出三个部分。图 2-16 是一个单输入、单输出的系统一般模型。

图 2-16　系统的一般模型

但一个实际的系统往往有多个输入和多个输出部分，内部结构也十分复杂，如图 2-17 所示。

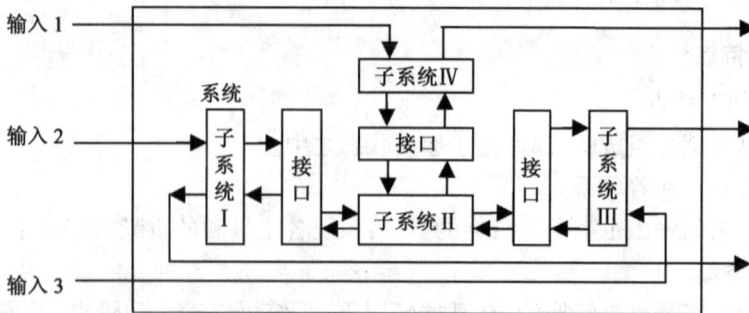

图 2-17　具有多个输入、多个输出的系统模型

定义和描述一个系统的各种特征构成了系统边界。边界之内属于系统 S，边界之外属于环境 E。组成系统的各个部分也是一个系统，称为子系统。系统边界的定义可大可小。子系统之间的相互联结与相互作用又称为接口。

2.3.2　系统的分类

对系统的划分有多种方法，总体上系统可分为自然系统和人造系统。

（1）按系统的综合复杂程度分，系统可分为三类九等，即物理系统（框架系统、钟表系统和机械系统）、生物系统（细胞系统、原始群体系统和动物系统）和人类社会及宇宙系统（人类系统、社会系统、宇宙系统）。

（2）按系统的抽象程度分，系统可分为概念系统、逻辑系统和实在（物理）系统。

①概念系统是最抽象的系统，它是人们根据系统的目标和以往的知识初步构思出的系统雏形。它在各方面均不是很完善，有许多地方很含糊，也有可能不能实现，但是它表述了系统的主要特征，描绘了系统的大致轮廓，从根本上决定了以后系统的成败。

②逻辑系统是在概念系统的基础上构造出的原理上行得通的系统，它考虑到总体的合理性、结构的合理性和实现的可能性。它确信现在的设备一定能达到该系统所规定的要求，但它没有给出实现的具体元件。所以逻辑系统是摆脱了具体实现细节的合理的系统。

③实在系统也可以叫作物理系统，它是完全确定的系统。如果是计算机系统，那么机器是

什么型号,用多少终端,放在什么位置等,就应当完全确定。这时系统已经完全能实现,所以叫作实在系统。

(3)按系统功能分,系统可分为社会系统、经济系统、军事系统和企业管理系统。

(4)按系统与外界的关系分,系统可分为封闭系统和开放系统。

(5)按内部结构分,系统可分为开环系统和闭环系统。

2.3.3 系统性能的评价

系统性能的好坏,可以从以下几个方面来评价:

(1)目标是否明确:每个系统均为一个目标而运动。目标选择的合适与否,是否明确,是评价系统好坏的主要因素。这个目标可能由一组子目标组成。系统的好坏要看它运行后对目标的贡献,因而目标明确、合适是评价系统的第一指标。

(2)结构是否合理:一个系统由若干子系统组成,子系统又可划分为更细的子系统。子系统的连接方式组成系统的结构。如果一个系统的连接清晰,路径通畅,冗余少,那么它就可以达到合理实现系统目标的目的。

(3)接口是否清楚:子系统之间有接口,系统和外部的连接也有接口,好的接口应该十分清楚。

(4)是否能观能控:外界可以输入信息控制系统的行为,也可以通过输出信息观测系统的行为。只有系统能观能控,系统才会有用,才会对目标做出贡献。

2.3.4 系统的计划与控制

1.系统的计划

我们所说的系统大都是人造系统,建立一个系统或实现一个系统的目标都要有计划。如开发一个 MIS 系统,建造一个工程。

计划就是为了实现预定目标,对组织的未来活动进行安排。

特点包括面向未来,与目标相联系,统筹安排。

计划得好,能使目标顺利实现;不好,会有很多困难。

计划的种类包括长期计划(战略计划),中期计划(策略计划),短期计划(运行或执行计划)。

2.系统的控制

在实现(执行)计划过程中,测量实际情况与计划的偏差,并采取校正行动的过程就叫作控制。系统控制的一般模型如图 2-18 所示。

控制的形式包括事先控制、现场控制(实时控制)和反馈控制。

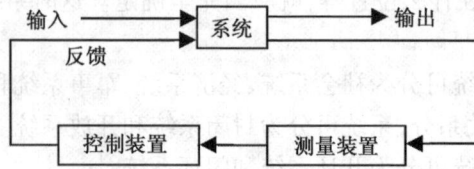

图 2-18　系统控制的一般模型

2.4　管理的概念、理论与职能

管理也是管理信息系统的三大基本概念之一。理解并掌握管理的概念和相关理论,在信息系统开发过程中就能够很好地把握用户的需求,并且科学、合理、有效地组织好信息系统的开发建设。

2.4.1　管理的概念

1. 管理的定义

不严格的定义:管理就是通过其他人完成某种任务或达到某个目标的一切活动。不同管理学家和管理流派对管理的定义不同。

泰勒(科学管理之父):管理就是让别人知道怎么做,并用最好的方法去做。

法约尔:管理就是计划、组织、领导、协调和控制。

西蒙:管理是决策的同义语。

通过上述对管理的定义,我们总结出如下的定义:

管理就是经过自己与他人的共同努力,为了有效地实现某个预定目标而对有关的过程进行计划、组织、领导、控制的综合性活动。

从管理定义上,我们看出几个要点:他人在管理上占重要地位、目标、有效性。

管理是一个十分广泛的概念,有着非常丰富的内涵和外延。简单地说,管理就是了解情况,做出决策。管理的过程就是决策的过程,它通常包含以下步骤:

(1)发现问题。管理者通过收集系统运行中的有关信息,根据经验或有关标准,发现现行组织存在的问题。

(2)拟订方案。针对具体的问题拟定出若干种解决的方案,并估计出每一种方案将花费的人力、费用和将获得的收益。

(3)做出决策。经过综合考虑,选择最为合理的方案来实施,并随时监督和控制实施情况。

通常管理分成三个层次,即高层管理、中层管理和基层管理。这三层管理工作的特点各不相同。高层(也称战略级)管理是指一个组织或系统最高领导层所做的工作,其主要任务是根据组织内外的全面情况,分析和制订该组织的长远目标及政策。中层(也称策略级)管理的任务是根据高层管理所确定的总目标,具体对组织内所拥有的各种资源,制订出资源分配计划及进度表,组织基层单位来实现总目标。基层(也称执行层)管理则是按照中层管理制订的订购计划,具体组织人力去完成它。

2. 管理现代化

管理现代化是一个整体的概念,它的主要内容包括管理思想、管理组织、管理方法和管理手段的现代化。

(1)管理思想的现代化

没有管理思想和观念上的转变,就无法实现管理组织和管理方法的现代化,也谈不上管理手段的现代化。管理思想的现代化有多种表现形式,例如重视经营、重视决策的思想。"管理的重点在于经营,经营的成败在于决策。"前面我们已经提到管理的过程就是决策的过程,而关系到企业生存和发展的战略决策则是最重要的决策。系统的思想和观点在现代管理思想中占主导地位,也是全面地分析和处理问题的思想。

(2)管理组织的现代化

管理组织的现代化包括管理体制、机构设置、生产组织和劳动组织等方面的现代化。为实现管理现代化,在管理体制上应做到集权和适度分权,加强各管理层的经济责任制,采用与实行现代化管理方法和手段相适应的高效率的劳动组织和生产组织形式等。

(3)管理方法的现代化

管理方法的现代化主要表现在对生产经营活动中的各种事物,从定性概念发展为定量分析,从依靠经验判断逐渐转向应用数学模型和方法与经验判断相结合来进行决策。例如,经营预测和决策方法,质量控制的统计方法,全面经济核算,库存管理技术,线性规划,投入产出分析等。先进的管理方法是投资少或不投资就可取得经济效益的有效途径,需大力推广应用。

(4)管理手段的现代化

管理手段的现代化主要表现在电子计算机和通信技术在管理领域中的应用,它对于大企业和大系统有着特别重要的意义。管理手段的现代化包括信息处理手段的现代化,如用计算机处理各类管理数据,预测与统计,为经营提供信息、辅助决策,生产过程的自动控制;信息传递手段的现代化,如步话机、自动显示装置、无线电传真设备,以及数据通信网等的采用。管理手段的现代化能直接促进管理体制、管理组织、管理方法现代化的进程。在人类历史发展阶段中,信息处理的发展阶段是以处理手段的不同来划分的。当今,电子计算机和通信技术的发展将成为实现管理现代化的重要内容和标志,电子计算机在企业管理中的应用程度反映了管理现代化的程度。计算机管理信息系统的建立可以从一定程度上反映出管理现代化的整体内容,也是由传统管理向现代管理过渡的桥梁。所以,前面所论述的管理现代化的全部内容正是开发计算机管理信息系统的基础。

3. 管理的性质

(1)管理是艺术性和科学性的有效结合。

①管理是一种艺术。

- 管理是一种技巧的应用,管理需要直觉与创造力;
- 没有在任何时候、任何情况下都适用的准则;
- 管理对人的内在素质有一定的要求。

②管理是一门科学。

- 管理有一些放之四海而皆准的真理、原则和技术方法；
- 管理人员是可以训练出来的，通过训练可以增强能力；
- 随着技术的发展，管理中定量的成分所占的比重越来越大。

③管理是艺术与科学的有效结合。

- 管理层次：高层艺术成分高，科学成分低；
  低层科学成分高，艺术成分低。
- 工作内容：有的依靠经验、感觉，有的依靠具体的技术和方法。
- 管理对象：人、物。
- 管理包含不确定因素
- 管理理论上是科学，实际上是艺术。

因此，良好的素质，精明的头脑和坚实的管理知识、技术都是成功的管理者所不可缺少的。

（2）管理是定量分析和定性分析的结合。

- 定量管理：主要依靠科学和技术，处于管理的成熟阶段。定量方法虽然能给出很确定的解答，但这种解答是否正确还是个复杂的问题。由于原始数据的不准确，或模型的过于简化，结果往往不可信。
- 定性管理：处于管理的经验阶段，属于经验管理方式。当我们对一个事物不了解时只能定性。定性表示是或否，做或不做。

（3）管理是一门综合性与独立性共存的学科。

管理是边缘性、综合性学科，需要多方面知识，同时又是一门独立的学科，有自己的研究内容、研究对象和研究方法。

2.4.2　早期的管理理论

对早期管理做出贡献的是英国经济学家亚当·斯密（Adam Smith），1776 年他发表《国民财富的性质和原因研究》一文，系统阐述了劳动价值论和劳动分工理论，为管理理论的发展打下了良好的基础。

他论述了劳动分工的益处与优越性：

- 劳动分工可以使工人重复完成单项操作，从而提高劳动熟练程度，提高劳动效率；
- 劳动分工可以减少由于变换工作而损失的时间；
- 劳动分工可以使劳动简化，使劳动者的注意力集中在一种特定的对象上，有利于创造新工具和改造设备。

他提出了人是"经济人"的观点，认为经济现象是由具有利己主义的人们的活动产生的，人们在经济行为中追求的完全是私人利益。他的这一观点是资本主义生产关系的反映，对资本主义管理的实践和理论都具有重要影响。

斯密论述了分工的三个好处，英国数学家查尔斯·巴比奇（Charles Babbage）论述了分工的第四个好处：可以充分利用熟练与不熟练工人，同时提出按照生产效率的不同来确定报酬的制度。

英国的罗伯特·欧文（Robert Owen，英国的空想社会主义者）提出工厂生产中要重视人的因素，缩短工时，提高工资，改善工人住宅，重视人的作用和尊重人的地位，可以使工厂获得更多的利润。欧文被称为"人事管理之父"。

安德鲁·尤尔(Andrew Ure,英国化学家、经济学家)第一个提出在工厂中建立必要的规章制度。

这些管理思想虽然不系统、不全面,没有形成专门的管理理论和学派,但对后来的管理科学的产生和发展有积极影响。

2.4.3　科学管理理论的产生与发展

1. 泰勒制

泰勒制是一套科学管理理论,由美国人弗雷德里克·温斯洛·泰勒(Frederick Winslow Taylor)创立,泰勒被称为"科学管理之父"。1875 年,他进入一家小机械厂当徒工,1878 年转入费城米德瓦尔钢铁厂(Midvale Steel Works)当机械工人,他在该厂一直干到 1897 年。在此期间,由于工作努力,表现突出,泰勒很快先后被提升为车间管理员、小组长、工长、技师、制图主任和总工程师。1898—1901 年,泰勒受雇于伯利恒钢铁公司,1901 年后,他大部分时间从事咨询、写作和演讲等工作,并通过这些工作来宣传他的科学管理理论。

(1)产生背景

● 生产的社会化及规模日益扩大,劳资矛盾日益激化。

(2)重要试验

● 秒表测时;

● 搬运生铁试验;

● 铁锹试验;

● 金属切削试验。

(3)主要著作

●《计件工资制》;

●《车间管理》;

●《科学管理原理》;

●《在美国国会听证会上的证词》。

(4)主要观点

● 开展时间和动作研究以找出最佳的操作方法,确定合理的劳动定额;

● 对工人要进行挑选和培训;

● 实行差别计件工资制;

● 把计划职能和执行职能分开;

● 职能工长制;

● 提倡开展一场心理革命。

(5)主要贡献

● 提出了科学管理的思想;

● 开创了时间和动作研究学科;

● 提出了对职工进行挑选和技术培训;

- 把计划职能和执行职能分开。

（6）理论缺陷

- 对人的假设是错误的，认为人是"经济人"；把人假设为机器人；认为人是为获得经济利益而工作。
- 科学管理局限在基层管理，没有超出生产管理的范畴。

（7）其追随者（同时代人）

①亨利·甘特（Henry L. Gantt）

- 甘特图（棒状图）：一种用线条表示的计划图表，常用于编制进度计划。
- 提倡工资奖励制度：亨利·甘特认为除了支付日工资以外，超额完成的定额部分应再计件给予奖金。完不成定额的，只能拿到日工资。这种制度比泰勒的"差别计件工资制"好，它可使工人感到收入有保障，从而激发劳动积极性。

②弗兰克·吉尔布雷斯（Frank Gilbreth）：在动作研究和时间研究上有重要贡献。

③亨利·福特（Henry Ford）：在汽车流水线生产和标准化工作上有重要贡献。

综上所述，科学管理（泰勒制）着重解决的是用科学方法提高现场生产的生产效率问题，所以这一学派被称作科学管理学派。

2. 组织管理理论（古典组织管理学派）

组织管理理论学派在分析总结科学管理的局限性上对科学管理加以改进，其研究的中心问题是组织结构和管理原则合理化。代表人物为亨利·法约尔（Henri Fayol），他曾担任过一家煤矿公司的经理，积累了管理大企业的经验，还曾在法国军事大学任过教授，主要著作有《一般管理与工业管理》。

（1）主要观点

- 要经营好一个企业，不仅要改善生产现场管理，还要改善企业经营的各个方面。
- 把企业的活动归结为 6 个活动（领域）：技术、经营、财务、安全、会计、管理。
- 把管理的职能划分为以下 5 个：计划、组织（建立执行任务的权力机构）、指挥（使权力机构正常行使职权）、协调和控制。

（2）提出管理的 14 条原则

①分工：劳动专业化是各个机构和组织前进和发展的必要手段，可以提高生产、工作效率，细化生产分工和管理分工。

②权力与责任：权力即"下达命令使别人服从的力量"，权力可分为管理人员的职务权力和个人权力（威信、个人品质）；强调权力与责任要相符，有责任必须有权力，有权力必然产生责任。

③纪律：制订的规章制度。

④统一命令：一个员工在任何活动中只应接收一位上级的命令，违背这个原则，就会使权力与纪律发生混乱。

⑤统一领导：为达到同一目的而进行的各项活动须由同一首长管理指挥、计划，行动统一，协调配合。

⑥个别利益服从集体利益：整体利益大于个人利益。

⑦报酬要公平：公平合理，使个人和组织都满意。

⑧权力集中:程度要合适。

⑨等级系列:是一条权力线,用以贯彻执行统一的命令和保证信息传递的秩序。

⑩秩序:人、事、物各有其位,各就其位(一个萝卜一个坑)。

⑪平等:在规章制度面前,在纪律面前人人平等,奖罚公平合理。

⑫人员保持稳定:职工、管理人员要有一定的工作期限。

⑬首创精神:充分发挥每个员工的主观能动性,鼓励员工、各级管理人员勇于创新。

⑭团结精神:职工的融洽、和睦相处的氛围。

法约尔的贡献:在管理的范畴、管理的组织理论、管理的原则方面提出了崭新的观点,为以后管理理论的发展奠定了基础。

在这同时和以后,德国的马克斯·韦伯(Max Weber)、英国的林德尔·厄威克(Lyndall Ur-wick)、美国的詹姆斯·穆尼(James D. Mooney)等在组织体系及组织原则方面又提出了若干新理论,特别是厄威克,著作甚多,如《管理的要素》《组织的科学原则》《组织中的委员》《行政管理原型》,在管理学界是颇有影响的人物。厄威克把泰勒、法约尔等人的思想加以归纳,并使之有机地结合起来,形成了比较完整的系统的管理理论,他的管理理论综合概念结构如图2-19所示。

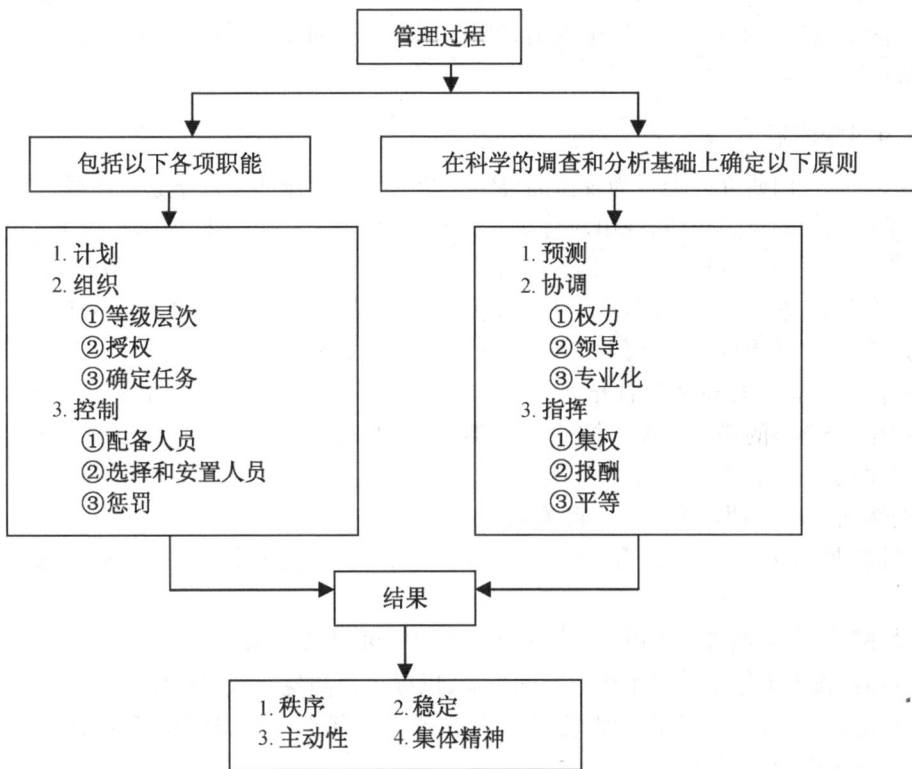

图 2-19　厄威克的管理理论综合概念结构图

2.4.4 现代管理理论的产生与发展

1.产生背景

第二次世界大战之后,特别是 20 世纪 50～70 年代,世界的经济、政治情况发生了极大的变化,主要表现在以下方面:

- 资本主义企业规模在激烈的竞争中迅速扩大;
- 科学技术迅速发展,新兴工业不断出现,技术更新速度加快;
- 社会主义世界蓬勃发展,相继出现了许多新的社会主义国家;
- 职工队伍的结构、文化程度都发生了变化。

政治经济形势的变化,对管理提出了以下新的要求:

- 突出了企业的经营决策问题;
- 要求运用更先进的管理手段;
- 要求管理理论和经营方法能充分调动人的积极性。

在这一阶段,不少管理学家和实业家从事现代管理理论的研究工作。他们的思想非常活跃,研究的侧重点也互不相同,所以呈现出管理学派林立的局面,有行为科学学派、管理科学学派和决策理论学派等。

2.行为科学学派

行为科学是一门研究人类行为规律的科学。行为科学学派的管理学家试图通过对行为科学的研究掌握人们的行为规律,找出对待工人、职员的新手法和提高工效的新途径。

科学管理理论把人看成"活的机器""机器的附件""经济人"等,而行为科学认为"人"不单是"经济人",还是"社会人",即影响工人生产效率的因素除了物质条件外,还有人的工作情绪。人的工作情绪又受到人所在的社会及本人心理因素的影响。

1949 年,在美国芝加哥大学召开了一次由哲学家、精神病学家、心理学家、生物学家和社会学家参加的跨学科的科学会议,讨论了应用现代科学知识来研究人类行为的一般理论,会议给这门综合性学科定名为"行为科学"。

(1)行为科学的早期理论——人群关系论

行为科学是从人群关系论开始的。人群关系论的代表人物是埃尔顿·梅约(Elton Mayo)。

著名的试验:在芝加哥西方电器公司霍桑工厂进行的霍桑试验。

试验目的:找出工作条件对生产效率的影响,以寻求提高生产效率的途径。

试验结论:生产效率不仅受物理、生理因素影响,还受社会环境、社会心理因素影响。

人群关系论的四个观点:

①企业的职工是"社会人",人不是孤立存在的,而是属于某一工作集体并受这一集体影响的。他们不但要追求金钱收入,还要追求人与人之间的友情、安全感、归属感等社会和心理欲望的满足。

②满足工人的社会欲望,提高工人的士气(即积极性、主动性、协作精神等结合成一体的精神状态)是提高生产效率的关键。

③除了正式组织,企业中存在着一种非正式组织。正式组织是指组织体系中的环节,是指为了实现企业目标而担当明确职能的机构。这种组织对个人有强制性。非正式组织是指企业职工在共同工作、共同生产中,必然产生相互间的人群关系,产生共同的感情,自然形成一种行为准则或惯例,要求个人服从,这对工人的影响更大。

④企业应采用新的领导方法,组织好集体工作,采取措施提高士气,促进协作,使企业的每个成员能与领导者真诚合作。

人群关系论强调在管理中要重视人的行为,这是行为科学的早期理论,而行为科学还要研究人的行为规律,找出产生不同行为的影响因素,如何控制人的行为以达到目的。

(2)行为科学学派的主要理论

①需要层次理论

需要层次理论也称马斯洛需求层次理论,由美国心理学家亚伯拉罕·马斯洛(Abraham Maslow)于1943年在《人类激励理论》论文中提出。他认为人是有需要的动物,其需要取决于他已经得到了什么,尚缺少什么,只有尚未满足的需要能够影响行为。人的需要是有轻重层次的,某一层需要得到满足后,另一层的需要才会出现,并要求得到满足,人就是为需要而不断工作。激励过程如图2-20所示。

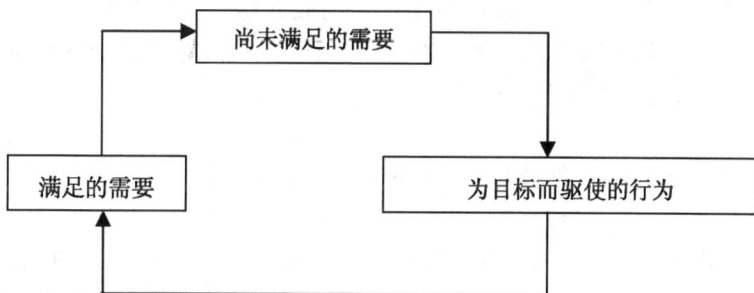

图2-20　激励过程示意图

马斯洛理论把需要分成生理需要、安全需要、社交需要、尊重需要和自我实现需要五个层次。

- 生理需要:是人类维持自身生存的最基本要求,包括 呼吸、水、食物、睡眠、生理平衡、分泌、性等。如果这些需要(除性以外)任何一项得不到满足,人类个人的生理机能就无法正常运转。换而言之,人类的生命就会因此受到威胁。在这个意义上说,生理需要是推动人们行动最首要的动力。
- 安全需要:包括人身安全、健康保障、资源所有性、财产所有性、道德保障、工作职位保障、家庭安全等。
- 社交需要:包括亲情、友情、爱情等。人人都希望得到相互的关心和照顾。感情上的需要比生理上的需要更加细致,它和一个人的生理特征、经历、教育、宗教信仰都有关系。
- 尊重需要:包括自我尊重、信心、成就、对他人尊重、被他人尊重等。人人都希望自己有稳定的社会地位,希望个人的能力和成就得到社会的承认。
- 自我实现需要:包括道德、创造力、自觉性、问题解决能力、公正度、接受现实能力。这是最高层次的需要,它是指实现个人理想、抱负,最大程度发挥个人能力。

五种需要可以分为两级,其中生理需要、安全需要和社交需要都属于低一级的需要,这些需要通过外部条件就可以满足;而尊重需要和自我实现需要是高级需要,是通过内部因素才能满足的,而且一个人对尊重和自我实现的需要是无止境的。同一时期,一个人可能有几种需要,但每一时期总有一种需要占支配地位,对行为起决定作用。任何一种需要都不会因为更高层次需要的发展而消失。各层次的需要相互依赖和重叠,高层次的需要发展后,低层次的需要仍然存在,只是对行为影响的程度大大减小。

②双因素理论

这是一种激励模式理论,是由美国心理学家弗雷德里克·赫茨伯格(Frederick Herzberg)于 1959 年在《工作的激励》一书中提出的。双因素包括保健因素与激励因素。

- 保健因素:这类因素对职工行为的影响类似于卫生保健对人们身体的影响。当卫生保健达到一定的水平时,可以预防疾病,但不能治病;同理,当保健因素低于一定水平时,会引起职工的不满。当这类因素得到改善时,职工的不满就会消除,但是,保健因素对职工起不到激励的积极作用。保健因素包括企业的政策与行政管理、监督、与上级的关系,与同事的关系,与下级的关系,工资,工作安全,个人生活、工作条件;地位等。它与工作的外部环境有关,属于保证完成工作的基本条件。

- 激励因素:当这类因素具备时,可以起到明显的作用;当这类因素不具备时,也不会造成职工的极大不满。激励因素包括工作上的成就感,受到重视、提升、工作本身的性质,个人发展的可能性,责任。激励因素以工作为中心,即对工作本身是否满意,工作中是否有成就,是否得到重用和提升。

③X、Y、Z 理论

根据对人的行为看法不同,划分为三种理论,即 X、Y、Z 理论。

a. X 理论和 Y 理论

美国麻省工学院的道格拉斯·麦格雷戈(Douglas Megregor)于 1957 年首次提出 X 理论和 Y 理论。他于 1960 年出版发表了《企业的人的方面》一文,对 X 理论和 Y 理论进行了比较。

X 理论主要有以下观点:

- 人的本性是坏的,一般人都有好逸恶劳,尽可能逃避工作的特性;由于人有厌恶工作的特性,因此对大多数人来说,仅用奖赏的办法不足以战胜其厌恶工作的倾向,必须进行强制、监督、指挥,并以惩罚进行威胁,才能使他们付出足够的努力去完成给定的工作目标;一般人都胸无大志,通常满足于平平稳稳地完成工作,而不喜具有"压迫感"的创造性的困难工作。

Y 理论与 X 理论正相反,主要观点为:

- 人并不懒惰,他们对工作的喜爱和憎恶决定于这工作对他是一种满足还是一种惩罚;在正常情况下人愿意承担责任,热衷于发挥自己的才能和创造性。

这两种理论,对工人的需要看法不同,因此采用的管理方法也不相同。按 X 理论,对工人管理要采取严格的控制、强迫方式,该理论适合工厂管理。按 Y 理论,对工作管理要创造一个良好环境,改善劳动条件,使人的智慧、能力得以充分发挥,以更好地实现组织和个人目标。

b. 超 Y 理论

超 Y 理论是 1970 年由美国管理心理学家约翰·莫尔斯(J. J. Morse)和杰伊·洛希(J. W. Lorscn)根据"复杂人"的假定提出的一种新的管理理论。它主要见于 1970 年《哈佛商业评论》杂志上发表的《超 Y 理论》一文和 1974 年出版的《组织及其他成员:权变法》一书。

该理论认为,没有什么一成不变的、普遍适用的最佳的管理方式,必须根据组织内外环境自变量和管理思想及管理技术等因变量之间的关系,灵活地采取相应的管理措施,管理方式要适合于工作性质、成员素质等。

超 Y 理论是在对 X 理论和 Y 理论进行实验分析比较后,提出的一种既结合 X 理论和 Y 理论,又不同于 X 理论和 Y 理论的理论,它是一种主张权宜应变的经营管理理论,实质上是要求将工作、组织、个人、环境等因素作最佳的配合。

c.Z 理论

Z 理论是由日裔美国学者威廉·大内(William Ouchi)在 1981 年出版的《Z 理论》一书中提出来的,其研究的内容为人与企业、人与工作的关系,认为企业管理当局与职工的利益是一致的,两者的积极性可融为一体。

Z 理论主要观点如下:

- 企业对职工的雇佣应是长期的而不是短期的;
- 上下结合制订决策,鼓励职工参与企业管理;
- 实行个人负责制;
- 上下级之间关系要融洽;
- 对职工要进行知识全面的培训,使职工有多方面的工作经验;
- 准确评价、稳步提拔;
- 控制手段要含蓄而不正规,检测手段要正规。

3. 管理科学学派

现代管理的一个重要学派是管理科学学派,该学派是在泰勒科学管理理论的思想体系上发展起来的,但不是简单的延续,为了区别科学管理理论,而称之为管理科学。管理科学学派将最新的科学技术成果(运筹学、系统工程、计算机、决策论)适用于管理工作的各个方面,形成许多新的管理思想及管理技术。

(1)特点

①生产和经营管理各个领域的各项活动都以经济效果好坏作为评价标准,即要求行动方案以总体的最少消耗获得总体的最大经济效益;

②使衡量各项活动效果的标准定量化,运用正规的数学模型;

③依靠电子计算机进行各项管理;

④采用系统工程的观点;

⑤以决策为着眼点。

(2)流派

1961 年 12 月哈罗德·孔茨(Harold Koontz)发表了一篇论文,详细阐述了管理研究的各种方法,对现代管理理论中的各种学派加以分类,认为存在"管理理论的丛林"。该论文的发表在学术界引起广泛的反响。他将当时不同的管理观点,以及这些观点对管理的性质和内容所做的不同解释,概括出 6 个有代表性的学派:管理过程学派、经验和案例学派、人类行为学派、社会系统学派、决策理论学派和数理学派。这些不同的学派和不同的观点形成了一个思想、理论和意见百家争鸣的管理理论的丛林。至 20 世纪 80 年代,有代表性的管理理论学派由 6 个增加到 11 个:

①经营管理学派,亦称管理过程学派。该学派通过与管理职能相联系的办法把有关管理的知识汇集起来,以形成一门管理学科。

②经验和案例学派。该学派通过分析经验(各种实际案例)来研究管理。

③群体行为学派。该学派注重研究的是组织中群体的行为,包括群体的文化、行为方式和行为特点等,也称为组织行为学派。

④社会系统学派。该学派把组织看作一个社会系统,从系统的角度处理好系统的各种关系,发挥系统各种因素的作用。

⑤决策理论学派。该学派代表人物是美国卡内基－梅隆大学教授赫伯特·西蒙(Herbert Simon,1978 年获诺贝尔经济学奖)、马奇(James G. March)。该学派把决策作为管理中心,认为管理就是决策,决策贯穿着管理的全过程,管理就是在研究各种各样方案中选择并做出合理决策并付诸行动,做正确的事比正确地做事来得更重要 。

⑥数理学派。该学派注重定量的数学模型,认为通过建立数学模型这一手段,可以把问题(管理问题也不例外)的基本关系表示出来,并在确定目标后求出最优结果。

⑦人际关系学派。该学派认为,既然管理是通过他人或和他人一起使工作有效完成的过程,那么研究管理必须注重人际关系。

⑧合作社会系统学派。该学派把组织作为一个合作的社会系统来研究,它显然试图对人际关系和群体行为学派的观点做出修正。

⑨权变管理学派。该学派强调,管理者的实际工作取决于所处的环境条件,因此管理者应根据不同的情境及其变量决定采取何种行动。

⑩系统学派。该学派认为,一个组织的管理者必须理解构成整个组织的运作的每一个系统。

⑪管理角色学派。该学派主要通过观察管理者的工作来明确管理者的工作内容。

2.4.5 管理的职能

管理的职能包括以下几个方面:计划、组织、控制和领导。

1. 计划

(1)定义

计划是未来行动的蓝图,是为实现组织目标而对未来行动所做的综合的统筹安排。计划包括定义组织的目标、制订全局战略以实现这些目标,制订全面的分层计划体系以综合和协调各种活动。因此,计划既涉及目标(做什么),也涉及达到目标的方法(怎么做)。

(2)步骤

①预测;②提出目标;③预算;④制订策略、方针、程序、规则。

2. 组织

(1)定义

组织:(动词)是为了达到预定的目标,对人力、财力、物力的配置活动过程。

组织:(名词)是由这些活动而产生的结构。

（2）形式

①直线制;②职能制;③直线职能制;④矩阵组织;⑤委员会制;⑥事业部制。

（3）原则

①专业化分工。

②适当的控制幅度(一个管理者直接管理的下级人数):高级为 5 ~ 8 个,中层为 8 ~ 15 个,底层为 15 ~ 20 个。

③统一指挥:下级只接受一个上级命令,一个项目只能由一个人负责。

④责任与权力要相适应。

⑤集权与分权要合理。

3. 控制

（1）定义

控制是依据计划检查衡量计划的执行情况,并根据偏差,或调整行动以保证按计划进行,或调整计划使活动与计划相吻合。

（2）作用

①检验作用:检验各项工作是否按预定计划进行,同时也检验计划的正确性和合理性。

②调节作用:在计划的执行过程中,对原计划进行修改,并调整整个管理过程。

（3）四个阶段

①确定控制标准。

②衡量实际成效。

③鉴别并分析偏差。

④采取纠正措施。

4. 领导

领导是指领导者运用组织赋予的权力,指挥、带领、引导和鼓励群众为实现目标而努力的过程。领导的作用主要体现为指挥、协调和激励三个方面。

①指挥:使员工的行动朝向管理者设定的目标。

②协调:使员工之间、部门之间协作顺畅、化解冲突。

③激励:使员工有更高的热情去工作。

习　题

1. 简述管理信息系统的定义及功能。

2. 简述管理信息系统的组成模型及各部分之间的关系。

3. 管理信息系统作为一个学科,它的性质和主要研究内容是什么? MIS 的三要素是什么? 组成 MIS 的支柱学科有哪些?

4. 请描述关于企业信息系统发展阶段的诺兰 6 阶段模型。

5. 怎样正确认识企业信息系统的发展阶段?

6. 管理信息系统有几种分类方法？它是根据什么原则进行分类的？你自己觉得有什么分类方法？

7. 如何划分管理信息系统的结构？

8. 什么是数据？什么是信息？试举几个实用的例子加以描述。

9. 信息有哪些基本性质？信息的价值如何衡量？如何才能正确地实现其价值？

10. 信息是否有生命周期？如何把握生命周期使信息更好地发挥作用？

11. 简述系统的概念、性质和分类体系。如何评价系统的性能？

12. 简述管理的概念、性质和职能。

第 3 章　信息系统建设生命周期

　　信息系统建设是一项长期的过程,与其他复杂系统建设一样,信息系统建设具有从产生、发展到消亡的生命周期过程。一般来说,信息系统生命周期过程包括如下几个阶段:系统规划、系统分析、系统设计、系统实施、系统测试、系统运行维护和系统更新。每个阶段都有相应的目标、工作任务和内容,可采用相应的技术方法来完成开发工作。

3.1　系统规划

　　规划是指对较长时期的活动总体地、全面地计划。企业信息系统的建设是一个长期的过程,因而必须对信息系统建设进行合理规划。信息系统规划(Information System Planning,ISP)是关于管理信息系统的长远发展的计划,是企业战略规划的一个重要组成部分,是信息系统建设的起始阶段。

3.1.1　系统规划的任务和特点

1.系统规划的任务

　　系统规划是管理信息系统(MIS)生命周期的第一个阶段,是 MIS 的概念形成时期。这一阶段的主要目标就是制订出 MIS 的长期发展方案,决定 MIS 在整个生命周期内的发展方向、规模和发展进程。主要任务如下:

　　(1)根据组织的整体目标和发展战略,制订信息系统的发展战略,使信息系统的战略与整个组织的战略和目标协调一致,要进行的工作如下:

- 评价组织的目标和战略;
- 根据组织的目标和战略确定信息系统的使命,对信息系统的建设或更新提出报告;
- 对目前信息系统的功能、应用环境和应用现状进行评价;
- 对相关信息技术发展进行预测;
- 制订信息系统的战略目标及相关政策。

　　(2)明确组织总的信息需求,形成信息系统总体的结构方案,制订信息系统建设的总的计划。其中包括确定信息系统建设的总体目标、功能、大致规模,并根据需求的轻重缓急及资源和应用环境的约束,把规划的信息系统建设内容分解成若干个开发项目,确定每个项目的开发次序和时间安排。制订系统建设的资源分配计划,提出实现信息系统建设目标的硬件、软件、技术、人员、资金等资源的需求计划,以及整个系统建设的概算,并进行可行性分析。

2. 系统规划的特点

系统规划具有以下几个特点:

(1)系统规划是面向全局、面向长远的关键步骤,具有较强的不确定性,结构化程度较低。

(2)系统规划是高层次的系统分析,高层管理人员是工作的主体。

(3)系统规划不宜过细。系统规划的目的是为整个系统确定发展战略、总体结构和资源计划,而不是解决系统开发中的具体问题。它要给后续工作以指导,而不是代替后续工作。在系统规划阶段,系统结构着眼于系统/子系统的划分,对数据的描述在于划分"数据类",而进一步的划分是后续工作的任务。

(4)信息系统规划是企业规划的一部分,并应随着环境的发展而变化。系统规划阶段是一个管理决策过程。它要应用现代信息技术有效地支持管理决策的总体方案。它又是管理与技术结合的过程,管理人员对管理和技术发展的见识、开创精神、务实的态度是系统规划成功的关键因素。

3. 系统规划的原则

系统规划应遵循以下原则:

(1)支持企业的总目标。企业的战略目标是系统规划的出发点。系统规划从企业目标出发,分析企业管理的信息需求,逐步导出信息系统的战略目标和总体结构。

(2)总体上着眼于高层管理,兼顾各管理层的要求。

(3)信息系统规划要独立于当前企业的组织机构。要从企业的业务逻辑出发规划信息系统的总体结构,防止由于组织机构的变动而带来的信息系统的不适应性,提高信息系统的应变能力。

(4)自顶向下规划、自底向上实现结合。信息系统规划与实现的大体过程如图 3-1 所示,这是一个"自顶向下规划与自底向上实现结合"的过程,采用这种规划方法,可以保证系统结构的完整性和信息的一致性。

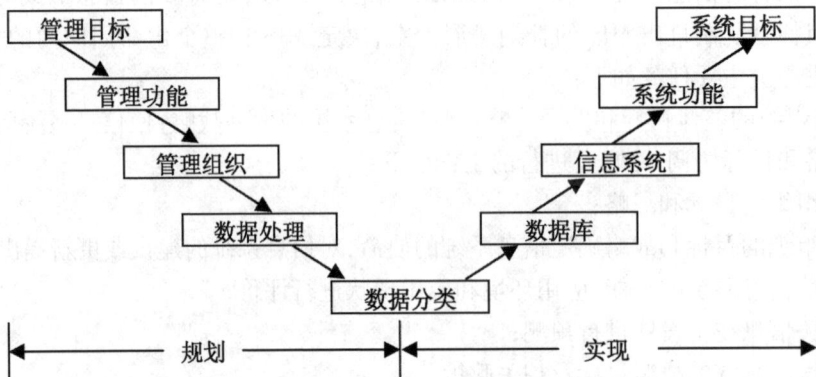

图 3-1　信息系统的规划与实现

（5）便于实现。系统规划应给后续工作提供指导，以便于实施。方案选择应追求实效，宜选择最经济、简单、易于实施的方案。技术手段强调实用，不片面求洋、求新。

3.1.2　系统规划方法

用于信息系统规划的方法很多，主要有关键成功因素法（Critical Success Factors，CSF）、战略目标集转化法（Strategy Set Transformation，SST）和企业系统规划法（Business System Planning，BSP）。

1. 关键成功因素法（CSF）

1970 年哈佛大学教授威廉·泽尼（William Zani）在信息系统模型中采用了关键成功变量，这些变量是确定信息系统成败的因素。CSF 方法作为一种进行企业信息需求分析的方法，它以重点突破方式来分析企业的重点信息需求，包含以下几个步骤：

①了解企业目标；

②识别关键成功因素；

③识别性能指标和标准；

④识别测量性能的数据。

这四个步骤可以用图 3-2 表示。

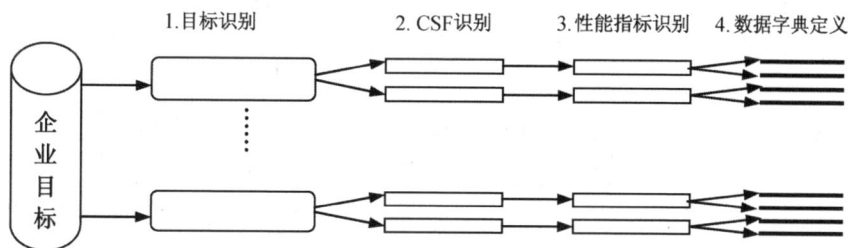

图 3-2　关键成功因素法步骤

关键成功因素法源自企业目标，通过目标分解和识别、关键成功因素识别、性能指标识别，一直到产生数据字典。关键成功因素就是要识别联系于系统目标的主要数据类及其关系，识别关键成功因素所用的工具是树枝因果图。例如，某企业有一个目标，是提高产品竞争力，可以用树枝图画出影响它的各种因素，以及影响这些因素的子因素，见图 3-3。

如何评价这些因素中哪些因素是关键成功因素，在不同的企业中是不同的。对于一个习惯于高层人员个人决策的企业，主要由高层人员个人在此图中选择；对于习惯于群体决策的企业，可以用德尔斐法或其他方法把不同人设想的关键因素综合起来。关键成功因素法在高层中应用的效果一般较好，因为每一个高层领导人员日常总在考虑什么是关键因素。对中层领导来说，关键成功因素法一般不大适合，因为中层领导所面临的决策大多数是结构化的，其自由度较小，他们最好应用其他方法。

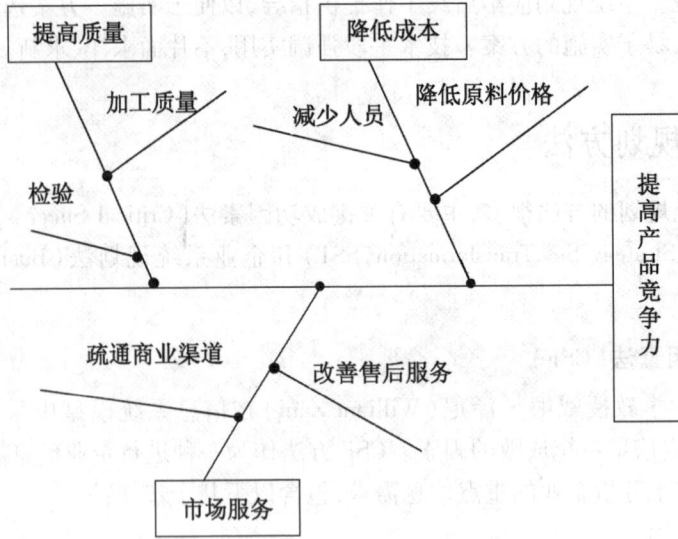

图 3-3　树枝因果图

2. 战略目标集转化法(SST)

威廉·金(William King)于 1978 年提出,把整个战略目标看成是一个"信息集合",由使命、目标、战略和其他战略变量(如管理水平、发展趋势、环境约束)等组成。MIS 的战略规划过程是把组织的战略目标转变为 MIS 战略目标的过程。这种方法更适合于进行 MIS 的战略规划。

这个方法的第一步是识别和阐明组织的战略集合。先考查一下该组织是否有写成文的战略式长期计划;如果没有,就要去构造这种战略集合。可以采用以下步骤:

①描绘出组织各类人员结构,如卖主、经理、雇员、供应商、顾客、贷款人、政府代理人、地区社团及竞争者等。

②识别每类人员的目标。

③对于每类人员,识别其使命及战略。

第二步是将组织战略集合转化成 MIS 战略集合,MIS 战略应包括系统目标、约束以及设计原则等。这个转化的过程包括对应组织战略集的每个元素识别对应的 MIS 战略约束,然后提出整个 MIS 的结构。最后,选出一个方案送总经理。图 3-4 给出了 MIS 战略规划的总过程。

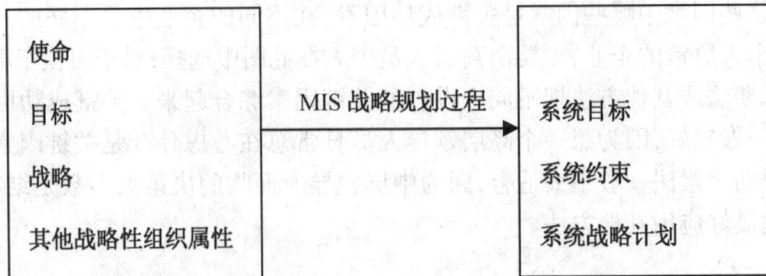

图 3-4　MIS 战略规划过程

3. 企业系统规划法（BSP）

IBM 公司于 20 世纪 70 年代初将 BSP 作为用于内部系统开发的一种方法，主要是基于用信息支持企业运行的思想。在总的思路上，BSP 和前述的方法有许多类似之处，它也是先自上而下识别系统目标，识别企业过程，识别数据，然后再自下而上地设计系统，以支持目标。BSP 是把企业目标转化为信息系统(IS)战略的全过程。BSP 所支持的目标是企业各层次的目标，实现这种支持需要许多子系统，进行 BSP 工作大致有以下步骤，见图 3-5。

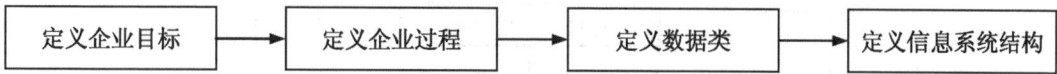

| 定义企业目标 | → | 定义企业过程 | → | 定义数据类 | → | 定义信息系统结构 |

图 3-5　BSP 主要步骤

（1）定义企业目标

BSP 的第一步就是要定义企业目标，明确企业的发展方向，并且要明确企业的决策过程、组织功能、关键人物、用户的期望、用户对现有信息系统的看法，让大家对企业和对信息支持的要求有个全面的了解。

（2）定义企业过程

定义企业过程是 BSP 方法的核心。系统组每个成员均应全力以赴去识别和描述它们，对它们要有透彻的了解，只有这样 BSP 才能成功。

①过程识别

企业过程：逻辑上相关的一组决策和活动的集合，这些决策和活动是管理企业资源所需要的。

整个企业的管理活动由许多企业过程所组成。识别企业过程可对企业如何完成其目标有深刻的了解，识别企业过程可以作为信息识别构成信息系统的基础，按照企业过程所建造的信息系统，在企业组织变化时可以不必改变，或者说信息系统相对独立于组织。定义企业过程的步骤见图 3-6。

任何企业的活动均由三方面组成：一方面是计划和控制，另一方面是产品和服务，再一方面是支持资源。这可以说是三个源泉，任何活动均由这里导出。从这三个方面分别识别相应的企业过程。

a. 计划和控制过程：企业计划和控制的主要过程如表 3-1 所列。

表 3-1　计划和控制过程

计划和控制过程	
战略计划	管理控制
经济预测	市场预测
组织计划	产品预测
政策制定	资金计划
目标开发	运营计划
产品系列设计	雇员计划
放弃/追求分析	预算

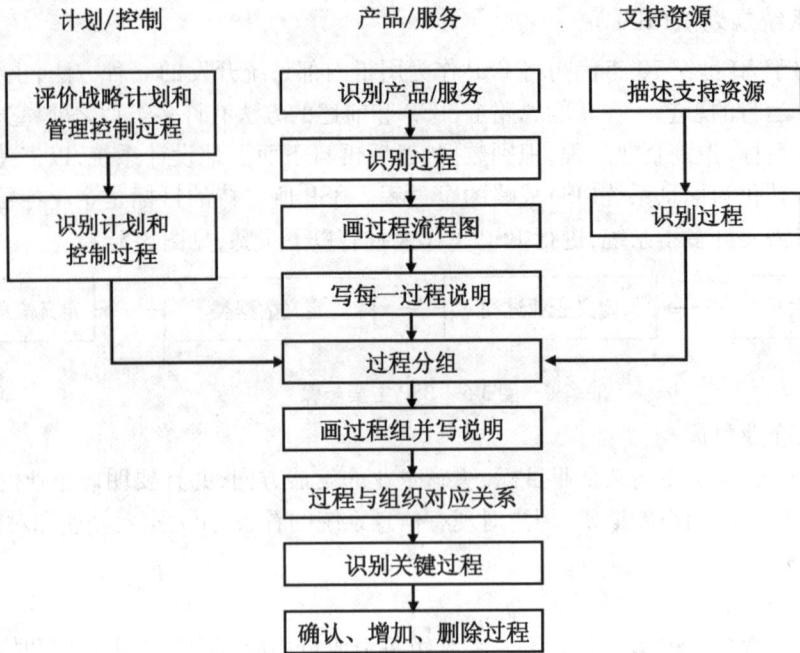

图3-6 定义企业过程的步骤

b.产品/服务过程:按产品/服务的生命周期阶段来识别其相应的过程。产品/服务的生命周期一般分为四个阶段:

需求阶段——对资源的请求、计划等活动属于这个阶段;

获得阶段——即资源的获得阶段,如产品的生产、材料的采购、人员的聘用等;

服务阶段——指资源的存储和服务的延续活动,如库存控制;

退出阶段——指终止资源和服务的活动或决策,如产品的售出、员工的辞退等。

在生命周期的每一个阶段都相应地有一些过程。表3-2列出生产加工企业业务过程的参考模型。

表3-2 产品/服务过程

需求阶段	获得阶段	服务阶段	退出阶段
市场计划	工程设计和开发	库存控制	销售
市场研究	产品说明	订单处理和控制	订货服务
预测	工程记录	质量控制	运输
定价	生产调度	接受	运输管理
材料需求	生产运行	检验、包装	
能力计划	采购(购置)		

c.支持资源过程:BSP把支持资源描述成企业为实现其目标的消耗品和使用物,其基本资源有四类——材料、资金、设备和人员。对每一类支持资源,按生命周期的各个阶段进行过程

识别,基本过程如表3-3所示。

表3-3　支持资源过程

资源	生命周期阶段			
	需求阶段	获得阶段	服务阶段	退出阶段
资金	财务计划 成本控制	资金获得 应收款项	证券管理 银行业务 会计	会计支付
人员	人事计划 工资管理	招聘 调动	报酬福利 专业开发	终止合同 退休
材料	需求产生	采购 接受	库存控制	订购控制 运输
设备	设备计划 资金计划	设备采购 建设管理	机器维修 设备和装修	设备报损

②过程的归并和分析

对于前面从计划/控制、产品/服务、支持资源这三个来源中识别出的过程进行汇总分析,以减少过程在层次上的不一致性和重叠,并把同类型的业务过程进行归类。在此基础上,绘制业务流程图,如图3-7所示。

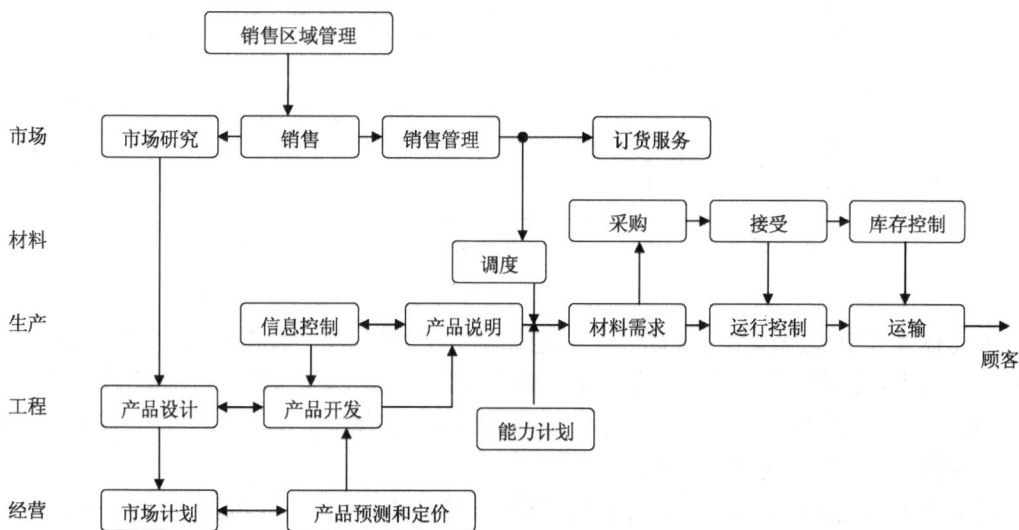

图3-7　业务过程流程图

③建立企业过程与组织机构的联系

识别出企业过程以后,可以把企业过程和组织机构之间的对应关系建立起来,画在一张表上,这就是企业过程(功能)/组织机构对应矩阵,如表3-4所示。这张表不仅表达了组织机构与企业过程的关系现状,而且表达了它们之间的合理关系。系统分析阶段要依此进行进一步的调查。

表3-4　过程(功能)/组织机构矩阵

过程＼组织	总经理	市场销售部	财务部	设备部	人力资源部	生产部	供应部	技术部	……
高层管理 企业计划	⊙								
组织分析	⊙								
审查和控制	⊙								
风险管理	⊙								
市场 计划	×	⊙							
研究		⊙							
预测		⊙							
销售 销售区域管理		⊙							
销售		⊙	/			×			
订货服务		⊙							
工程 设计和开发	×					×		⊙	
产品说明维护						×		⊙	
工艺						/		⊙	
财务 财务计划	×	×	⊙		×	×	×	×	
资金获取	×		⊙						
经费管理	/		⊙						
人力资源 人员计划	×	/	/	/	⊙	/	/	/	
招聘					⊙				
培训					⊙				
考核		×	×	×	⊙	×	×		
……									

注：⊙表示主要负责和决策；×表示主要参加；／表示一般涉及参加

(3)定义数据类

在总体规划中,把系统中密切相关的信息归为一类数据,称为数据类,如客户、产品、合同、计划等。识别数据类的目的在于了解企业目前的数据状况和数据要求,查明数据共享的关系,建立数据/功能关联矩阵,为定义信息系统结构提供基本依据。

企业数据类可以分为如下几种:

计划类数据:包括战略计划、预测、操作日程、预算和模型,可以是数据,也可以是文本。

存档类数据:记录资源的状况,支持经营管理活动,仅和一个资源直接有关。

事务类数据:反映由于获取或分配活动引起的存档类数据的变更。

统计汇总类数据:历史的综合的数据,用作对企业的度量和控制。

在对企业的基本活动调查的基础上,采用实体法和企业过程法分别进行定义数据类,然后互相参照,归纳出数据类。

实体法定义数据类,把与企业有关的客观存在事物都可定义为实体,如客户、产品、材料、设备、资金、人员等。联系于每个实体的生命周期阶段就有各种数据,把实体与数据类画在一张表上得到实体/数据类矩阵,如表3-5所示。

表 3-5　实体/数据类矩阵

数据类＼实体	产品	客户	设备	材料	资金	人员
计划	产品计划	市场计划	设备计划 能力计划	材料需求	预算	人员计划
统计	产品需求	销售历史	运行 设备利用	需求历史	财务统计	人员统计
库存	产品 半成品 零件	顾客	设备 工作负荷	原材料 产品组成表	财务会计	职工档案
业务	订货	发运记录	进出记录	采购记录 领料记录	应收 应付	人员调动

功能法(企业过程法)识别数据类,就是根据企业过程的输入和输出数据,即分析每一功能利用什么数据,产生什么数据。用输入 – 处理 – 输出图来形象表达,如图 3-8 所示。

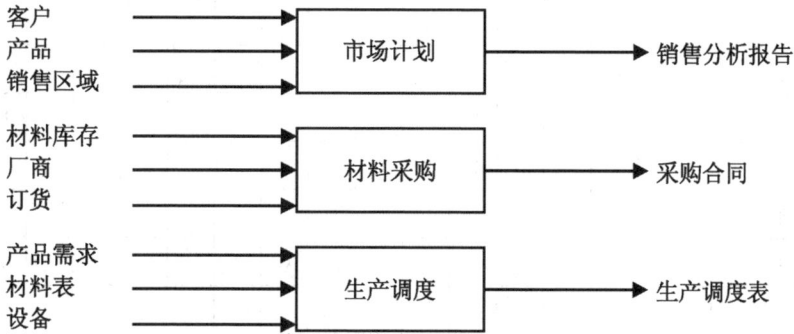

图 3-8　输入 – 处理 – 输出图

(4)建立过程(功能)/数据关联矩阵(C-U 矩阵)

过程(功能)和数据之间存在产生和使用的关系,用 C-U 矩阵来表示它们之间的关联关系,如表 3-6 所示。功能和数据的交叉点上标 C(Create)或 U(Use),C 表示这个数据类由相应的功能产生,U 表示这个功能使用相应的数据类。

(5)定义信息系统结构

企业过程和支持这些过程所需的数据类都确定之后,C-U 矩阵可以帮助我们确定信息系统的总体结构,划分系统和子系统,确定系统和子系统的实施顺序。

表 3-6 功能/数据关联(C-U)矩阵

过程 \ 数据类	计划	财务	产品	零件主文件	材料单	供应商	原材料库存	成品库存	设备	过程工作	设备负荷	材料需求	运行记录	顾客	销售领域	订货	成本	雇员
企业计划	C	U	U						U			U		U			U	U
组织分析	U																	
评价与控制	U	U																
财务计划	C	U								U								U
筹资融资		C																
研究		U													U			
预测	U	U												U	U			
设计开发			C	C	U										U			
产品说明			U	C	C	U												
采购						C										U		
接受						U	U											
库存控制							C	C	U									
工作流图										C								
调度	U																	
能力计划	C																	
材料需求												C						
运行													C					
领域管理														C				
销售															C			
订货服务	U															C		
运输																U	C	
会计总账	U	C																
成本计划	C																C	
预算会计	U																C	
人员计划	C																	
招聘/发展																		C

3.2　系统分析

系统规划阶段的下一步是系统分析阶段。系统分析指应用系统的思想和系统科学的原理进行分析工作的方法与技术。这个阶段在信息系统开发建设的整个过程中占据极其重要的地位,在通过对系统详细调查的基础上,做深入细致的分析工作,充分了解用户的需求,把握用户的需求,进而提出新系统的逻辑方案,为下一步的系统设计工作奠定基础。这个阶段更强调业务人员和信息技术人员的密切配合。

3.2.1　系统分析的目标和主要活动

系统分析阶段的目标,就是在系统规划所定的某个开发项目范围内明确系统开发的目标与用户的功能和信息需求,提出系统的逻辑方案。在整个系统开发过程中,系统分析是要解决系统"做什么"的问题,把要解决哪些问题、满足用户哪些具体的需求调查分析清楚,从逻辑上提出系统的方案,为下一阶段进行系统设计和实施,解决"怎么做"的问题提供依据。

系统分析阶段的主要活动包括系统初步调查、可行性研究、系统详细调查、系统分析和新系统逻辑方案的提出。各项活动的目标、关键问题、主要成果以及涉及的管理决策问题如表3-7 所列。

表 3-7　系统分析阶段的主要活动

活动名称	目标	关键问题	主要成果	管理决策
初步调查	明确系统开发的目标和规模	是否开发新系统?若开发,提出系统的目标、规模、主要功能的初步设想,粗估系统开发所需资源	系统开发建议书	是否同意系统开发建议书?若同意,安排可行性研究工作
可行性研究	进一步明确系统的目标、规模与功能,提出系统开发的初步方案与计划	系统开发的技术可行性研究、经济可行性研究、系统开发初步方案与开发计划的制订	可行性研究报告、系统开发任务书	审定可行性研究报告,下达系统开发任务(设计)书(或签协议、签合同)

续表

活动名称	目标	关键问题	主要成果	管理决策
现行系统详细调查	详细调查现行系统的工作过程,建立现行系统的逻辑模型,发现现行系统存在的主要问题	现行系统的结构、功能和数据流的详细分析,具体问题的认定	现行系统的调查报告	审查现行系统的调查报告
系统分析和新系统逻辑方案的提出	明确用户的功能与信息需求,提出新系统的逻辑方案	用户需求分析,新系统逻辑模型的建立	系统说明书	审查系统说明书,若同意,则进入系统设计阶段

表 3-7 中所列的各项活动的主要成果(产品)都是系统建设的重要文件,特别是可行性研究报告和系统说明书。可行性研究报告是系统开发任务是否下达的决策依据。系统说明书是整个系统分析阶段的工作总结,是系统分析人员和用户交流的主要手段,是系统设计阶段工作的重要依据。表 3-7 中所列的管理决策是指系统建设的管理机构(如系统建设领导小组、用户的管理机构或信息管理部门)在系统开发过程中为保证系统开发的质量而进行的计划、指挥、控制、审核、监督等管理决策活动。

3.2.2 系统的初步调查

1.初步调查的目标

系统初步调查是系统分析阶段的第一项活动,是在系统规划阶段将整个信息系统的建设分成若干项目,分期、分批进行开发。系统规划阶段的工作面向整个组织,着重于系统的总体目标、总体功能和发展方向,对每个开发项目的目标、规模和内容不做详细的分析。另一方面,由于环境可能发生变化,系统规划阶段确定的开发项目的基本要求在系统开发时需要根据实际情况进行审定。也可能出现在系统规划阶段未曾考虑的项目和内容,在开发阶段用户提出新的开发要求的情况。因此,初步调查阶段的主要目标就是从系统分析人员和管理人员的角度看新项目开发有无必要和可能。

2.初步调查的内容

(1)调查内容

系统分析人员要调查有关组织的整体信息、有关人员的信息及有关工作的信息(只了解做了什么,有什么问题),这些信息包括主要的输入、主要的输出、主要的处理功能以及与其他系统的关系。

(2)分析内容

- 现有什么;
- 需要什么;
- 在现有资源下能提供什么;

- 此项目有无做进一步的调查与开发的必要和可能。

3. 初步调查的结论及工作成果

系统分析员在初步调查阶段可能得出下列结论之一：

(1)拟开发项目有必要也有可能进行；

(2)不必要进行项目开发，只要对原有系统进行适当修改；

(3)原有系统未充分发挥作用，只需发挥原有系统的作用；

(4)目前不必要开发此项目；

(5)目前不具备开发此项目的条件。

如果结论是第一条，系统分析师要向拟定系统的单位主管提出系统开发建议书。系统开发建议书包含以下内容：

(1)项目名称；

(2)项目目标；

(3)项目开发的必要性和可能性；

(4)项目内容；

(5)项目开发的初步方案。

4. 可行性研究的安排

可行性研究的安排包括对项目的规模、目标和投资的粗略估计，人员配备情况，进度计划等。如果系统的初步调查结果表明系统开发有必要进行，则需要做可行性研究的安排。

3.2.3　可行性研究

1. 可行性研究的目标与工作内容

可行性研究是系统分析阶段的第二项活动。此活动的主要目标是进一步明确系统的目标、规模与功能，对系统开发背景、必要性和意义进行调查分析并根据需要和可能提出拟开发系统的初步方案与计划。可行性研究是对系统进行全面、概要的分析。此项活动开始时，要对初步调查的结果进行复审，重新明确问题，对系统的大致规模和目标及有关约束条件进行论证，并且提出系统的逻辑模型和各种可能的方案，并对这些方案从以下三个方面认真地进行研究，从而为确定系统开发的决策提供科学的依据。

(1)技术可行性：对现有技术进行评价，分析系统是否可以用现有技术来实施以及技术发展对系统建设有什么影响。

(2)经济可行性：对组织的经济状况和投资能力进行分析，对系统建设、运行和维护费用进行估算，对系统建成后可能取得的社会及经济效益进行估计。

(3)营运可行性：指系统对组织机构的影响，现有人员和机构、设施、环境等对系统的适应性以及进行人员培训补充计划的可行性。

可行性研究的时间取决于系统的规模，一般为几周到数月，经费为整个项目的 5% ~ 10%。大型项目可能要开发原型，并根据原型进行可行性研究。

2. 可行性研究的步骤

（1）确定系统的规模与目标。分析系统开发的出发点是否正确，目标是否正确。

（2）明确用户的主要信息需求。明确现行信息系统是否能够满足用户需求，如果不能，问题出在什么地方。

（3）提出拟建系统的初步方案。在调查的基础上，给出实现系统的初步方案。

（4）审查新系统的目标、功能与规模。

（5）提出并评价可能的替代方案，并进行可行性研究。

（6）给出项目做还是不做的选择，同时确定方案。

（7）制订项目开发计划，包括人、财、物的安排。

（8）撰写可行性分析报告。

（9）向用户审查小组与指导委员会提交可行性研究结果。

3. 可行性研究的工作结果

可行性研究的工作成果包括可行性研究报告和系统设计任务书。

可行性研究报告的内容如下：

（1）现行系统概况。它包括组织结构、主要工作任务和业务流程、人员、设备、费用状况。

（2）主要问题和主要信息需求。

（3）拟建系统的方案。它包括主要目标、规模、初步结构、实施计划与投资方案、人员补充方案等。

（4）经济可行性分析。它包括建设费用、运行费用、经济效益及社会效益。

（5）技术可行性分析。它包括现有可用技术的评估、使用现有技术开发系统的可行性、技术发展对系统可能产生的影响。

（6）营运可行性分析。它包括系统与组织目标、运行机制的匹配关系，各部门工作与系统运行的适应性、人员的适应性，人员计划的可行性、环境条件的可行性。

（7）结论。对可行性研究结果的简要总结。

系统设计任务书是在可行性研究报告做出并经审定后正式进行后续阶段系统建设的决策性文件，是根据可行性研究确定的系统方案对系统开发者下达的任务书，其中主要包括系统目标与任务、系统的规模和结构、建设初步计划、投资安排、人员安排等。

3.2.4 系统详细调查

1. 系统详细调查的目标

系统详细调查是系统分析阶段最重要的环节，系统详细调查的目标是要了解系统的现状，把握系统的需求，在可行性研究的基础上进一步对现行系统进行全面、深入的调查和分析，弄清现行系统的运行状况，发现其薄弱环节，找出要解决问题的实质，确保新系统比原系统更有效。

2. 系统详细调查的内容

系统详细调查的主要内容包括对现行系统的目标、主要功能、组织结构、业务流程、数据流程的调查和分析。管理信息系统所处理的信息渗透于整个组织之中的,系统分析人员必须从具体组织中的实际情况出发,逐步抽象,才能得到组织中信息活动的全貌。

(1)组织机构与功能的调查

详细调查的第一步就是了解组织机构的状况,即各部门的划分及相互关系、岗位设置、人员配备、业务分工、信息流和物流的关系等。

(2)现行系统目标、主要功能和用户需求调查

只有充分了解现行系统的目标和功能以及用户的需求,才能发现存在的问题,寻找解决问题的途径,使新系统的开发成为可能。

(3)业务流程调查

组织结构图描述了在组织边界之内,各部分之间主要的各种业务活动的情况,这只是一种粗略的描述。为了弄清楚各部门的信息处理工作,哪些与系统建设有关,哪些无关,就必须了解组织的业务流程。系统分析员应按照业务活动中信息流动过程,逐个调查所有环节的处理业务、处理内容、处理顺序和对处理时间的要求,弄清楚各环节需要的信息内容、来源、去向、处理方法、提供信息的时间和信息形态等。调查分析的结果可用"业务流程图"来表示。

(4)数据流程调查分析

研制开发系统,必须了解信息流程。在前述调查的基础上,把信息的流动、加工、存储等过程流抽象出来,得出组织中信息流的综合情况。信息流程调查分析可使用数据流程图(Data Flow Diagram,DFD)这个工具。

(5)数据及功能分析

在数据流程调查的基础上,对 DFD 中出现的数据和信息的属性进一步分析,包括编制数据字典,建立起一系列的信息资源管理的基础标准;做好数据流分析、数据存储情况分析及使用者查询要求分析;同时要对 DFD 中的各个功能的内容从逻辑上而不是从物理上详细说明系统在"做什么",使用的工具可用形式化描述语言或结构式语言及判断树、判断表等。

(6)系统运营环境调查分析

决定一个系统能否正常运行的因素有很多,有些是系统本身的原因,有些不是。据统计,目前我国许多企业的信息系统处于停滞状态的主要原因是系统对环境的适应性而非技术问题。因此,在系统开发之前,必须对系统的应用环境进行认真的调查分析,包括企业的内外环境、企业人员信息化意识和信息化水平,充分考虑各种可能发生的变化,以提高系统的开发效率。

3. 系统详细调查的方法

(1)面谈:通过和用户面对面的交谈来获取相关的信息。这是最常用的调查方法,面谈是和各类人员交流思想及听取对系统建设意见的好方法,还是获取高层管理者意见及建立相互信任的最好形式。面谈分以下两种形式。

● 自由式交谈——自由提问和回答的方式。

● 结构化交谈——事先准备好谈话提纲,交谈双方都做一定的准备,交谈基本按提纲进行。

(2)开调查会:组织系统建设涉及的相关部门的管理者和业务代表召开座谈会,对系统建设的整体目标提出意见、建议,并提出总体需求。

（3）调查问卷、调查表：把需要调查的内容制成调查问卷或调查表交给用户填写。关键在于调查问卷和调查表的设计。调查表和调查问卷可设计成自由式和选择式。

（4）专家调查：业务领域的专家对业务过程和流程有丰富的知识和经验，要了解系统先进合理的管理模型和对未来系统流程的良好构思，向领域专家请教是一个很好的办法。

（5）亲自参加业务实践：为了弄清楚系统的业务流程和信息处理过程，系统分析人员亲自到工作现场观察或参加现行系统的业务实践。

（6）查阅文献资料：查阅业务领域方面的书籍，企业的各项规章制度、工作方法和工作程序等有关手册，已有信息系统的开发建设的文档，如企业的 ISO 9000 系列质量体系文件。

3.2.5 系统分析和新系统逻辑方案的提出

系统分析的主要任务是将在系统详细调查中所得到的文档资料集中到一起，对组织内部整体管理状况和信息处理过程进行分析。它侧重于从业务全过程的角度进行分析。分析的主要内容包括业务和数据的流程是否通畅、合理、数据、业务过程和实现管理功能之间的关系，老系统管理模式改革和新系统管理方法的实现是否具有可行性等。系统分析的目的是将用户的需求及其解决方法确定下来，这些需要确定的结果包括开发者关于现有组织管理状况的了解，用户对信息系统功能的需求，数据和业务流程，管理功能和管理数据指标体系，新系统拟改动和新增的管理模型，等等。在此基础上提出新系统拟采用的方案。

1. 组织结构与功能分析

组织结构与功能分析是整个系统分析工作中最简单的一环。组织结构与功能分析主要有三部分内容：组织结构分析、业务过程与组织结构之间的联系分析、业务功能一览表。其中组织结构分析通常是通过组织结构图来实现的，是将调查中所了解的组织结构具体地描绘在图上，作为后续分析和设计之参考。业务过程与组织结构之间的联系分析通常是通过业务与组织关系图来实现的，是利用系统调查中所掌握的资料着重反映管理业务过程与组织结构之间的关系，它是后续分析和设计新系统的基础。业务功能一览表是把组织内部各项管理业务功能用一张表的方式罗列出来，它是今后进行功能/数据分析、确定新系统拟实现的管理功能和分析建立管理数据指标体系的基础。

2. 数据与数据流程分析

数据是信息的载体，是今后系统要处理的主要对象，因此必须对系统调查中所收集的数据以及统计和处理数据的过程进行分析和整理。如果有没弄清楚的问题，应立刻返回去弄清楚。如果发现有数据不全，采集过程不合理，处理过程不畅，数据分析不深入等问题，应在本分析过程中研究和解决。数据与数据流程分析是今后建立数据库系统和设计功能模块处理过程的基础，主要包括如下几项内容：

（1）调查数据的汇总分析

在系统调查中收集了大量的数据载体（如报表、统计表等）和数据调查表，对于这些数据资料必须加以汇总、整理和分析，使之协调一致，为以后在分布式数据库内各子系统充分调用和共享数据资料奠定基础。调查数据汇总分析的主要任务是将系统调查所得到的数据分为如下三类：

①本系统输入数据类(主要指报来的报表),它们是今后下级子系统或网络要传递的内容;

②本系统内要存储的数据类(主要指各种台账、账单和记录文件),它们是今后本系统数据库要存储的主要内容;

③本系统产生的数据类(主要指系统运行所产生的各类报表),它们是今后本系统输出和网络传递的主要内容。

然后再对每一类数据进行如下三项分析:

①汇总并检查数据有无遗漏;

②数据分析,即检查数据的匹配情况;

③建立统一的数据字典。

(2)数据流程分析

数据分析的最后一步就是对数据流程的分析。数据流程分析主要包括对信息的流动、传递、处理、存储等的分析。数据流程分析的目的就是要发现和解决数据流通中的问题。

(3)功能/数据分析

在对实际系统的业务流程、管理功能、数据流程以及数据分析都做了详细的了解和形式化的描述以后,就可在此基础上进行系统化的分析,以便整体地考虑新系统的功能子系统和数据资源的合理分布。进行这种分析的有力工具之一就是功能/数据分析。

功能/数据分析法是IBM公司于20世纪70年代初的BSP中提出的一种系统化的聚类分析法。功能/数据分析法是通过U-C矩阵的建立和分析来实现的。

(4)新系统逻辑方案的建立

新系统逻辑方案指的是经分析和优化后,新系统拟采用的管理模型和信息处理方法。因它不同于计算机配置方案和软件结构模型方案等实体结构方案,故称其为逻辑方案。

详细地了解情况,进行系统分析都是为最终确立新系统的逻辑方案做准备。所以说新系统逻辑方案的建立是系统分析阶段的最终成果。它对于下一步的设计和实现都是基础性的指导文件。

新系统的逻辑方案主要包括对系统业务流程分析整理的结果,对数据及数据流程分析整理的结果,子系统划分的结果,各个具体的业务处理过程,以及根据实际情况应建立的管理模型和管理方法。同时新系统的逻辑方案也是系统开发者和用户共同确认的新系统处理模式以及共同努力的方向。

3.2.6 系统分析报告

系统分析阶段的成果就是系统分析报告,它反映了这一阶段调查分析的全部情况,是下一步设计与实现系统的纲领性文件。系统分析报告形成后必须组织各方面的人员(包括组织的领导、管理人员、专业技术人员、系统分析人员等)一起对已经形成的逻辑方案进行论证,尽可能地发现其中的问题、误解和疏漏。系统分析报告要包括以下内容:

1. 组织情况简述

它主要是对分析对象的基本情况做概括性的描述,它包括组织的结构、目标、工作过程和性质、业务功能、对外联系、与外部实体间有哪些物质以及信息的交换关系,研制系统工作的背景,等等。

2. 系统目标和开发的可行性

系统的目标树是系统拟采用什么样的开发战略和开发方法,人力、资金以及计划进度的安排,系统计划实现后各部分应该完成什么样的功能,某些指标预期达到什么样的程度,有哪些工作是原系统没有而计划在新系统中增补的,等等。

3. 现行系统运行状况

它以介绍一些工具(主要是作业流程图、数据流程图)为主,详细描述原系统信息处理以及信息流动情况。另外,各个主要环节对业务的处理量、总的数据存储量、处理速度要求、主要查询和处理方式、现有的各种技术手段等,都应做一个扼要的说明。

4. 新系统的逻辑方案

新系统的逻辑方案是系统分析报告的主体。这部分主要反映分析的结果和对今后建造新系统的设想。它应包括本章各节分析的结果和主要内容:

(1)新系统拟定的业务流程及业务处理工作方式。

(2)新系统拟定的数据指标体系和分析优化后的数据流程,以及计算机系统将完成的工作部分。

(3)新系统在各个业务处理环节拟采用的管理方法、算法或模型。

(4)与新的系统相配套的管理制度和运行体制的建立。

(5)系统开发资源与时间进度估计。

3.3　系统设计

系统设计是信息系统开发过程中另一个重要阶段。系统设计阶段的主要目的是将系统分析阶段所提出的反映了用户信息需求的系统逻辑方案转换成可以实施的基于计算机与通信系统的物理(技术)方案,为下一阶段的系统实现(如编程、调试、试运行等)制订蓝图。系统设计阶段的主要任务就是从信息系统的总体目标出发,根据系统分析阶段的结果,在已经获得批准的系统分析报告的基础上,考虑到经济、技术和运行环境等方面的条件,确定系统的总体结构和系统各组成部分的技术方案,合理选择计算机和通信的软、硬件设备,提出系统的实施计划,确保总体目标的实现。

系统设计是在系统分析的基础上由抽象到具体的过程,因此系统设计阶段不仅要采用相应的技术方法,还要依赖开发者的知识与经验。

系统设计的主要活动内容包括以下方面:

(1)系统总体结构设计。它包括系统总体布局方案的确定、软件系统总体结构设计、计算机硬件方案的选择和设计、数据存储的总体设计。

(2)详细设计。它包括代码设计、数据库设计、用户界面设计、处理过程及模块功能的设计。

（3）系统实施的进度与计划的制订。

（4）编写"系统设计说明书"。系统设计的结果是一系列的系统设计文件（蓝图），这些文件是物理地实现一个信息系统（包括安装硬件设备和编制软件程序）的重要基础。

3.3.1　系统总体结构设计

系统总体结构是指整个系统由哪些部分组成，以及各部分在物理上、逻辑上的相互关系，包括硬件部分和软件部分。系统总体结构设计是要根据系统分析的要求和组织的实际情况来对新系统的总体结构形式和可利用的资源进行大致设计，它是一种宏观、总体上的设计和规划。系统总体结构设计的主要内容是系统总体布局方案的确定、软件系统总体结构设计、计算机硬件方案的选择和设计、数据存储的总体设计。

1. 系统总体布局方案的确定

系统的总体布局是指系统的硬、软件资源以及数据资源在空间上的分布特征。从信息资源管理的集中程度来看主要有以下两种方案可供选择。

（1）集中式系统（Centralized System）。这是一种集设备、软件资源、数据于一体的集中管理系统。单机批处理系统、单机多终端系统（终端无处理功能）、单机智能终端系统（终端有辅助处理功能）都属于集中式系统。

（2）分布式系统（Distributed System）。整个系统被分成若干个，在地理上分散设置，在逻辑上具有独立处理能力，但在统一的工作规范、技术要求和协议指导下工作、通信和控制的相互联系又资源共享的子系统。分布式系统以网络方式进行相互通信，按网络组成的规模和方式，又分为局域网（LAN）、广域网（WAN）。

2. 软件系统总体结构设计

软件系统总体结构设计的主要任务就是要进行系统、子系统、功能模块的划分。为了实现系统的总体功能和系统的各项指标（可行性、可用性、可维护性、易读性、提高系统的工作效率），要将整个系统合理地划分成各个功能模块，以便正确处理模块之间与模块内部的联系以及它们之间的调用关系和数据联系，定义各模块的内部结构，等等。软件总体结构设计要遵循如下原则：

（1）分解 - 协调原则；

（2）信息隐蔽、抽象的原则；

（3）自顶向下的原则；

（4）一致性原则；

（5）面向用户的原则。

3. 计算机硬件方案的选择和设计

一个现代化的信息系统的主要支撑环境就是一个完整的计算机系统，它通常由软件和硬件两大部分组成，合理选择和配置这一系统环境，可以使我们以最小的代价获得最大的收益。计算机硬件方案的选择可从如下几个方面进行：

（1）选择依据：计算机硬件方案的提出应主要考虑和依据系统的可行性研究报告、系统说明书和系统总体结构设计。

（2）功能要求：主要考虑的是数据处理功能（速度）、数据的存储功能、系统外设的功能（文字、图形、图像、声像等多媒体的处理能力）、通信功能（数据的通信方式，点对点通信还是网络通信）。

（3）市场考虑：计算机的选型通常应考虑系统的升级情况和软件的支持情况，即系统应具有延续性。

（4）系统的配置：应从硬件和软件两个方面来考虑。如优选硬件，则软件必须与之兼容；如优选软件，则硬件必须与之配套。另外还应注意这两个方面的可扩充性。

（5）培训要求：应以用户为主，尽量满足他们的要求，完善的培训计划是系统有效运行的基本保证。

4. 数据存储的总体设计

计算机化的管理信息系统是一个以大量数据资源为基础并以此为中心而建立起来的应用系统。其目的是为一个组织中各个部门和各个管理层次提供必要的管理信息和决策数据。这必然涉及大量不同类型的数据，对这些数据的合理组织和有效存储是管理信息系统建设中至关重要的工作。

当我们从系统设计的角度出发来考虑数据的组织和存储时，应该清楚它不同于系统分析中对数据的需求描述，也不同于系统详细设计中对数据物理存储结构的设计，应着眼于全局，即从系统的观点出发，为数据的存储结构提出一个合理的逻辑框架，以保证后期数据库设计阶段的数据的系统性和整体性，主要内容包括以下方面：

（1）数据存储方式设计。根据系统分析阶段的结果，对系统所涉及的主要数据类进行逻辑上的描述，从中确定数据的总体结构，包括各类数据项的逻辑描述、各类数据文件的组织方式、各类数据之间的逻辑关系。

（2）数据存储规模设计。数据作为一种非消耗性资源，往往随着系统的不断运行而大量积累和增加，这势必增加系统负荷，影响系统的运行效率，给数据维护带来一定的困难，因此在进行数据存储结构总体设计时，既要考虑现有数据量的存储规模，又要预见到未来数据量的增长趋势，要注意控制数据量的无限制的增长。这就要区分哪些是相对稳定的数据，哪些是非稳定的数据；哪些是基础数据，哪些是派生数据，哪些是中间数据。在以上分析的基础上合理地组织数据的存储格式，应用各种必要的数据压缩技术并选择合适的外部存储设备。

（3）数据存储空间的分布。数据存储空间分布应与系统总体设计的物理环境配置协调一致，以保证使用和管理上的方便。要注意区别共享数据、独占数据，流动性数据、非流动性数据，以确定哪些数据应放在网络环境中的服务器上，哪些放在各工作站上。

（4）数据库管理系统（DBMS）的选择。在进行数据存储的总体结构设计时，要考虑选择什么样的 DBMS 才能最有效地实现数据存储设计的要求。

3.3.2 系统详细设计

1.代码设计

在信息系统中,具有分类编码意义的数据元素是最重要的一类数据元素,它们决定着信息的自动化处理、检索和传输的质量与效率。因此,识别这些信息分类编码对象,确定它们的分类方法和编码规则,编制代码表,即代码设计,是系统详细设计的一项重要任务。

代码设计问题是一个科学管理的问题。设计出一个好的代码方案对于系统的开发工作是一件极为有利的事情。它可以使很多机器处理(如某些统计、校对查询等)变得十分方便,另外还可以把一些现阶段计算机很难处理的工作变得十分简单。

(1)信息分类编码的原理和方法

信息分类是根据信息内容的属性或特征,将信息按一定的原则和方法进行区分和归类,并建立起一定的分类系统和排列顺序,以便管理和使用。

信息分类必须遵循以下基本原则:

- 科学性:通常要选择事物或概念(即分类对象)的最稳定的本质属性或特征作为分类的基础和依据。
- 系统性:将选定的事物、概念的属性或特征按一定的排列顺序予以系统化,并形成一个合理的科学分类体系。
- 可扩延性:通常要设置收容类目,以便保证增加新的事物或概念时,不至于打乱已建立的分类体系,同时,还应为下级信息管理系统在本分类体系的基础上进行延拓细化创造条件。
- 兼容性:与有关标准(包括国际标准、国家标准、行业标准等)协调一致。
- 综合实用性:从系统工程角度出发,把局部问题放在系统整体中处理,以达到系统最优,即在满足系统总任务、总要求的前提下,尽量满足系统内各有关单位的实际需要。

信息分类的基本方法有两种:线分类法和面分类法。

①线分类法

线分类法也称层级分类法。它是将初始的分类对象(即被划分的事物或概念)按所选定的若干属性或特征(作为分类的划分基础)逐次地分成相应的若干层级的类目,并排成一个有层次的、逐级展开的分类体系。在这个分类体系中,同位类类目之间存在并列关系,下位类与上位类类目之间存在着隶属关系,同位类类目不重复、不交叉。

- 上位类:在线分类体系中,一个类目相对于由它直接划分出来的下一级类目而言称为上位类。
- 下位类:在线分类体系中,由上位直接划分出来的下一级类目相对于上位类而言称为下位类。
- 同位类:在线分类体系中,由一个类目直接划分出来的下一级各类目,彼此称为同位类。

例如:GB2260—86《中华人民共和国行政区划代码》是采用线分类法,并用六位数字代码表示的。全国行政区划共分三个层级,每一层级用两位数字码表示。第一层级为省(自治区、直辖市),用第一、二位数字表示;第二层级为地区(市、州、盟),用第三、四位数字表示;第三层级为县(市、旗、镇、区),用第五、六位数字表示。河北省的部分行政区划代码见表3-8:

表3-8 河北省的部分行政区划代码

中国行政区划代码	名称
130000	河北省
130100	石家庄市
130200	唐山市
……	……
132200	邢台地区
132221	邢台县
……	……

线分类法的原则

- 在线分类中,由某一上位类划分出来的下位类类目的总范围应与其上位类类目相等。
- 当某一个上位类类目划分成若干个下位类类目时,应选择一个划分基准。
- 同位类类目之间不交叉、不重复,并只对应于一个上位类。
- 分类要依次进行,不应有空层或加层。

线分类法的优点

- 层次性好,能较好地反映类目之间的逻辑关系。
- 使用方便,既符合手工处理信息的传统习惯,又便于电子计算机处理信息。

线分类法的缺点

- 结构弹性较差,分类结构一经确定,不易改动。
- 效率较低,当分类层次较多时,代码位数较长,影响数据处理的速度。

②面分类法

面分类法是将所选定的分类对象的若干个属性或特征视为若干个"面",每个"面"中又可分成彼此独立的若干个类目,再按一定的顺序将各个"面"平行排列。使用时,可根据需要将这些"面"中的类目按指定的顺序组合在一起,形成一个新的复合类目。

例如:服装的分类就可采用面分类法,选服装材料、男女式样、服装款式作为三个"面",每个"面"又可分成若干个类目,见表3-9:

表3-9

服装材料	男女式样	服装款式
01 纯棉	01 男式	01 中山装
02 纯毛	02 女式	02 西服
03 中长纤维	……	03 连衣裙
……		……

使用时将有关类目组配起来,如纯毛男式中山装、中长纤维女式西服等。

面分类法的原则

- 根据需要选择分类对象本质的属性或特征作为分类对象的各个"面"。
- 不同面内的类目不应相互交叉,也不能重复出现。
- 每个"面"有严格的固定位置。
- "面"的选择以及位置的确定,根据实际需要而定。

面分类法的优点

- 具有较大的弹性,一个"面"内类目改变,不会影响其他的"面"。
- 适应性强,可根据需要组成任何类目,同时也便于机器处理信息。
- 易于添加和修改类目。

面分类法的缺点

- 不能充分利用容量,可组配的类目很多,但有时实际应用的类目不多。
- 难以手工处理信息。

(2)信息编码

信息编码就是将事物或概念(编码对象)赋予有一定规律性的,易于计算机和人识别与处理的符号。编码之后的结果就是代码。

代码是一个或一组有序的,易于计算机和人识别与处理的符号,有时也简称"码"。

代码的功能如下:

- 标识:代码是鉴别编码对象的唯一标志;
- 分类:当按编码对象的属性或特征(如工艺、材料、用途)分类,并赋予不同的类别代码时,代码又可以作为区分编码对象类别的标志。
- 排序:当按编码对象发现(产生)的时间、所占有的空间或其他方面的顺序关系分类,并赋予不同的代码时,代码又可作为编码对象排序的标志。
- 特定含义:由于某种客观需要采用一些专用符号时,此代码又可提供一定的特定含义。
- 其他:上述以外的其他功能。

代码的以上几种功能中,标识功能是代码的最基本的特性,任何代码都必须具备此种基本特性。代码的其他功能是人们为了便于处理信息、管理信息而选用的,是人为赋予的。

(3)编码的基本原则

- 唯一性:虽然一个编码对象可有很多不同的名称,也可按各种不同方式对其进行描述,但是,在一个分类编码标准中,每一个编码对象仅有一个代码,一个代码只唯一表示一个编码对象。
- 合理性:代码结构要与分类体系相适应。
- 可扩充性:必须留有适当的后备容量,以便适应不断扩充的需要。
- 简单性:代码结构应尽量简单,以便节省机器存储空间和减少代码的差错率,同时提高机器的处理效率。
- 适用性:代码要尽可能反映编码对象的特点,有助于记忆,便于填写。
- 规范性:在一个分类编码标准中,代码的类型、结构以及编写格式必须统一。

(4)代码的种类

代码的种类很多。

图3-9是按代码的功能将代码进行划分归类的。代码按其功能可以划分为无含义代码和有含义代码。常见的无含义代码有顺序码和无序码。常见的有含义代码有系列顺序码、数值化字母顺序码、层次码、复合码和特征组合码。

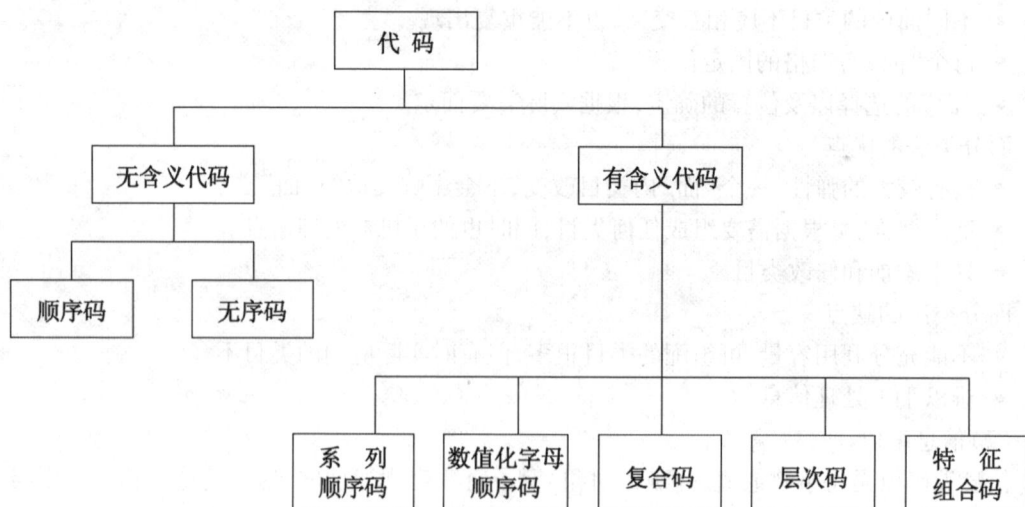

图3-9　代码分类图

(5) 代码设计

代码设计作为系统详细设计的一个重要内容,主要完成如下工作:

- 识别编码对象。系统中有哪些需要进行编码的对象。只有对系统分析和数据库设计的结果做细致的分析,才能准确、完整地识别系统中所有的编码对象。
- 确定编码对象的分类方法。对于每个编码对象,确定其采用什么样的分类方法,是线分类还是面分类或是线面结合的混合分类。
- 制订每个编码对象的编码规则。确定每个编码对象的代码长度、代码形式,即分为几个码位段,每个码位段采用什么代码形式。
- 编制代码表。

2. 数据库设计

信息系统中,数据库是核心,因此数据库设计是系统设计的一个主要内容。信息系统的主要任务是通过大量的数据获得管理所需要的信息,这就必须存储和管理大量的数据。因此建立一个良好的数据组织结构和数据库,使整个系统都可以迅速、方便、准确地调用和管理所需的数据,数据库设计是衡量信息系统开发工作好坏的主要指标之一。

必须根据用户的具体要求进行分析和设计,即从系统的观点出发建立一个数据模式,使其满足下面几个条件:

- 符合用户的要求,即能正确地反映用户的工作环境,该环境包括用户需处理的所有"数据",并支持用户需进行的所有"加工"。
- 与所选用的 DBMS 所支持的数据模式相匹配。
- 数据组织合理,易操作,易维护,易理解。

(1) 数据库设计所涉及的理论

目前数据库设计方法主要是规范设计方法,它将数据库设计过程划分为首尾相接的几个工作阶段,规定每个阶段的工作内容和任务。一般来说,规范设计方法将数据库设计划分为需求分析、数据库概念结构设计、数据库逻辑结构设计、数据库物理结构设计、数据库实施和数据库的运行维护等六个阶段。它运用过程迭代和逐步求精的思想,强调数据库设计与信息系统建设过程密切结合。在不同的阶段,用相关的理论方法为指导完成数据库的设计任务。如结合系统详细设计过程,在此阶段主要完成数据库的概念结构设计和逻辑结构设计。涉及的相关理论主要包括基于实体－联系分析(E-R 分析)的数据库概念模型设计理论和关系规范化理论。

E-R 模型是数据库概念设计的主要工具,在数据需求分析的基础上,通过识别系统中的实体和实体的属性,仔细分析实体与实体之间的联系,并用 E-R 图来描述概念结构设计的结果。

关系规范化理论是指导数据库逻辑结构设计的主要理论,目前数据库管理系统的产品大多是关系数据库系统,因此,它是基于关系模型提出的,但对其他的数据模型也是适用的。它强调了数据库的逻辑结构要满足一定程度的规范要求,如果达不到一定的规范程度,就会出现不同程度的"异常"情况。如插入异常(应该插入的信息插入不进),删除异常(不该删除的信息被删除掉),数据冗余和更新异常(相同的信息多次重复出现,同时给数据库的更新维护带来不便)。它提出基于关系模式中数据依赖关系来确定关系模式的规范程度。数据依赖关系分为函数依赖和多值依赖。在函数依赖关系条件下,可以将一个关系模式设计到第一范式(First Normal Form,1NF)、第二范式(Second Normal Form,2NF)、第三范式(Third Normal Form,3NF)和 BC 范式(Boyce-Codd Normal Form,BCNF)。在多值依赖条件下,可将数据库设计到 4NF。一个低级范式的关系模式通过模式分解化为多个高级范式的关系模式。这个分解的过程称为规范化过程。通常在数据库设计中,将关系模式设计到 3NF 基本上都能满足应用的需要。但在实际应用中,有时为了提高数据库运行效率,可采用空间换时间的方法,允许 1NF 或 2NF 的数据结构存在。

1NF 的定义:组成关系的所有的属性都是最小的、不可分的分量,即在一个数据结构中没有重复出现的组项。

2NF 的定义:若关系 R 属于 1NF,且每一个非主属性都完全函数依赖于码,则 R 属于 2NF。

3NF 的定义:若关系模式中,每一个非主属性既不部分函数依赖于码,也不传递函数依赖于码,则 R 属于 3NF,即关系模式中的所有数据元素不但要能够唯一地被主关键字所标识,而且它们之间还必须相互独立,不存在其他的函数关系。

(2)数据库设计的步骤和内容

按照数据库规范设计方法,进行数据库设计,在系统详细设计阶段,主要完成数据库的概念结构设计和逻辑结构设计。

①数据库概念结构设计

概念结构设计是整个数据库设计的关键,通过对用户需求进行综合、归并与抽象,形成信息世界的结构,独立于具体的数据模型和 DBMS。概念结构的主要特点如下:

- 能真实、充分地反映现实世界,包括事物和事物之间的联系,能满足用户对数据处理的要求,是现实世界的真实模型。
- 易于理解,从而可以用它和不熟悉计算机的用户交换意见,用户的积极参与是数据库设计成功的关键。

- 易于更改,当应用要求和环境改变时,容易对概念模型进行修改和扩充。
- 易于向关系、网状、层次和对象等各种数据模型转换。

概念结构的主要内容如下:

- 在对用户需求综合分析的基础上,首先识别定义实体。实体的识别定义要基于业务主题进行,在一个业务主题中,蕴涵着相关的管理对象,这些管理对象就是实体。实体是客观存在并可相互区别的事物,实体可以是具体的人、事、物,也可以是抽象的概念或联系。
- 识别定义描述实体的属性。实体往往表现出多个特性,每个特性为实体的一个属性,要抽象出实体的每个属性,聚集成实体型,以完整地描述一类实体,满足不同用户的需要。
- 分析实体之间的联系。客观世界中,事物内部或事物之间是有联系的,这些联系在信息世界中反映为实体内部的联系和实体之间的联系。实体内部的联系通常是指组成实体的各属性之间的联系,表现为属性间的依赖关系。实体间的联系通常是指不同实体集之间的联系,包括一对一的联系、一对多的联系和多对多的联系。
- 绘制 E-R 图。把实体、实体的属性及实体与实体之间的联系用 E-R 图来表示,形成数据库的概念模型。

在进行数据库概念结构设计时常用以下四类方法:

- 自顶向下,即首先定义全局概念结构的框架,然后逐步细化。
- 自底向上,即首先定义各局部应用的概念结构,然后将它们集成起来,得到全局的概念结构。
- 逐步扩张,即首先定义最重要的核心的概念结构,然后向外扩充,以滚雪球的方式逐步生成其他概念结构,直至总体概念结构。
- 混合策略,即将自顶向下和自底向上两种策略相结合,用自顶向下策略设计一个全局概念结构的框架,以它为骨架集成由自底向上策略中设计的各局部概念结构。

②数据库逻辑结构设计

逻辑结构设计是将概念结构转换为某一数据模型下的逻辑结构,并对其进行优化。目前实际使用的数据模型有层次模型、网状模型、关系模型和面向对象模型,但关系模型的数据库管理系统目前占主导地位,因此,在实际的数据库逻辑结构设计时,常常是将概念结构转换为基于关系模型的数据结构,即将概念结构的 E-R 模型转换为一系列关系的基本表。在将 E-R 模型转换为关系的基本表时,实体型和实体之间的联系分别转化为关系的表,实体型可以直接转换,实体间的联系应根据联系的不同情况进行转换,转换时遵循以下原则:

- 一个实体型转换为一个关系模式。实体的属性就是关系的属性,实体的码就是关系的码。
- 对于 1:1 联系,可以转换为一个独立的关系模式,也可以与任意一端对应的关系模式合并。如果转换为一个独立的关系模式,则与该联系相连的各实体的码以及联系本身的属性均转换为关系的属性,每个实体的码均是该关系的候选码。如果与某一端实体对应的关系模式合并,则需要在该关系模式的属性中加入另一端关系模式的码和联系本身的属性。
- 对于 1:N 联系,可以转换为一个独立的关系模式,也可以与 N 端对应的关系模式合并。如果转换为一个独立的关系模式,则与该联系相连的各实体的码以及联系本身的属性均转换为关系的属性,关系的码为 N 端实体的码。

- 对于 M∶N 联系,可以转换为一个独立的关系模式,与该联系相连的各实体的码以及联系本身的属性均转换为关系的属性,关系的码为各实体码的组合。
- 三个或三个以上实体间的一个多元联系可以转换为一个独立的关系模式。与该多元联系相连的各实体的码以及联系本身的属性均转换为关系的属性,关系的码为各实体码的组合。
- 具有相同码的关系模式可合并。

数据库逻辑结构初步结果设计出来后,还需根据应用需要对数据模型进行优化,即适当地调整修改数据模型的结构,也就是对设计出的表进行规范化处理。这要运用关系规范化理论为指导。优化过程如下:

- 确定数据依赖。根据需求分析阶段实际情况的语义,确定每个关系模式内部各属性间的数据依赖关系以及不同关系模式属性之间的数据依赖。
- 对于各个关系模式之间的数据依赖进行极小化处理,消除冗余的联系。
- 对于每个关系模式内部,按照规范化理论,考察是否存在部分函数依赖、传递函数依赖、多值依赖等,确定每个关系模式的规范程度。
- 按照实际的处理要求,分析每个关系模式是否合适应用需要,确定是否对某些关系模式进行分解和合并。一般来说,在逻辑设计阶段,尽可能使设计出的关系模式达到 3NF。

③设计用户子模式

将概念模型转换为全局逻辑模型后,还应根据局部的应用需求,结合所选择的具体的 DBMS 的特点,设计用户子模式。

目前关系数据库管理系统一般都提供了视图(View)的概念,可以利用这一功能设计更符合局部用户需要的用户子模式。

定义数据库全局模式主要是从系统的时间效率、空间效率、易维护等角度出发。由于用户子模式与全局逻辑结构是相对独立的,因此在定义用户子模式时可以注重考虑用户的习惯和使用方便,包括以下方面:

- 使用更符合用户习惯的别名。在设计数据库整体结构时,为保证系统中数据元素的唯一性和一致性,曾做了消除命名冲突的工作。但在设计用户子模式时,可以用视图机制重新定义某些属性名,使其与用户的习惯一致,以方便使用。
- 可以对不同级别的用户定义不同的视图,防止用户非法访问本来不允许他们使用的数据,以保证系统的安全性。
- 简化用户对系统的使用。如果某些局部应用经常要使用某些很复杂的查询,为了方便用户,可以将这些复杂的查询定义为视图,用户每次只对定义好的视图进行查询,大大简化用户的使用。

3. 用户界面设计

用户界面设计目前已成为评价软件质量的一条重要指标。所谓用户界面是指软件系统与用户交互的接口,通常包括输出,输入,人－机对话的界面与方式等。

（1）输出设计

输出是由计算机对输入的原始信息进行加工处理，形成高质量的有效信息，并使之具有一定的格式，供管理者使用。输出设计主要涉及如下内容：

- 输出信息使用方面的内容：使用者、使用目的、报表数量、使用周期、有效期、保管方法以及复印份数等。
- 输出信息的内容：输出的项目、位数、数据形式（文字、数字）。
- 输出设备：显示终端、打印机、卡片输出机、绘图仪、声像等多媒体设备。
- 输出介质：纸张、磁盘、磁带、光盘或其他多媒体介质。

（2）输入设计

数据输入是计算机信息系统工作的基础，确保向计算机系统提供正确的数据是输入设计的出发点。输入设计的目标是在保证输入信息正确性和满足需要的前提下，使输入方法简单、迅速、经济和方便。

输入设计包括输入信息的内容设计、输入方式的设计和输入信息的校验。

①输入信息的内容设计

输入信息的内容设计包括确定输入数据项名称、数据类型、取值范围等输入内容和输入格式等。输入内容主要根据输出要求和数据库存储结构来确定，并按照实际应用的习惯，将这些内容以一定的格式组织到一起。

②输入方式的设计

根据总体设计和数据库设计的要求来确定数据输入的具体形式。常用的输入方式有以下几种：

a. 键盘输入方式。这种方式主要适用于常规、少量的数据和控制信息的输入以及原始数据的录入。这种方式不大适合大批中间处理性质的数据的输入。

b. 数模/模数转换方式。数模/模数转换方式（A/D，D/A）的输入是目前比较流行的基础数据输入方式。这是一种直接通过光电设备对实际数据进行采集并将其转换成数字信息的方法，是一种既省事又安全、可靠的数据输入方式。这种方法最常见的有如下几种：

- 条码（棒码）输入。利用标准的商品分类和统一规范化的条码贴（或印）于商品的包装上，然后通过光学符号阅读器（Optical Character Reader，简称 OCR）（亦称扫描仪）来采集和统计商品的流通信息。这种数据采集和输入方式现已被普遍地用于商业企业、工商、质检、海关等信息系统中。
- 用扫描仪输入。这种方式实际上与条码输入是同一类型的。它大量地被使用在图形/图像的输入，文件、报纸的输入，标准考试试卷的自动阅卷，投票和公决的统计等。
- 传感器输入。利用各类传感器和电子衡器接收和采集物理信息，然后再通过 A/D/A 板将其转换为数字信息。这也是一种用来采集和输入生产过程数据的方法。

c. 网络传送数据。这既是一种输出信息的方式，又是一种输入信息的方式。对下级子系统而言，它是输出，对上级主系统而言，它是输入。使用网络传送数据既可安全、可靠、快捷地传输数据，又可避免下级忙于设计输出界面，上级忙于设计输入界面的盲目重复开发工作。

d. 磁盘传送数据。数据输出和接收双方事先约订好待传送数据文件的标准格式(这一点在上节数据整体结构中就可以确定下来),然后再通过软盘/光盘传送数据文件。这种方式不需要增加任何设备和投入,是一种非常方便的输入方式,它常被用在主 – 子系统之间的数据连接上。

③输入信息的校验

输入设计最重要的问题是如何保证输入数据的正确性,而对输入信息进行校验是保证输入正确的主要措施。因此在输入时校对方式的设计是非常重要的。

校验对象:

校验对象中最重要的是主文件数据,它是系统的基础数据,在处理过程中频繁使用,必须进行重点校验。其次是各种金额和数量数据,这类数据要求特别准确,如果出现差错,就会引起业务工作的混乱。对于实时方式输入的数据,因为是用键盘直接输入,所以一定要及时校验。

数据出错的种类:

由于不同的原因,可引起三种数据错误:

- 数据内容的错误:由于原始单据有错误或录入时产生的错误。
- 数据多余和不足:是由于原始单据丢失、遗漏或重复而引起的数据收集中的差错。
- 数据的延误:不是内容和数量的错误,仅仅是因为时间上的延误而产生的差错。

常用校对方式:

- 人工校对。输入数据后再显示或打印出来,由人来进行校对。
- 二次键入校对。二次键入是指一种同一批数据两次键入系统的方法。输入后系统内部再比较这两批数据,如果完全一致,则可认为输入正确;反之,则将不同部分显示出来有针对性地由人来进行校对。它是目前数据录入中心、信息中心录入数据时常用的方法。该方法最大的好处是方便、快捷,而且可以用于任何类型的数据符号。尽管该方法中二次键入在同一个地方出错,并且错误一致的可能性是存在的,但是这种情况出现的概率极低。
- 数据平衡校对。这种校对方法常用在对财务报表和统计报表等这类完全数字型报表的输入校对中。具体做法是在原始报表每行、每列中增加一位数字小计字段(这类报表中一般本来就有),然后在设计新系统的输入时再另设一个累加值,先让计算机将输入的数据累加起来,然后再将累加的结果与原始报表中的小计自动比较。如果一致,则可认为输入正确;反之,则拒绝接受该数据记录。这是一种非常有效的方法。但该方法也不是十全十美的,当同一记录中几个数同时输错,而累加后结果仍正确时,就无法检测出错误之处,这种情况在实际中出现的可能性也是很小的。

(3)人 – 机对话设计

人 – 机对话用户界面是系统与用户之间的接口,也是控制和选择信息输入、输出的主要途径。用户界面设计应坚持友好、简便、实用、易于操作的原则,尽量避免过于烦琐和花哨。

界面设计包括菜单方式、会话方式、操作提示方式和操作权限管理方式等。

①菜单方式

菜单(menu)是信息系统功能选择操作的最常用方式,系统通过屏幕显示出各种可供选择的内容,用户根据显示的内容输入有关代号或用鼠标或通过键盘的上下左右键和回车键来配合,进行人 – 机对话,这种对话称为菜单方式。

菜单设计时一般应安排在同一层菜单选择中,功能尽可能多,而进入最终操作的层次尽可能少(最好是二级左右)。一般功能选择性操作最好让用户一次就进入系统,只有在少数重要执行性操作时,才设计让用户选择后再确定一次的形式,例如,选择执行删除操作,系统尚未执行完毕前执行退出操作等。

计算机信息系统中,通常有以下几种菜单形式:

下拉式菜单:通常是在菜单条的基础上选择某项后,在其下方立即出现其下一级菜单,故称为下拉式菜单。

弹出式菜单:主要菜单或子菜单被选中后,在显示屏的某个位置出现的下一级菜单。

级联式菜单:在下拉式或弹出式菜单的基础上再选择下一级菜单时,在下拉或弹出的某个选项上会出现一个标记,用以表示该级菜单和下一级菜单之间的联系,并可以类推。

层迭式菜单:多个常用的菜单同时放在操作者的视线中,但以一个菜单为主,需要哪个菜单时就调用哪个,使用方便。

图标式菜单:用图标来表示菜单选项的菜单。

平铺式菜单:将多个常用的菜单并列地放在屏幕上。

②会话管理方式

在所有的用户界面中,几乎毫无例外地会遇到人 – 机会话问题,最为常见的有以下几种:当用户操作错误时,系统向用户发出提示和警告性的信息;当系统执行用户操作指令遇到两种以上的可能时,系统提请用户进一步地说明;系统定量分析的结果通过屏幕向用户发出控制型的信息,等等。这类会话通常的处理方式是让系统开发人员根据实际系统操作过程将会话语句写在程序中。

这里所要说的是另一类形式的会话管理,如在开发决策支持系统时常常会遇到大量的具有一定因果逻辑关系的会话。对于这类会话,显然不能再像前面所说的一样,简单地将它们罗列于程序之中。因为这类会话往往反映了一定的因果关系,它具有一定的内涵,是双向式的,前一次人 – 机会话的结果,决定了下一步系统将要执行的动作以及下一句问话的内容。对于这一种会话,我们常常将它们设计成数据文件中的一条条记录(一句话一个记录)。在系统运行时首先接收用户对第一句会话的回答,然后执行相应的判断处理。如果有必要,系统通过简单推理再从会话文件中调出相应内容的下一句会话,并显示在屏幕上,依此反复,直到最终问题得到满意的解决。

这种会话管理方式的另一个好处就是方便、灵活。它与程序不直接相关,如果想要改动会话内容,不需改变程序而只需改变会话文件中相应的记录即可。它的缺点是一般分析和判断推理过程较为复杂,故一般只用于少数决策支持系统、专家系统或基于知识的分析推理系统。

③操作提示方式与权限管理方式

为了操作使用方便,在系统设计时,常常把操作提示和要点同时显示在屏幕的旁边,以使用户操作方便,这是当前比较流行的用户界面设计方式。另一种操作提示设计方式,则是将整个系统操作说明书全送入系统文件之中,并设置系统运行状态指针。当系统运行操作时,指针随着系统运行状态来改变,当用户按“求助”键时,系统则立刻根据当前指针调出相应的操作说明。调出说明后还请求进一步详细说明的方式,可以通过标题(如本书的章节标题所示)来索引具体的内容,也可以通过选择关键字方式来索引具体的内容。

与操作方式有关的另一个内容就是对数据操作权限的管理。权限管理一般都是通过入网口令和建网时定义该节点级别相结合来实现的。对于单机系统的用户来说只需简单规定系统的上机口令(password)即可。所以在设计系统对数据操作权限的管理方式时,一定要结合实际情况综合确定。

4. 模块功能与处理过程设计

模块功能与处理过程设计是系统设计的最后一步,也是最详细地涉及具体业务处理过程的一步。它是下一步系统实施的基础。

前面我们已经对系统的总体结构、编码方式、数据库结构以及 I/O 形式进行了设计。一旦这些确定了之后,就可以具体地考虑与程序编制有关的问题了,这就是详细设计,即不但要设计出一个个模块和它们之间的连接方式,还要具体地设计出每个模块内部的功能和处理过程。这一步工作通常是借助于 HIPO 图来实现的。有了上述各步的设计结果(包括总体结构、编码、DB、I/O 等)再加上 HIPO 图,任何一个程序员即使没有参加过本系统的分析与设计工作,也能够自如地编制出系统所需要的程序模块。

(1)HIPO 图

HIPO 图(Hierarchy plus Input-Process-Output)是 IBM 公司于 20 世纪 70 年代中期在层次模块结构图(Structure Chart)的基础上推出的一种描述系统结构和模块内部处理功能的工具(技术)。HIPO 图由层次结构图和 IPO 图两部分构成。前者描述了整个系统的设计结构以及各类模块之间的关系,后者描述了某个特定模块内部的处理过程和输入/输出关系。

(2)层次模块结构图

层次模块结构图(或称结构图)是 1974 年由斯蒂文斯(W. Stevens)等人从结构化设计(Structured Design)的角度提出的一种工具。它的基本做法是将系统划分为若干子系统,子系统下再划分为若干的模块,大模块内再分小模块,而模块是指具备输入/输出、逻辑功能、运行程序和内部数据等四种属性的一组程序。

层次模块结构图主要关心的是模块的外部属性,即上下级模块、同级模块之间的数据传递和调用关系,而并不关心模块的内部属性,也就是只关心它是什么,它能够做什么的问题,而不关心它是如何去做的(这一部分内容由 IPO 图解决)。

(3)IPO 图

IPO 图主要是配合层次化模块结构图详细说明每个模块内部功能的一种工具。对于每个模块,无论你怎样设计,它都必须包括输入(I)、处理(P)、输出(O),以及与之相应的数据库/文件、在总体结构中的位置等信息。

IPO 图其他部分的设计和处理都是很容易的,唯独其中的处理过程(P)描述部分较为困难。因为对于一些处理过程较为复杂的模块,用自然语言描述其功能十分困难,并且对同一段文字描述,不同的人还可能产生不同的理解(即所谓的二义性问题)。故如果这个环节处理不好,将会给后续编程工作造成混乱。目前用于描述模块内部处理过程的方法主要有如下几种:结构化英语方法、决策树方法、判定表方法和算法描述语言方法。这几种方法各有其长处和不同的适用范围,在实际工作中究竟用哪一种方法,需视具体的情况和设计者的习惯而定。

5. 系统设计报告

系统设计阶段的最终结果是系统设计报告。系统设计报告是下一步系统实施的基础,它应包括本节的主要内容：

（1）系统总体结构图（包括总体结构图、子系统结构图、计算机流程图等）。

（2）系统设备配置图［系统设备配置（主要是计算机系统）图，设备在各生产岗位的分布图，主机、网络和终端连接图等］。

（3）系统分类编码方案（分类方案、编码和校对方式）。

（4）数据库结构图［DB 的结构（主要指表与表之间的结构）、表内部结构（字段、域）、数据字典等］。

（5）I/O 设计方案。

（6）HIPO 图（层次化模块控制图）、IPO 图等。

（7）系统详细设计方案说明书。

3.4　系统实施

在管理信息系统的生命周期中，经过了系统规划、系统分析和系统设计等阶段后，便进入系统实施阶段。在系统分析和系统设计阶段，系统开发工作主要是集中在逻辑、功能和技术设计上，工作成果是以各种分析和设计文档来体现的。系统实施阶段，要继承此前各阶段的工作成果，将技术设计转化成物理实现，因此系统实施的成果是系统分析和设计阶段的结晶。由于系统实施是在系统详细设计以后才开始的，它以系统分析和设计工作为基础，必须按照系统设计的文档进行，因此在信息系统的整个生命周期过程中，相对来讲，系统分析和设计比系统实施要重要得多，几乎占到系统开发工作量的70%。只有在系统分析和设计工作完成以后，才能开始系统实施工作，切忌在系统开发工作中提前进行这部分工作。有些开发者，特别是程序设计人员，往往把开发的重点放在编程上，在没有完全了解系统的需求分析情况和系统总体设计的情况下，就匆忙开始程序设计工作，这必然给系统开发工作带来困难。同时系统实施作为系统生命周期的后期阶段，是把系统设计转化为可实际运行的物理系统的必然步骤，再好的设计，不通过系统实施也是枉然。系统实施作为系统的最后物理实现阶段，对于系统的质量、可靠性和可维护性等有着十分重要的影响。

系统实施阶段的主要活动包括程序设计、系统测试和新旧系统转换等主要活动构成。

3.4.1　程序设计

程序设计又称编码或编写程序，其主要任务是选定程序设计语言，把经过概要设计和详细设计所得到的以程序设计说明书体现的信息处理过程，转换成能在计算机系统上运行的程序源代码（源程序）。

由于程序设计是严格按照系统的概要设计和详细设计进行的，因此系统设计是程序设计工作的先导和前提条件，而程序设计是在此之前各阶段工作的结晶，它不仅仅体现了编程人员的工作成果，而且体现了系统建设生命周期各阶段开发人员的劳动，系统功能和技术方案等重要问题在需求分析和设计阶段得到解决，而程序设计就是从源程序的角度实现系统设计的结果，所以相对而言，程序设计工作要比前面几个阶段工作容易得多。

为了保证程序设计工作的顺利进行,一方面程序设计人员必须仔细阅读系统设计的全部文档资料,充分理解程序模块的内部过程和外部接口,以保证系统实施与系统设计的一致性;另一方面,程序设计人员必须深刻理解、熟练掌握和正确运用程序设计语言以及软件开发环境和工具,以保证系统功能的正确实现。

对程序设计的质量要求包括如下两个方面:一方面是程序的正确性,即程序既无语法错误又无语义错误;另一方面是程序的可读性,以便其他人可以读懂和维护。

程序设计包括如下步骤:

(1)了解计算机系统的性能和软、硬件环境;

(2)充分理解系统概要设计和详细设计文档,准确把握系统软件功能、模块间的逻辑关系、算法的详细方案以及输入/输出要求;

(3)根据设计要求和软、硬件环境,选定程序设计语言;

(4)编写程序代码;

(5)检查、编译和调试程序。

3.4.2　系统测试

系统测试是系统开发生命周期中一个十分重要的阶段。其重要性体现在它是保证系统质量与可靠性的最后关口,是对整个系统开发过程包括系统分析、系统设计和系统实现的最终审查。尽管在系统开发周期的各个阶段均采取了严格的技术审查,希望尽早发现问题予以修正,但依然难免遗留下差错,如果没有在投入运行前的系统测试阶段被发现并纠正,问题迟早会在运行中暴露出来,到那时要纠正错误将会付出更大的代价,甚至造成不堪设想的后果。

1. 系统测试的对象和目的

由于信息系统的开发从一定意义上来说是软件系统的开发,那么经过程序设计阶段以后,系统测试的对象是不是源程序呢? 我们知道,系统开发生命周期内的各个阶段是彼此衔接的,前一阶段发生的问题如未能及时解决,很自然会带入下一阶段,因此在测试中发现的问题不一定是在编码阶段产生的,而是前面各阶段的错误的集中反映,也就是说,对程序设计阶段来说,有些错误是"先天性"的。因此系统测试的对象显然不仅仅是源程序,而应是整个软件,它把需求分析、概要设计、详细设计以及程序设计各阶段的开发文档,包括需求规格说明、概要设计说明、详细设计说明以及源程序都作为系统测试的对象。由于"软件 = 文档 + 程序",所以系统测试的对象是软件。

明确系统的测试对象以后,我们应进一步搞清测试的目的。大家会很自然地认为测试的目的是说明软件没有问题,因此程序编完后,只要找几个数据,使程序能够走通就完成了测试任务。从软件工程的角度看,这种认识不仅不正确,而且十分有害。因为出于这个目的,人们会自觉或不自觉地寻找容易使程序通过的测试数据,回避那些易于暴露软件错误的测试数据,从而致使那些隐藏的错误不被发现。恰恰相反,系统测试是以找错误为目的,我们不是要证明程序无错,而是要精心选取那些易于发生错误的测试数据,以十分挑剔的态度,证明程序有错。这个关于测试目的的观点,对于我们的测试工作是有很大影响的。由于人类思维的严密性是有限度的,加之开发人员的主观、心理、经验等方面的因素,实践证明,大型软件在测试前是不可能没有错误的,因此系统测试的目的就是发现软件中的错误。

系统测试中发现的错误可能是各式各样的,按其范围和性质可划分为以下几类:

- 功能错误:由于功能规格说明书不够完整或叙述不够确切,致使在程序设计时对功能有误解而产生的错误。
- 系统错误:与外部接口的错误、参数调用错误、子程序调用错误、输入/输出地址错误,以及资源管理错误等。
- 过程错误:算术运算错误、初始过程错误、逻辑错误等。
- 数据错误:数据结构、内容、属性错误,动态数据与静态数据混淆,参数与控制数据混淆等。
- 编码错误:语法错误、变量名错误、局部变量与全局变量混淆、程序逻辑错误和编码书写错误等。

2. 系统测试的基本原则

基于以上系统测试的概念,在进行系统测试中应遵循如下基本原则:

- 测试工作应避免由原开发软件的个人或小组来承担。
- 设计测试方案时,不仅要包括确定的输入数据,而且应包括从系统功能出发预期的测试结果。
- 测试用例不仅要包括合理、有效的输入数据,还要包括无效的或不合理的输入数据。
- 测试不仅要检验程序是否做了该做的事,还要检查程序是否做了不该做的事。
- 软件中仍然存在错误的概率和已经发现的错误的个数成正比。
- 保留测试用例,将之作为软件文档的组成部分。

3. 测试与调试

测试与调试的意义是不相同的,仅就测试而言,其目标是发现系统中的错误,但发现错误并不是我们的最终目的,系统建设的最终目的是提供高质量的满足用户需要的信息系统。因此测试发现错误后,还必须诊断错误,改正错误,这就是调试,即准确判定错误位置以及具体出错情况,继而进行改正以排除错误。所以调试又称排错或纠错。

进行测试时,通过比较测试结果与预期结果的差异来确认错误的存在。而错误在哪儿?如何解决? 这就是调试的内容。在调试过程中,准确判定出错的位置和原因并不是一件容易的事,它要占去整个测试工作的大部分工作量(约90%),而在找到错误原因后,改正错误往往相对容易得多。注意:改正错误后,应及时对系统文档中的相关内容进行修改,保证程序与文档的一致性。

4. 系统测试的方法

系统测试可以发现系统的错误,但系统测试不可能发现软件的全部错误,不能证明程序无错,因为我们很难对系统进行穷举测试,即我们很难把系统能够包含的所有情况都测试一遍。因此,要把系统测试工作做好,应该选择合适的系统测试方法。目前对系统测试的方法包括如下几种,如图3-10所示。

一般源程序通过编译后,要先经过人工测试,然后进行机器测试。人工测试是采用人工方式进行,目的在于检查程序的静态结构,找出编译不能发现的错误。经验表明,组织良好的

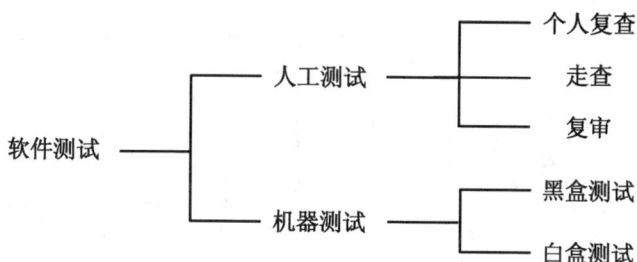

图 3-10 系统测试方法

人工测试可以发现程序中的 30% ~ 70% 的编码和逻辑设计错误,从而可以减少机器测试的负担,提高整个测试工作的效率。机器测试是运用实现设计好的软件测试用例,执行被测程序,对比运行结果与预期结果的差别,以发现错误。对某些类型的错误,机器测试比人工测试有效,但对另一些类型的错误,人工测试的效率往往比机器测试效率更高。机器测试只能发现错误的症状,不能进行问题的定位;而人工测试一旦发现错误,同时就确定了错误的位置、类型和性质。

人工测试主要有下列三种方法:

- 个人复查:指源程序编完后,由程序员自己进行检查。由于心理上对自己程序的偏爱,因此有些习惯性的错误自己不易发现,如果对功能理解有误,自己也不易纠正。所以这是针对小规模程序的常用方法。
- 走查:一般由 3 ~ 5 人组成测试小组,测试小组由从未介入该软件开发的有经验的程序设计人员组成。由测试人员扮演计算机角色,用人代替计算机,将测试数据在被测程序中运行一遍,并在纸上跟踪监视程序的执行情况,以发现程序中的错误。
- 会审:测试小组的成员与走查相似,要求测试成员在会审前仔细阅读软件有关资料,根据错误类型清单(从以往的经验看一般容易发生的错误),填写检测表,列出根据错误的类型要提问的问题。会审时,由程序作者逐个阅读和讲解程序,测试人员逐个审查、提问,讨论可能产生的错误。会审对程序的功能、结构及风格等都要进行审定。

机器测试:通过在计算机上直接运行被测程序,来发现程序中的错误。机器测试有下列两种方法:

- 黑盒测试:也称功能测试,将软件看作黑盒子,在完全不考虑程序的内部结构和特性的情况下,测试软件的外部特性。根据软件的需求规格说明书设计测试用例,从程序的输入和输出特性上测试是否满足设定的功能。
- 白盒测试:也称结构测试,将软件看作一个透明的盒子,按照程序的内部结构和处理逻辑来选定测试用例,对软件的逻辑路径及过程进行测试,检查它与设计是否相符。

5. 系统测试的步骤

系统测试工作一般有以下四个步骤:单元测试、组装测试、确认测试和系统测试。每一步都是在前一步的基础之上进行,其过程如图 3-11 所示。

(1)单元测试

所谓单元,是指程序中的一个模块或一个子程序,是程序运行的最小单元,或是程序的最小的独立编译单位。因此单元测试也称模块测试。要先进行模块测试的原因有以下三个方

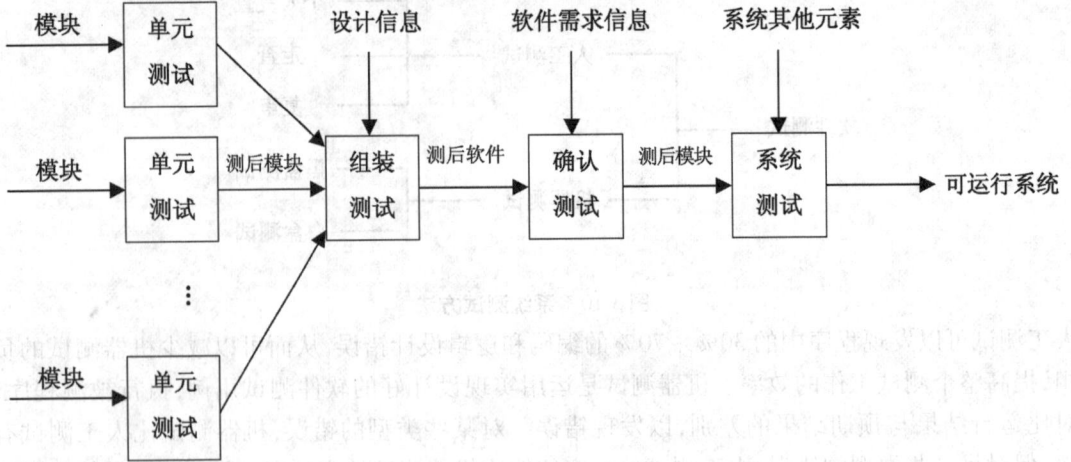

图 3-11　系统测试的步骤

面:第一方面,将整个程序分解为模块,可减少测试的复杂程度;第二方面,将测试限制在一个模块范围内,易于确定产生错误的位置;第三方面,由于模块彼此独立,可以进行多个模块的并行测试,以缩短测试周期。在单元测试中所发现的错误往往是编码和详细设计的错误。

进行单元测试是采用白盒测试的方法,根据详细设计的描述,从模块的内部结构出发设计测试用例,进行测试。

单元测试主要从下述五个方面去检验模块:

- 模块接口:测试信息能否正确无误地流入、流出模块。
- 模块内部的数据结构:测试内部数据的完整性,包括内容、形式及相互关系。
- 逻辑路径:测试应覆盖模块中关键的逻辑路径。
- 出错处理:测试模块对错误及产生错误的条件预见能力,并且检测其出错处理是否适当。
- 边界条件:软件往往容易在边界条件上发生问题,如循环的第一次和最后一次执行,判断选择的边界值等,可利用边界值分析方法设计测试用例,以便检查这类错误。

由于每个模块在整个软件中不是孤立的,尽管它可以单独编译,但不能单独进行测试。因此在单元测试时,应考虑它与调用和被调用模块的相互联系,显然不能将尚未测试的周围模块连接起来进行单元测试,这将使测试复杂化,难以判断错误来源于哪个模块。为了在单元测试中模拟这种联系,应设置若干辅助模块,作为周围联系模块的替身。辅助模块有两种:一种是驱动模块,用以模拟被测模块的上级调用模块;另一种是桩模块,用以模拟被测模块的下级被调用模块。驱动模块和桩模块作为一种测试软件,是由测试人员编写的程序,这种程序的功能应简单而明确,且不会引入新的错误。驱动模块要能够接受测试数据,把相关数据传给被测模块,启动被测模块,并打印测试结果。桩模块由被测模块调用,仅做少量处理,如打印入口数据,带出口数据返回,以检验参数传递和调用接口的正确性。

(2)组装测试

对每个模块完成了单元测试以后,需要按照设计时做出的层次模块图把它们连接起来,进行组装测试,组装测试也称为组合测试或综合测试。

组装测试主要以系统的详细设计和程序设计为依据,通常采用黑盒测试方法。组装测试的策略分为非增式测试和增式测试两大类,增式测试又分为自顶向下、自底向上和混合方式三种。

- 非增式测试:在对所有的模块分别进行了基于辅助模块的单元测试以后,按程序结构图将所有的模块连接起来,把连接后的程序作为一个整体来进行测试。
- 增式测试:增式测试实际上是把单元测试与组装测试结合起来。每次测试把下一个待测试的模块与已经测试过的那些模块结合起来进行测试。测试对象是逐渐组装起来的,一次增加一个模块,所以谓之"增式"。

(3)确认测试

经过组装测试,软件已经装配完毕,接下来进行的确认测试和系统测试将是以整个软件作为测试对象,且采用黑盒测试方法。

确认测试是要进一步检查软件是否符合软件需求规格说明书的全部要求,因此又称为合格性测试或验收测试。确认测试的内容主要包括以下几个部分:

- 功能测试:检测软件需求规格说明书的全部内容是否都实现了,是否有功能遗漏。它不同于以前的仅检测程序已有的功能的测试,它还要按文档检测软件应有什么功能。
- 性能测试:检查软件的可移植性、兼容性、错误恢复能力以及可维护性等性能指标,以检测软件功能实现的程度。
- 配置审查:检查软件全部构成成分是否齐全,质量是否合乎要求。

由于确认测试是面向用户需求的,因此应该让用户参与。测试采用的测试用例也应以实际的应用数据为基础,不再使用模拟数据。

(4)系统测试

系统测试是将信息系统的所有组成部分包括软件、硬件、用户以及环境等综合在一起进行测试,以保证系统的各组成部分协调运行。系统测试要在系统的实际运行环境现场,在用户的直接参与下进行。系统测试是面向集成的整体系统的,应包括下列几方面的内容:

- 集成功能测试:设计测试用例对整个系统的组合功能进行测试,要把重点放在数据的采集、输入、信息的存储和读写、数据通信、数据输出等方面,并应使若干功能并行工作,以验证集成后的功能是否协调。
- 可靠性与适应性测试:使系统在现场环境中按实际设定的方式(周期、时间长度、最终用户操作等)运行,检测其抗干扰能力(如电压波动、温度变化)、现场容错能力以及其他可靠性与适应性程度。
- 系统自我保护及恢复能力测试:信息系统特别是实时信息系统的自我保护和恢复能力是一个十分重要的性能要求。采用各种人工干预方式使系统的部分以至于整体不能正常工作,检测系统进行现场保护、数据存储能力,以及恢复正常工作特别是数据恢复的能力,检测恢复的时间和自动化程度。
- 安全性测试:通过设计一些试图突破系统安全保密措施的测试用例,检验其安全保密措施的严密性。
- 强度测试:使系统在资源的异常数量、异常频率和异常批量的条件下运行,检验系统在超负荷情况下的运行情况以及系统的超载能力。

6. 排错

测试是为了发现程序存在的错误,而排错(或称调试)是为了找到错误所在并改正错误。因此,排错具有两方面的任务:一是确定错误的的位置和性质,二是改正错误。一般第一个任务的工作量占整个调试工作的90%,因此,重点应放在第一步,一旦找到错误在源程序中的具体位置,根据情况进行修改就很容易了。

3.4.3 系统转换

系统通过测试以后,并不能马上投入运行,还存在一个新老系统的交替问题。系统转换就是指新系统替换老系统的过程。系统转换要保证新老系统进行平稳而可靠的交接,最后使整个新系统正式交付使用。系统转换过程需要项目开发人员、系统操作人员、用户单位领导和各业务部门的工作人员通力协作才能完成。

系统转换的方式有以下三种,即直接转换、并行转换和分段转换。

1. 直接转换

直接转换指在老系统停止运行的某一时刻,新系统立即运行,因此也称为切换,如图3-12所示。

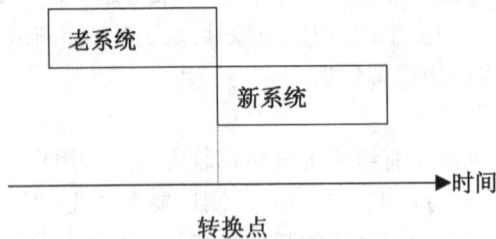

图 3-12 直接转换

直接转换最简单,系统转换的费用也最低。但它的风险也最大,因为一旦新系统发生严重错误而运行不起来,将会给业务工作带来混乱,产生极大的不良影响。所以,如果采取这种转换方式转换,应该有谨慎的转换计划,做好各种准备工作,安排充足的时间去修正可能出现的问题。除此之外,应采取一些预防性措施,例如使老系统保持在随时可以启动的状态。

这种转换方式适用于小型的、不太复杂的信息系统,或对信息时效性要求不是很高的系统,并且新系统要经过详细的测试和模拟运行。

2. 并行转换

并行转换指新老系统并行工作一段时间,经过一段时间的考验以后,以新系统全面代替老系统,如图3-13所示。采用这种转换方式,用户一方面可以继续用习惯的方法使用老系统,另一方面也开始使用新系统。这样可以保证业务工作的延续性,两个系统可进行对比,互相校对结果,以使用户对新系统有一个逐渐认识和接受的过程。并行转换方式是最安全、保险的方式,也是最常用的方式,因为一旦新系统发生问题,老系统仍然在正常工作,从而保证过渡过程的平稳可靠。但并行转换方式的系统费用高。两套系统同时工作,业务人员要有两倍的工作量,因此,并行运行的时间一般不要超过几个月。

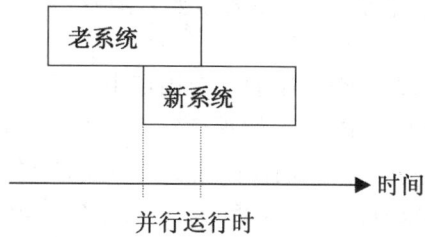

图 3-13　并行转换

3. 分段转换

分段转换实际上是上述两种转换方式的结合,即新系统分阶段一部分一部分地替代老系统,如图 3-14 所示。这种方式避免了上述两种方式的不足,转换过程可靠且费用不高。但它也存在一些问题,即增加了转换中的接口问题。因为是分段转换,必然存在新老系统之间的衔接问题,如新老系统之间有数据交换或功能衔接,这就要人工编制一些接口。

分段转换方式比较适用于大型信息系统的转换,可以保证平稳、可靠,并且在管理上也是可行的。分段转换过程中,第一批新老系统的转换至关重要,如果效果好,将会给以后的其他部分的转换带来积极的影响;否则将会使用户产生猜疑和抵触,这将大大延长转换的过渡过程。

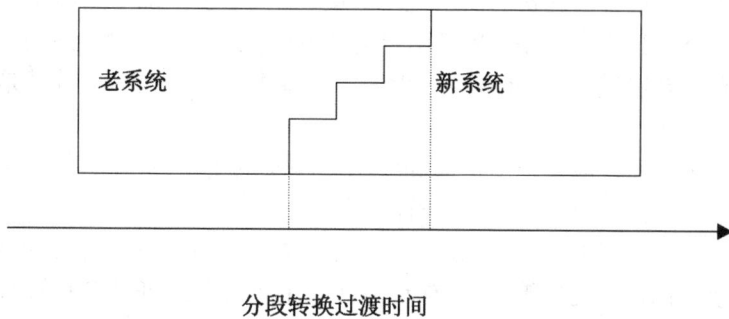

分段转换过渡时间

图 3-14　分段转换

3.5　系统维护与评价

3.5.1　系统维护

1. 系统维护的基本概念

系统在完成实施投入正常运行之后,就进入了系统维护阶段。一般信息系统的使用寿命,短则 4～5 年,长则 10 年以上。在系统的整个使用寿命中,都将伴随着系统维护工作的进行,系统维护的目的是保证信息系统正常而可靠地运行,并能使系统不断得到改善和提高,以充分发挥作用。因此系统就是为了保证系统中的各个要素随着环境的变化始终处于最新的、正确的工作状态。

然而系统运行与维护工作在整个系统的生命周期中常常被忽视。相对于具有"开创性"的系统开发工作来讲,系统维护工作属于"继承性"工作,挑战性不强,成绩不显著,使很多技术人员不安心于系统维护工作,因此,人们往往热衷于系统的开发,开发工作完成后,开发队伍解散或撤走,系统开始运行后没有配置运行维护人员。这样系统一旦发生问题或环境发生变化,用户将无从下手,系统不得不停用或废弃。这也就是为什么我国信息化建设搞了这么多年,成功的案例却很少。

系统维护是信息系统可靠运行的重要技术保障,因此我们必须十分重视系统运行维护工作。

2. 系统维护的工作内容和类型

(1)系统维护的工作内容

系统维护是面向系统中各种构成因素的,按照维护对象的不同,系统维护的内容可分为以下几类:

- 系统应用程序维护:系统的业务处理过程是通过应用程序的运行实现的,一旦程序发生问题或业务发生变化,就必然引起程序的修改和调整,因此系统维护的主要活动是对应用程序进行维护。
- 数据维护:业务处理对数据的需求是不断变化的,除了系统中主体业务数据的定期正常更新外,还有许多数据需要进行不定期的更新,或随环境或业务的变化而进行调整,以及数据内容的增加、数据结构的调整。此外数据的备份与恢复等都是数据维护的工作内容。
- 代码维护:随着系统应用范围扩大和应用环境发生变化,系统的各种代码都需要进行一定程度的增加、修改、删除以及设置新代码。
- 硬件设备维护:主要是对主机和外设的日常维护和管理,如机器部件的保养、设备故障的检修、易损部件的更换等,都应有专人负责,以保证系统正常、有效地运行。

(2)系统维护的类型

系统维护可以划分为以下几种类型:

- 纠错性维护:对系统进行定期的或随机的检修,纠正运行阶段暴露的错误,排除故障,消除隐患,更新易损部件,刷新备份的软件和数据存储,保障系统按预定的要求完成各项工作。
- 适应性维护:管理环境和技术环境发生了变化,系统中某些部分的工作内容与方式已经不能适应变化了的环境,为了使系统适应环境的变化而进行的维护工作。
- 完善性维护:用户对系统提出了某些新的需求,因而在原有系统的基础上进行适当的修改、扩充,以满足用户新的信息需求。
- 预防性维护:预防系统可能发生的变化或受到的冲突而采取的维护措施。

3. 系统的可维护性

系统维护工作直接受到系统可维护性的影响。可维护性是指对系统进行维护的难易程度的度量。影响系统可维护性的因素主要有以下三个：可理解性、可测试性和可修改性。

3.5.2　系统评价

系统建设的各个阶段都涉及对每个阶段的成果评价问题，因此，从广义上来说，系统评价应贯穿系统开发的始终。但系统评价也有狭义的理解，即系统投入运行后对系统进行的功能、性能和效益的评价。系统投入运行以后，在应用的不断深入过程中，随着应用环境的发展变化和管理科学及信息技术水平的不断提高，有必要不断对系统进行评价，一方面有助于对系统当前状态有明确的认识，另一方面也为系统今后的发展和升级、改进做准备。

任何一个实际应用的工程项目的目标都具有技术和经济两方面的考虑：要么是在一定的经济条件限度下，获得尽可能多的系统功能和尽可能高的系统性能；要么是在满足一定功能和性能要求的前提下，以尽可能少的费用来实现。信息系统当然也不例外，也应从技术和经济两方面进行评价，即功能、性能评价和经济效益评价，同时还要对系统的社会效益进行评价。

1. 系统的技术评价

系统的技术评价即从系统所提供的功能和技术性能两个角度进行评价，应包括如下内容：

- 目标评价：针对系统开发所设定的目标，逐项检查，看是否达到了预期的目标，实现的程度如何。
- 功能评价：根据用户所提出的功能要求，在实际的运行环境中，检查系统功能的完成情况，评价用户对功能的满意程度和系统中各项功能的实际效果。
- 性能评价：着重评价系统的技术能力，主要包括系统的稳定性、可靠性、安全性、容错能力、响应时间、存储效率等。
- 运行方式评价：对系统中各种资源（硬件、软件、人、信息等）的利用情况进行评价。

对系统进行上述技术评价的目的是评价系统的实际效能，为系统的进一步改进和更新提供决策依据。

2. 系统的经济效益评价

对信息系统的经济效益评价是通过费用效益分析而实现的。费用是指信息系统的整个生命周期中的全部开支而构成的成本，效益是指通过系统的运行所带来的费用减少或收益增加。成本和效益都包括有形和无形的、直接和间接的、固定和变动的。对系统的成本和效益进行比较，从而得出系统经济效益的评价结果。

习　题

1. 简述信息系统规划的任务、内容和方法。
2. 简述系统分析的目标和主要工作内容。
3. 简述系统详细调查的方法。
4. 简述系统设计的目标和工作内容。

第4章 信息系统开发方法论综述

自 1954 年计算机第一次用于数据处理领域以来,随着信息技术和社会经济的发展,计算机化的信息系统的应用范围越来越广,涵盖了一个企业的全部业务运作过程,甚至可以扩展到一个行业乃至整个国民经济信息化系统。信息系统是一个复杂的社会 - 技术系统,融合了社会、管理、信息技术、人文等各方面的因素。计算机早期用于管理,是属于单个项目的应用,是面向一个简单的业务处理的,系统开发只需要软件人员编制一段程序就可以了,没有规范和方法可言。随着应用的需要、技术的发展,信息系统逐渐向集成化、网络化发展,信息系统建设越来越复杂。综合国内外几十年信息系统建设成功的经验和失败的教训,人们总结出要成功地建设集成化、网络化的信息系统,必须坚持信息系统开发建设的原则和规律,坚持"统一规划、企业主导、统一标准、分步建设、资源共享"的指导思想,采用科学、简明、实用的信息系统开发方法。

在信息系统开发建设过程中,人们借鉴了其他复杂的系统建设,特别是复杂的工程技术系统建设的经验,综合运用当代系统科学、信息技术及现代管理科学的成就,在信息系统开发建设理论方法研究和工程实践过程中,探索出信息系统开发建设的规律,提出信息系统开发建设的原则。

4.1 信息系统开发建设的成功要素

与一般的系统工程建设项目一样,信息系统开发建设成功要素包括以下三个:

1. 合理确定系统目标

任何系统都必须具有明确的系统目标,信息系统也不例外,在建设之初必须明确提出系统的目标,即提出信息系统建设的目的。

2. 组织系统性队伍

现代信息系统的成功建设,包含两个大的阶段,即系统的建设阶段和系统的使用阶段,每个阶段都有繁杂的工作内容和任务,不是一两个人或几个人所能完成的,必须组织一支强有力的系统开发队伍和使用队伍,在坚强的领导下才能完成。一般来说,一个企业要搞好信息系统或信息化建设,首先要建立一个信息系统委员会(我国现在大多数单位成立信息化工作领导小组),由 CIO(首席信息官,一般由企业的副总经理担任)负责,下设办公室(一般与信息中心合并办公),信息系统委员会是领导者的主要咨询机构,又是信息系统开发的最高决策机构。信息系统委员会的主要工作是确定系统目标,审核和批准系统方案,验收和鉴定系统以及组建各种开发组织及信息系统的运行管理工作。其次,在系统开发阶段,组建系统开发队伍。信息系统开发队伍主要包括如下角色:系统规划员、系统分析员、系统设计员、数据管理员、数据库管理员、网络与硬件工程师、程序员、测试人员、系统管理员等。再次,在系统运行切换和维护阶段,要做好用户的培训工作,建立起全员参加的信息系统使用队伍,这就需要充分提高企业全体员工的信息化意识和信息化技能。

3. 遵循系统工程的开发步骤

信息系统建设是一项长期而艰巨的工作,有其自身的规律,是一个不断发展和完善的过程。首先必须做好总体规划工作,在总体规划的指导下,进行每个应用项目的开发。信息系统开发的一般工程化步骤如图 4-1 所示。

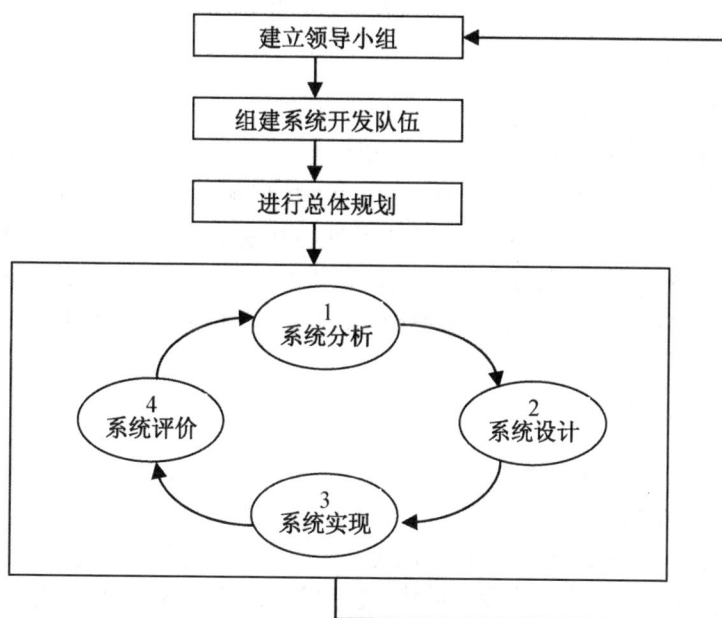

图 4-1 信息系统开发的一般步骤

4.2 信息系统开发建设的原则

在信息系统开发建设过程中,人们总结出信息系统建设必须遵循的原则,具体包括以下几方面:

1. 系统方法的原则

信息系统建设是一项复杂的系统工程,从 MIS 的组成模型看,它由人员、规程、计算机硬件、计算机软件和数据库等组成,必须用系统的观点,从全局来考虑如何将各个部分有机地结合在一起。系统理论和方法是信息系统建设的重要理论基础。系统方法的主要原则是整体性原则、分解－协调原则和目标优化原则。整体性原则是系统方法的基本原则,其基本点是从整体和各组成部分的相互关系来考察事物,从整体目标和功能出发,正确处理系统各组成部分的相互联系和相互作用,以有效解决复杂系统中的各类问题;在处理复杂系统问题时,依据分解－协调原则可以从系统结构、功能或时间过程将整个系统分解为若干个关联的子系统,从而将复杂的问题分解为多个相对简单的子问题进行求解;根据目标优化原则,人们在处理各类问题时,总是努力寻求可以取得最好效果的方案。

2."一把手"原则

信息系统建设是"一把手"工程,这是总结国内外和我国信息系统建设几十年经验教训得出的结论。企业"一把手"对信息系统建设的决心和参与程度在很大程度上决定着信息系统建设的成败。只有"一把手"才能全面把握整个企业的发展目标,清楚自己企业的问题,只有"一把手"才能准确提出信息系统建设的总体目标和总体需求,只有"一把手"的高度重视和热心参与,才能使信息系统建设得到组织落实、资金和时间保证,方方面面有机地协调和配合。

3.用户参与原则

用户指的是信息系统的最终使用者。企业高层领导、各级管理人员和业务人员都是信息系统的用户。在信息系统开发过程中,用户必须自始至终地参与信息系统开发建设工作。在需求调研和分析阶段,用户应该占主导地位,与系统规划和分析人员一起把系统的需求搞清楚,把握需求是信息系统建设的关键。在系统设计和开发阶段,用户要与信息技术(IT)人员一起,设计人机交互界面、系统的处理过程和流程、人和计算机的合理分工,在参与整个开发过程中对系统的功能、结构和运行规律全面把握,减少系统使用的培训时间,提高系统的运行质量和效率。

4.集成化建设的原则

诺兰(Nolan)模型和米切(Mische)模型揭示了企业信息系统发展过程的规律。但我们不能教条地照搬理论,依样画葫芦地使用这两个模型,先分散地搞一些子系统的应用,然后在分散开发的基础上再搞系统的集成和整合。现代企业信息系统都是集成化、网络化的,必须从信息系统建设的一开始就走集成化建设的道路,统一规划、全面部署信息系统开发建设,这对新建企业尤为重要。

5.统一标准的原则

一直以来,信息标准是制约我国企业信息系统建设发展的瓶颈问题,没有标准就难以实现信息的共享,就难以走集成化建设的道路。信息标准包括计算机硬件、网络通信方面的标准,信息资源管理标准和业务的规范化与标准化。在信息系统建设过程中,必须坚持统一标准的原则,把信息标准的建设作为信息系统建设的先导工程。

6.以"数据为中心"的原则

开发利用信息资源始终是信息系统建设的出发点和归宿。因此信息系统建设必须坚持以数据为中心,把建立为全企业或全组织共享的数据库模型作为信息系统建设的核心。在共享数据库模型的基础上实施一个个应用系统开发。同时保证信息一次一地采集,多处共享,并且要做到信息的共建共享,打破部门、行业的界限与封锁。

4.3 克服信息系统开发建设中的几个误区

总结信息系统几十年发展的历程,尤其在我国信息化建设发展过程中,存在着一些误区,主要表现在如下几个方面:

1.重"硬"轻"软"

我国许多企业信息化或信息系统建设中重视对硬件设备的投资却忽视软件系统的建设与管理,买硬件、网络设备可以不惜重金,一提到软件系统就要讨价还价,致使许多一流的硬件设备上运行的却是二流乃至三流的软件系统,甚至有的花费巨资买回来的硬件设备,搁置几年后尚未使用便遭淘汰。另外,将信息化建设简单地理解为软、硬件系统的构建,而忽视了信息的收集、整理与利用这一信息化建设的基础性工作,致使耗费巨资构建的系统成为没有信息运行的空架子。

2.重"技术"轻"管理"

这表现在两个方面:一是在信息系统开发建设中,一味追求技术的先进性,开发平台、运行平台的选择总是盲目地追新,认为只要使用了最新的技术就能将企业的信息系统建设好,而不考虑企业的实际情况,忽视信息系统建设过程的项目管理、资源配置;另一方面,把信息系统建设单纯看作一项技术活动过程,忽视企业管理业务过程的重组和规范及信息系统运行维护管理。

3.重开发轻规划

在信息系统建设过程中,只重视应用系统的开发工作,轻视信息系统的总体发展战略和统一部署,这样建立起的应用系统只能是一个个的"信息孤岛",系统难于集成,信息无法共享。

4.急于求成

信息系统建设是长期过程,但企业在建设过程中往往幻想在短期内一次性地将信息系统建设和信息化工作搞完。

以上几点是信息系统建设中的误区,在信息系统建设中要正确处理好,避免信息系统建设偏离正确的发展道路。

4.4 信息系统开发方法论

4.4.1 信息系统开发方法论的概念

1.定义

信息系统开发方法论是关于信息系统开发建设的一整套具有指导意义的理论与方法保证

体系。它由四个部分组成：

①模型——起指导作用的一组概念和规则；

②语言——用于描述建模结果的表达法；

③方法——实施设计的具体做法；

④工具——支持方法的软件。

2. 信息系统开发方法论的组成

通过多年对信息系统开发方法的理论研究和在工程实践中的体会，我们认为一个完整的 MIS 开发方法论应由高层方法论和低层方法论组成，如图 4-2 所示。

高层方法论解决总体规划与高层设计。

低层方法论解决应用项目的系统分析、设计和实施（或逻辑设计与物理设计）。

高层方法论属系统工程范畴，其掌握与执行需要系统工程师——总体规划员、数据管理员、系统分析和设计员。

低层方法论属于软件工程范畴，其掌握与执行需要软件工程师——数据库管理员、系统设计员和程序设计员。

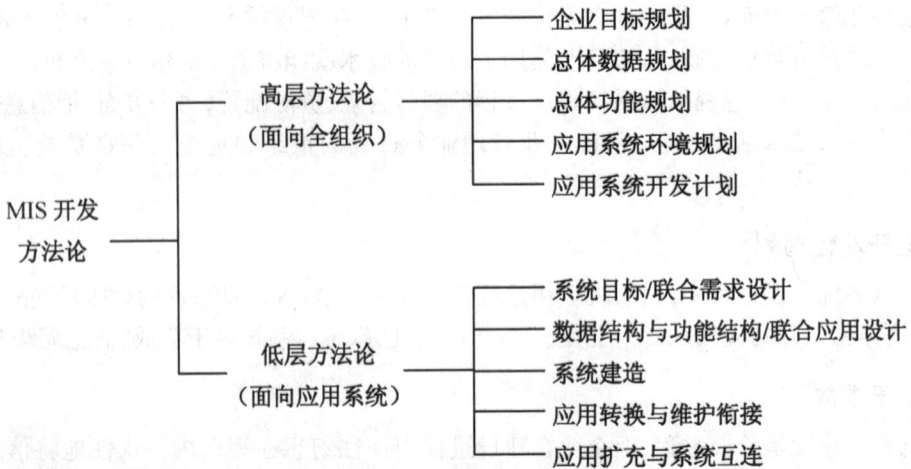

图 4-2　信息系统开发方法论的组成

3. 系统开发方法的发展过程

20 世纪 60 年代：传统的开发方法，系统开发主要是程序员根据自己的经验和技术进行编程，没有统一成型的系统开发方法。解决的问题只是针对单个的事务处理，在程序设计方法上还没有使用结构化的程序设计方法。

20 世纪 70 年代：出现了结构化的程序设计方法，在此基础上，结构化的系统开发方法［结构化的系统分析（SSA）和结构化的系统设计（SSD）］产生和发展起来，并且出现了关于 MIS 开发的生命周期理论产生。这对 MIS 的建设和发展起到了巨大的推动作用。

20 世纪 80 年代：由于第四代程序设计语言（4GL）的诞生，原型技术开始运用于 MIS 开发中，产生了原型法；在总结 20 世纪 70 年代中后期数据处理危机的教训的基础上，产生了面向数据的系统开发方法，典型代表就是信息工程方法（IEM）。同时，在系统开发过程中，人们强调了支持工具的作用,兴起了 CASE(计算机辅助软件工程或计算机辅助系统工程)的研究热潮。

20 世纪 90 年代至今:面向对象的程序设计方法占据主导地位,与之相对应的面向对象的分析和设计方法随之产生,并且在目前形成主流的发展趋势。

4.4.2　信息系统开发方法论的分类

信息系统开发方法有多种,主要区别体现在系统分析与系统设计阶段。主要可以从两个角度对信息系统开发方法进行分类:一是按时间过程的特点;另一个角度是按关键分析要素或建造系统的"抓手"(立足点或基础)来对信息系统开发方法进行分类。

1. 按开发方法进行的过程特点分类

按开发方法进行的过程特点分类,开发方法可以分为以下几类:

(1)生命周期法

生命周期法特点:把信息系统开发建设划分为若干个生命周期阶段,自上而下,由全局出发对系统进行全面规划分析,然后自下而上,一步一步地设计实现。在生命周期法中,对于信息系统开发生命周期阶段的划分,不同的学者可能有不同的划分方法,但大体上都有如下几个主要的生命周期阶段:系统规划阶段、系统分析阶段、系统设计阶段、系统建造(实施)阶段、系统运行维护(系统支持)。著名的"瀑布模型"基本上反映了从系统规划、需求分析到交付使用与维护的系统开发过程,如图 4-3 所示。

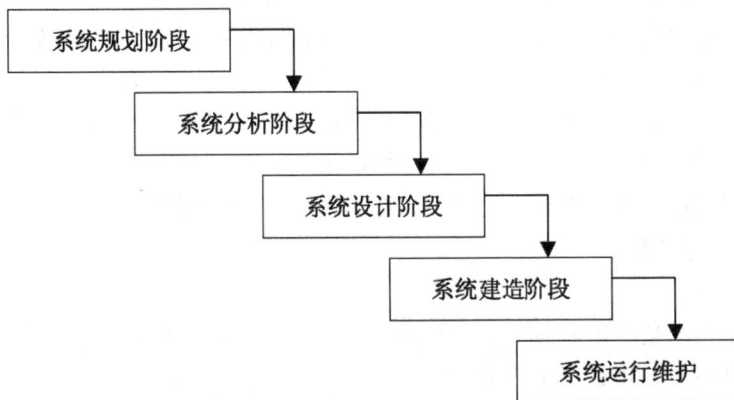

图 4-3　信息系统开发生命周期瀑布模型

结构化方法、信息工程方法、面向对象的方法等都属于生命周期法,不过,在不同的阶段它们所使用的名称不尽相同,图 4-4 反映了不同方法对生命周期的划分和各个阶段的名称,这些在下面的章节中我们将要做较为详细的介绍。

(2)原型法

原型法不是按照信息系统生命周期的各个阶段顺序逐步实现,原型法一开始就凭借着系统开发人员对用户要求的理解,在强有力的软件环境的支持下,给出一个实实在在的系统原型,然后与用户反复协商修改,最终形成实际系统,即一开始不是全局分析,而是抓住一个局部

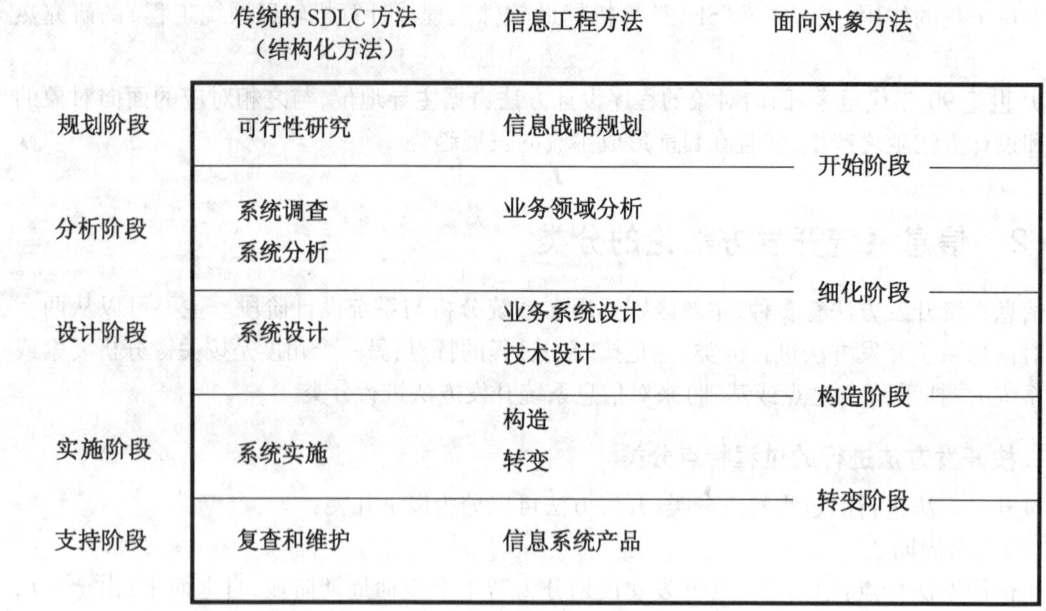

	传统的 SDLC 方法 （结构化方法）	信息工程方法	面向对象方法
规划阶段	可行性研究	信息战略规划	开始阶段
分析阶段	系统调查 系统分析	业务领域分析	细化阶段
设计阶段	系统设计	业务系统设计 技术设计	构造阶段
实施阶段	系统实施	构造 转变	转变阶段
支持阶段	复查和维护	信息系统产品	

图4-4　三种开发方法的生命周期阶段划分

问题,经设计实现后,再不断扩充,成为全局系统。原型法可分为试验原型法和演进原型法。试验原型法只把原型当成试验工具,试了以后就抛掉,根据试验的结论做出新的系统。演进原型法则把试好的结果保留,成为最终系统的一部分。

原型法的实施要依赖于先进的开发工具,在关系数据库系统(Relational Database System, RDBS)、第 4 代程序生成语言(the 4th Generation Language,4GL)和各种系统开发生成环境产生的基础之上,提出一种从设计思想、工具、手段都全新的系统开发方法。

原型法的工作流程如图 4-5 所示。首先,用户提出开发要求,开发人员识别和归纳用户要求,根据识别、归纳的结果,构造出一个原型(程序模块),然后同用户一道评价这个原型。如果根本不行,则回到第三步重新构造原型;如果不满意,则修改原型,直到用户满意为止,这就是原型法的一般工作流程。

①原型法的特点

第一,从认识论的角度来看,原型法更多地遵循了人们认识事物的规律,因而更容易为人们所普遍接受,这主要表现在以下方面:

- 人们认识任何事物都不可能一次就完全了解,并把工作做得尽善尽美。
- 认识和学习的过程都是循序渐进的。
- 人们对于事物的描述,往往都是受环境的启发而不断完善的。
- 人们批评指责一个已有的事物,要比空洞地描述自己的设想容易得多,改进一些事物要比创造一些事物容易得多。

第二,原型法将模拟的手段引入系统分析的初期阶段,沟通了人们的思想,缩短了用户和系统分析人员之间的距离,解决了结构化方法中最难以解决的一环。这主要表现在以下方面:

- 所有问题的讨论都是围绕某一个确定原型进行的,彼此之间不存在误解和答非所问的可能性,为准确认识问题创造了条件。

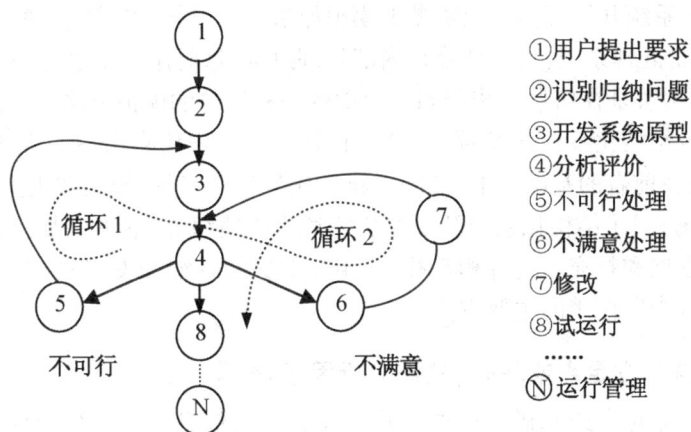

①用户提出要求
②识别归纳问题
③开发系统原型
④分析评价
⑤不可行处理
⑥不满意处理
⑦修改
⑧试运行
……
Ⓝ运行管理

图 4-5　原型法的工作流程

- 有了原型后才能启发人们对原来想不起来或不易准确描述的问题有一个比较确切的描述。
- 能够及早地暴露出系统实现后存在的一些问题,促使人们在系统实现之前就加以解决。

第三,原型法充分利用了最新的软件工具,摆脱了老一套工作方法,使系统开发的时间、费用大大地减少,效率、技术等方面都大大地提高。

②原型法的软件支持环境

原型法的推广应用必须要有一个强有力的软件支持环境作为背景,没有这个背景它将变得毫无价值。原型法所需要的软件支撑环境主要有以下几方面:

- 一个方便灵活的关系数据库系统(RDBS)。
- 一个与 RDBS 相对应的,方便灵活的数据字典,它具有存储所有实体的功能。
- 一套与 RDBS 相对应的快速查询系统,能支持任意非过程化的(交互定义方式)组合条件查询。
- 一套高级的软件工具(如4GL 或信息系统开发生成环境等),并且允许采用交互的方式迅速地进行书写和维护,产生任意程序语言的模块(原型)。
- 一个非过程化的报告或屏幕生成器,允许设计人员详细定义报告或屏幕输出样本。

③原型法的适用范围

作为一种具体的开发方法,原型法不是万能的,有其一定的适用范围和局限性。这主要表现在以下方面:

- 对于一个大型的系统,如果我们不经过系统分析来进行整体性划分,想要直接用屏幕来一个一个地模拟是很困难的。
- 对于大量运算的、逻辑性较强的程序模块,原型法很难构造出模型来供人评价。
- 这类问题没有那么多的交互方式(如果有现成的数据或逻辑计算软件包,则情况例外),也不是三言两语就可以把问题说清楚的。
- 对于原基础管理不善、信息处理过程混乱的问题,使用原型法有一定的困难。首先是由于工作过程不清,构造原型有一定困难;其次是由于基础管理不好,没有科学合理的方法可依,系统开发容易走上机械地模拟原来手工系统的轨道。

- 对于一个批处理系统,其大部分是内部处理过程,这时用原型法有一定的困难。

综上所述,原型法是在信息系统研制过程中的一种简单的模拟方法,与最早人们不经分析直接编程时代以及结构化系统开发时代相比,它是人类认识信息系统开发规律道路上的"否定之否定"。它站在前者的基础之上,借助于新一代的软件工具,螺旋式地上升到了一个新的更高的起点,它"扬弃"了结构化系统开发方法的某些烦琐细节,继承了其合理的内核,是对结构化开发方法的发展和补充。这种相互补充、相互促进的系统开发方式将会是今后若干年信息系统或软件工程中所使用的主要方法。

2. 按开发方法的立足点或基础(关键分析因素)分类

按开发方法的立足点或基础(关键分析因素)分类,信息系统开发方法可以分为以下几类:

(1)面向处理方法(Processing Oriented,PO)

所谓 PO 就是系统分析的出发点在于搞清系统要进行什么样的处理。这里面又分为两种,一种是面向功能(function)的,一种是面向过程(process)的。面向功能是由企业的职能出发,例如市场、生产、会计和人事等管理功能出发。面向过程则是跨越企业职能,由企业运营流程出发,划分成一些过程进行处理分析。结构化方法就是面向处理的方法。

(2)面向数据方法(Data Oriented,DO)

DO 是面向数据的分析方法,它首先分析企业的信息需求,建立企业的信息模型,然后建立全企业共享的数据库。信息工程方法(Information Engineering Methodology)就是典型的面向数据方法。

(3)面向对象的方法(Object Oriented,OO)

OO 是面向对象的分析方法,首先分析企业的一些对象,把描述对象的数据和对象的操作放在一起,或者说对象的数据和操作内容是对外封闭的。如果多个对象可以共享某些数据和操作,共享的数据和操作就构成了对象类。对象类可以有子对象,子对象可以调用其他类所定义的数据和操作。

信息系统开发方法的划分,主要体现在系统建模过程,即体现于系统分析和系统设计阶段。在接下来的章节中,我们将分别介绍结构化方法、信息工程方法和面向对象的方法,使大家对这些信息系统建设的方法有一个总体的认识和了解。

习 题

1. 影响信息系统开发建设成功因素有哪些?
2. 信息系统开发建设中应遵循哪些原则?
3. 简述信息系统开发方法论的定义及构成。
4. 信息系统开发方法论如何分类?
5. 简述原型法的特点和适用范围。

第 5 章　结构化系统开发方法

结构化系统开发方法(Structure System Development Methodologies, SSDM), 亦称 SSA&D (Structure System Analysis and Design)或 SADT(Structure System Analysis and Design Technique), 是迄今为止开发方法中应用最普遍、最成熟的一种。

5.1　结构化方法的由来

早期的程序设计是非结构化的, 每个程序员都按照各自的习惯和思路编写程序, 具有自己独特的风格。程序难以读懂, 也难以维护, 并且就同一个处理过程而言, 不同的程序员编程、调试和运行时间也不一样。程序的可重用性、可移植性太小。

1966 年, 波姆(Bohn)和加科比尼(Jacopini)提出程序设计的新理论:任何一种程序都可以用三种基本的逻辑结构来编制, 而且只有这三种结构, 即顺序结构、判断结构和循环结构, 如图 5-1 所示。

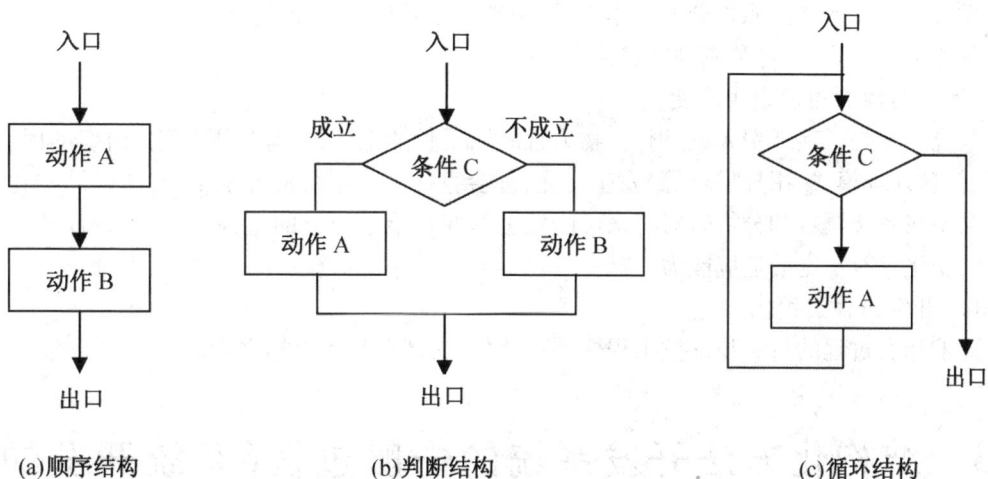

(a)顺序结构　　　　(b)判断结构　　　　(c)循环结构

图 5-1　程序结构图

这三种结构使人们采用模块化思想编程。把一个程序分成若干个功能模块, 各自独立, 用作业控制语句或内部过程调用语句将这些模块联结起来, 形成一个完整的程序。

结构化程序设计思想启发了人们对系统设计新的想法。把系统设计成若干层次化的模块,制订模块联结的准则和构造模块的标准。用系统结构图来表达,形成结构化的系统设计。继而发展到用一组标准的准则和工具,从事系统分析工作,形成结构化的系统分析。

5.2 结构化系统开发的基本思想和特点

结构化系统开发的基本思想是:用系统工程的思想和工程化的方法,按用户至上的原则,以结构化、模块化的方式,自顶向下(Top-down)地分析设计,自底向上(Bottom-up)地实施设计。

结构化系统开发的基本思想具有如下特点:

(1)自顶向下整体性分析与设计和自底向上逐步实施的系统开发过程

在系统分析与设计时,要从全局考虑,要自顶向下地工作(从全局到局部,从领导到普通管理者)。而在系统实现时,则要根据设计的要求先编制一个个具体的功能模块,然后自底向上逐步实现整个系统。

(2)用户至上

用户对系统开发的成败是至关重要的,故在系统开发的过程中要面向用户,充分了解用户的需求和愿望。

(3)深入调查研究

强调在设计系统之前,深入实际单位,详细地调查研究,努力弄清实际业务处理过程的每一个细节,然后分析研究,制订出科学合理的新系统的设计方案。

(4)严格区分工作阶段

把整个系统开发过程划分成若干个工作阶段,每个阶段都有其明确的任务和目标。在实际开发过程中要严格按照划分的工作阶段,一步步地展开工作,如遇到较小、较简单的问题,可跳过某些步骤,但不可打乱或颠倒步骤。

(5)充分预料可能发生的变化

系统开发是一项耗费人力、财力、物力且周期很长的工作,一旦周围环境(组织的内、外部环境、信息处理模式、用户需求等)发生变化,都会直接影响系统的开发工作,所以结构化开发方法强调在系统调查和分析时对将来可能发生的变化给予充分的重视,强调所设计的系统对环境的变化具有一定的适应能力。

(6)开发过程工程化

要求开发过程的每一步都按工程标准规范化,文档资料也要标准化。

5.3 结构化方法开发系统的一般过程(系统开发的生命周期)

用结构化方法开发一个系统,将整个开发过程划分为五个首尾相连接的阶段,一般称之为系统开发的生命周期(Life Cycle)。

系统开发生命周期各阶段的主要工作有：

（1）系统规划阶段

系统规划阶段的任务是根据用户的系统开发请求，进行初步调查，明确问题，确定系统目标和总体结构，确定分阶段实施进度，然后进行可行性研究。

（2）系统分析阶段

系统分析阶段的任务是：分析业务流程；分析数据与数据流程；分析功能与数据之间的关系；最后提出分析处理方式和新系统逻辑方案。

（3）系统设计阶段

系统设计阶段的任务是：总体结构设计；代码设计；数据库/文件设计；输入输出设计；模块结构与功能设计。与此同时根据总体设计的要求购置与安装一些设备，进行试验，最终给出设计方案。

（4）系统实施阶段

系统实施阶段的任务是：同时进行编程（程序员执行）和人员培训（系统分析设计人员培训业务人员和操作员执行），以及数据准备（业务人员完成），然后投入试运行。

（5）系统运行阶段

系统运行阶段的任务是：同时进行系统的日常运行管理、评价、监理审计三部分工作。然后分析运行结果，如果运行结果良好，则送管理部门指导生产经营活动；如果有点问题，则要对系统进行修改、维护或者局部调整；如果出现了不可调和的大问题（这种情况一般是在系统运行若干年之后，系统运行的环境已经发生了根本的变化时才可能出现），则用户将会进一步提出开发新系统的要求，这标志着老系统生命的结束，新系统生命的诞生。

这个全过程就是系统开发生命周期。在每一阶段均有小循环，在不满足要求时，修改或返回到起点。

5.4　结构化方法所使用的工具

结构化方法作为一个完整的 MIS 开发方法论，在系统开发的不同阶段使用相应的模型表达工具来描述其工作成果，这里主要介绍在系统分析和设计阶段所使用的一些工具（如图 5-2 所示）：

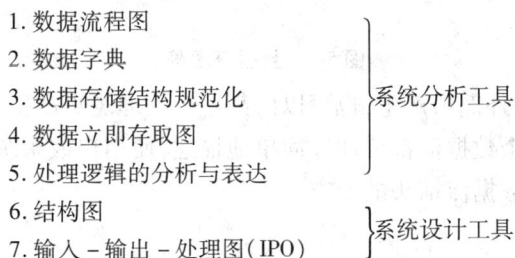

1. 数据流程图
2. 数据字典
3. 数据存储结构规范化　　　　系统分析工具
4. 数据立即存取图
5. 处理逻辑的分析与表达

6. 结构图
7. 输入 – 输出 – 处理图（IPO）　　系统设计工具

图 5-2　系统工具结构图

5.4.1 数据流程图

数据流程图(Data Flow Diagram,DFD)是结构化系统分析的主要工具,也是编写系统分析资料、设计系统总体逻辑模型的有力工具。它不但可以表达数据在系统内部的逻辑流向,而且还可以表达系统的逻辑功能和数据的逻辑变换。数据流程图既能表达现行人工系统的数据流程和逻辑处理功能,也能表达自动化系统的数据流程和逻辑处理功能。

1.数据流程图的基本符号

数据流程图有四种基本符号:外部项、数据流、处理逻辑和数据存储。

(1)外部项

外部项是指不受系统控制,在系统以外的事物或人,它表达了该系统数据的外部来源或去处(例如顾客、职工、供货单位、财务部门、机场售票处、政策制定人等)。外部项也可以是另外一个数据处理系统,它向系统提供数据或接收来自该系统发出的数据。如从某个子系统的角度,其他子系统也是其外部项。外部项图形表示如图5-3所示。

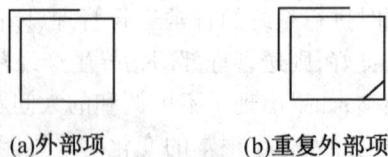

(a)外部项   (b)重复外部项

图5-3   外部项图符

在确定了系统的外部项以后,实际上就确定了系统与外界的分界线,因此要想确定合理的系统与外界的分界线,必须先要详细分析用户的需求,根据系统的目标确定系统的分界线。也许这个外部项定得不合理,应该作为一个组成部分纳入系统中,也许系统内某个功能部分不适当,而应从系统内部移出去成为系统的外部项。

(2)数据流

数据流指出了数据流动的方向,一般采用单箭头,但有时也用双箭头,表示双向数据流,如图5-4所示。

入学通知单   定货合同

图5-4   数据流图符

数据流可以由某一个外部项产生,也可以由某一个处理逻辑产生,也可以来自某一个数据存储。一般来说,对每一个数据流都要加以简单地描述,使用户或系统设计员能够理解它的含义,对它的描述应当写在数据流箭头的上方。

(3)处理逻辑

处理逻辑表达了对数据的逻辑处理功能,也就是对数据的变换功能。处理逻辑对数据的变换方式有两种:

①它能变换数据的结构,例如将数据的格式重新排列;

②它能在原有的数据内容的基础上产生新的数据内容,例如计算总计或平均值。

可以用一个长方形表示处理逻辑,它由三部分组成:标识、功能描述和功能执行者,如图5-5所示。

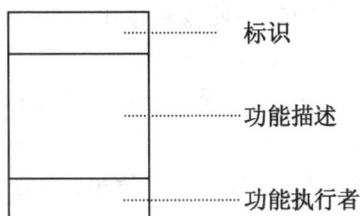

图5-5　处理逻辑图符

- 标识部分用于标示该处理逻辑,以区别于其他处理逻辑。
- 功能描述部分是处理逻辑中必不可少的部分,它用非常简洁的语言,直接表示这个处理逻辑的逻辑功能是什么。这句话一般用一个动词和名词组成(名词在动词后面),例如:编辑订货单、编制报表、更新库存量、检索书目、计算金额总计。在数据处理工作中,常用的动词有:产生、检索、存入、计算、确定、检验、更新、修改等。
- 功能描述部分中没有主语,由动词和宾语组成。功能执行者可能是某一个部门,也可能是某一个人,也可能是某一个计算机程序。

(4)数据存储

数据存储指出了数据保存的地方。这里所说的"地方",并不是指数据保存的物理地点或物理存储介质,不是指文件箱,也不是指磁盘或磁带,而是对数据存储的逻辑描述。数据存储可用一个右边开口的水平长方条表示。在长方条内部写上该数据存储的名称,名称要起得适当,便于用户看懂。为了区别其他数据存储,再加上一个标识(用英文字母D和数字组成)。

同外部项一样,允许在一张数据流程图上重复出现相同的数据存储以避免数据流线条的交叉,这时要在重复出现的数据存储符号的左侧再加一条竖线,如图5-6所示。

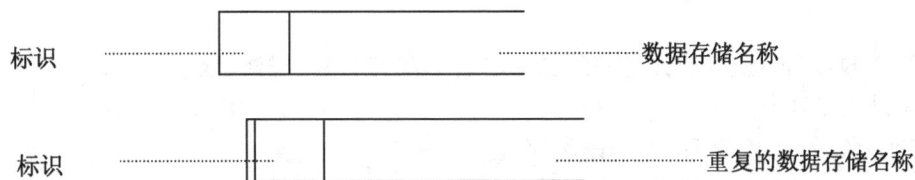

图5-6　数据存储图符

2.数据流程图绘制

数据流程图(DFD)的绘制要采用逐层分解的方法,一般采用"自顶向下"地逐层扩展。对于每个系统/子系统,先要绘制出其顶层的DFD,标明其外部项和输入、输出数据流。然后对顶层DFD中的处理逻辑进行细化,分解成若干处理逻辑,形成一级DFD,在一级DFD中,除了要标明系统的外部项和输入、输出数据流(这要与顶层DFD中的输入、输出数据流对应),还要标明系统中的主要数据存储。

对一个庞大又复杂的系统,如果系统分析员一开始就注意每一个具体的逻辑功能,那么很可能要画出几百个甚至上千个处理逻辑,它们之间的数据流像一团乱麻似的分布在数据流程图中,这张图可能很大,要用几百张纸拼接起来,不但难以辨认和理解,甚至连系统分析员也会被搞糊涂。为了避免产生这种问题,最好的解决办法就是先用少数几个处理逻辑高度概括地、描述整个系统的逻辑功能,然后逐步扩展,使其具体化。

下面以例子具体说明:

一家汽车配件公司经过调研之后,初步确定系统的主要逻辑功能和基本目标,概括起来有以下20条:

(1)顾客的订货要求有三种形式:一是邮寄订货单,二是打电话,三是直接到汽车配件公司营业部来办理。

(2)不管用哪种方式,都以一种标准的订货单格式用CRT显示在终端输入系统内。

(3)对每张订货单必须首先加以验证,是否填写正确。验证的内容包括汽车配件名称、规格、编号、顾客名称、地址、电话、开户银行、账号等信息。

(4)如果正确无误才能给予处理。

(5)如果有错误、应当输出错误信息,通知业务人员加以纠正。

(6)按订货项目检索配件库存,确定是否能够满足顾客的要求。

(7)如果当前的库存量能够完全满足顾客的要求,销售子系统开出发货单给顾客提货,并记入应收款明细账以备会计收款,同时记入销售历史存档,还要修改该配件库存量。

(8)如果这项配件的当前库存量不能全部满足顾客的订货要求,只能暂时提供一部分,那么对这部分配件办理销售业务(同第7条);同时还要把暂时不能满足的部分记录到暂存订货单文件中,通知采购子系统向供应商订货。

(9)如果这项配件现在一件也没有,就要把这张订货单记录到暂存订货单文件中,并通知采购子系统向供应商订货。

(10)采购子系统要根据要求,按订货配件汇总,再按供应商汇总,分别填写向供应商的订货单,一式两联。第一联寄给供应商,第二联保存,以便到货后核对。

(11)当收到来自供应商的发货单(即配件已经到货)以后,采购子系统要根据订货单核对验收。

(12)验收以后,把这项与配件有关的数据,如配件名称、规格、数量、单价、供应商名称等记录到应付款账目中。

(13)验收后的配件入库,并修改库存量。

(14)采购子系统向销售子系统发出到货通知。

(15)销售子系统根据到货通知,查暂存订货单,将配件发给顾客,补齐订货数量,并办理销售业务(同第7条)。

(16)顾客的付款方式有两种,一是现金支付,二是支票转账。会计子系统收到顾客付款后要与应收款明细账核对,正确无误后才能接受,并修改应收款明细账,同时开收据交给顾客。

(17)会计子系统收到来自供应商的应付款通知单以后,确认正确无误后才能付款,并修改应付款明细账。

(18)根据应收款明细账和应付款明细账修改会计总账。

(19)按周、月、季度、年度定期编制库存报表,销售分析报表,会计报表,提交给配件公司经理。

(20)公司经理可以随时查询各项汽车配件的当前库存量。

根据上述20项内容,首先要确定系统的外部项,其次要确定系统的输入、输出,再次要逐层画出数据流程图。

该系统的外部项共有四个:顾客、供应商、公司经理和业务人员。

系统的输入和输出如表5-1所示。

表5-1　系统的输入和输出

输入	来源	参考内容	输出	去处	参考内容
订货单	顾客	(1)	错误订货单	业务人员	(5)
付款	顾客	(16)	发货单	顾客	(7)
发货单	供应商	(11)	收据	顾客	(16)
付款通知单	供应商	(17)	订货单	供应商	(10)
询问	经理	(20)	付款	供应商	(17)
			报表	经理	(19)
			配件库存量	经理	(20)

绘制顶层的数据流程图要反映汽车配件公司最主要的业务,显然是采购和销售,外部项是顾客和供应商,其数据流程图如图5-7所示。

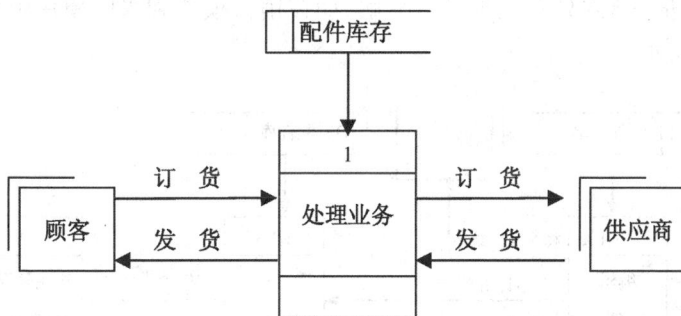

图5-7　配件销售顶层数据流图

绘制第一级数据流程图。该系统的主要逻辑功能有三个:销售、采购、会计。主要的外部项有两个:顾客和供应商。当然,外部项中允许有许多顾客和供应商。

当顾客的订货要求被接受以后,就要按照顾客要购买的汽车配件以及需要的数量查找库存量,是否能够满足顾客的订货要求,如果能够完全满足,就给顾客开发货单,并修改汽车配件的库存量,同时还要通知会计准备收款。如果只能满足一部分或完全不能满足顾客的订货要求,就要把不能满足的订货要求记录下来,并通知采购部门,应向供应商发出订货要求。当供应商接到汽车配件公司的订货要求,把货物发来后,采购部门要办入库手续,修改库存量,同时向销售部门发出到货通知,销售部门按到货配件检索订货单,向顾客补齐所要求的配件数量。会计部门收到供应商的发货单后,应该准备办理付款业务。

图5-8已经比图5-7进了一步,比较具体地反映了汽车配件公司的数据流程,但是只考虑了正常情况,有关发生错误或特殊情况尚未考虑。例如顾客订货单填写不正确,供应商发来的货物与采购部门的订货要求不符合等,都属于出错或特殊处理。原则上讲,第一级数据流程图不反映出错处理和例外处理,它只反映主要的、正常的逻辑处理功能,出错或例外处理应该在低层的、更为详细的数据流程图里反映。

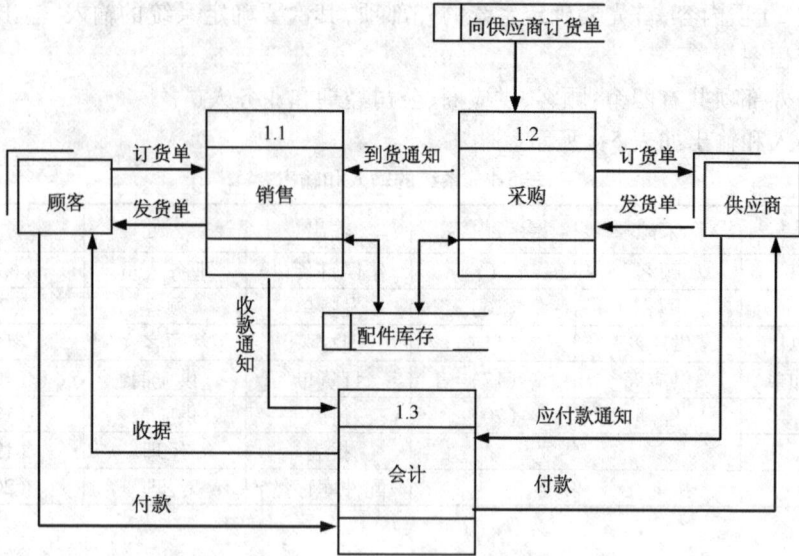

图 5-8　第一级数据流程图

通过图 5-8 可进一步对处理逻辑进行分解,如在销售模块和采购模块中可进一步进行处理,如图 5-9,5-10 所示。

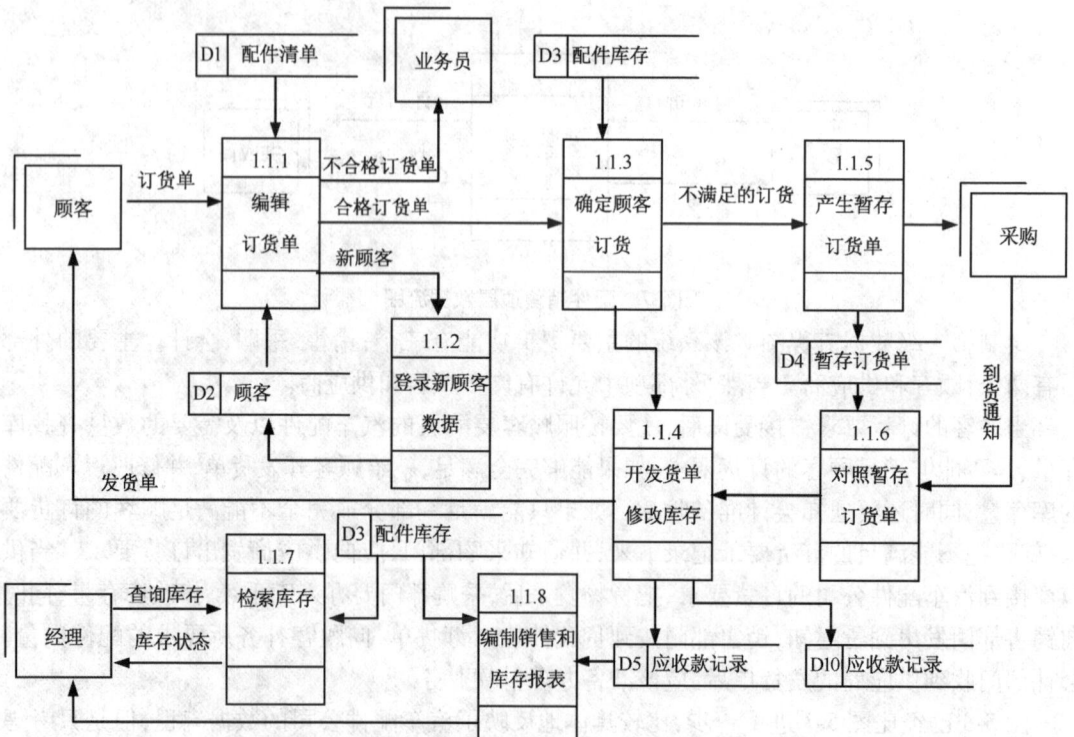

图 5-9　销售模块的扩展

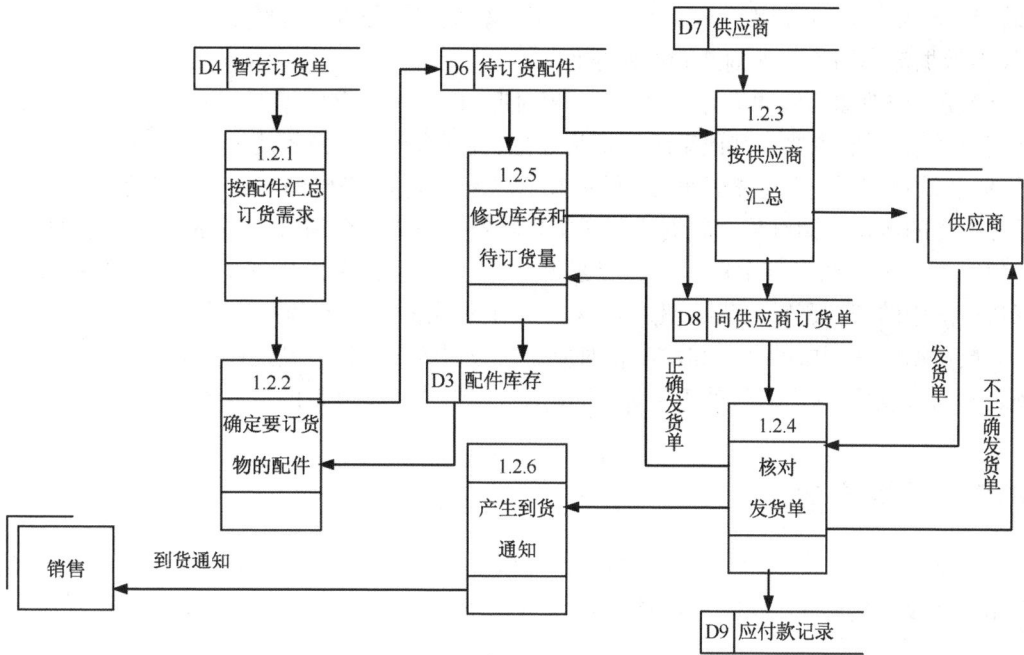

图 5-10　采购模块的扩展

3. 数据流程图绘制要遵循的原则

（1）确定系统的外部项，也就是基本上确定了这个系统与外部环境的分界线。系统分析员要识别不能受系统控制的，但是影响系统运行的外部因素有哪些，系统的数据输入来源和输出对象是什么。一旦把系统的外部项确定下来以后，人工和自动化处理的界面也就基本上确定下来了。

（2）确定系统在正常运行时的输入和输出，用列表的方式表达输入的来源和输出的去处。对于错误和例外条件，一般不直接列在输入/输出表中，而是另外阐述专门加以解释。这样做的好处是，在较高层的数据流程图中只反映主要的、正常的逻辑功能，使人一目了然，便于了解总体情况。

（3）确定对系统的查询要求，在这些查询要求中应该包括"立即得到回答"。因此要定义两种数据流，一种是外界向系统发送查询要求的数据流，另一种是系统响应后给出回答的数据流。

（4）画图的时候，先从左侧开始，标出外部项。左侧的外部项，通常是系统主要的数据输入来源。然后画出由该外部项产生的数据流和相应的处理逻辑，如果需要将数据保存，则标出其数据存储。接收系统数据的外部项一般画在数据流程图的右侧。

（5）数据流程图与程序流程图不同，前者完全不反映时间的顺序，只反映数据的流向，自然的逻辑过程和必要的逻辑数据存储；后者有严格的时间顺序，先做什么事，然后做什么事，有起始点和终止点，也反映循环过程。而数据流程图既不反映起始点，也不反映终止点，所有与计算机有关的专业技术都不在数据流程图中反映，这样才能和用户有共同语言。

（6）图 5-8 只是集中反映系统主要的、正常的逻辑功能和与之有关的数据变换，不反映出错和特殊处理。出错和特殊处理应该留在以后比较低层的数据流程图中。

(7)数据流程图不反映判断和控制条件。

(8)反复修改图5-8,再和输入/输出表相对照,检查是否有所遗漏或不符,在修改过程中要和用户详细讨论,也要和其他系统分析员讨论,直到取得一致意见为止。

(9)正式画出系统的数据流程图,尽量避免线条的交叉,必要的时候可以用重复的外部项符号和重复的数据存储符号。数据流程图中各种符号布局要合理、整齐和清楚,分布要均匀。

(10)根据图5-8,对其中每一个处理逻辑,要逐层向下扩展出详细的数据流程图,每一层数据流程图中的处理逻辑一般不超过七、八个。下一层的数据流程图中的输入和输出至少要和上一层数据流程图中的输入和输出相对应。当数据流程图扩展到足以把系统的全部逻辑功能都表达出来以后,这项工作就算完成了,最后可以形成一幅完整的数据流程图。

5.4.2 数据字典

数据字典对数据流程图上所有的数据都加以定义,并把它们按特定格式记录下来,以便随时查阅和修改。实际上,数据字典是数据流程图的辅助资料,它对数据流程图起着注解的作用。

数据字典最初用于数据库管理系统,它为数据库的用户、数据库管理员、系统分析员、程序员提供某些数据项的综合信息。实践证明,数据字典是一个十分有效的工具。因此在20世纪70年代中期,被用于结构系统分析中,成为一个重要的系统分析工具。

结构系统分析中的数据字典,主要用于描述数据流和数据存储的详细逻辑内容,同时也描述了外部项和处理逻辑的某些数据特性。

1. 数据元素

数据元素是数据的最小组成单位,也就是不可再分的数据单位。在数据字典中,对数据元素的定义包括以下四项内容:

(1)数据元素的名称。例如顾客名、供应商名、订货单编号、汽车配件名、当前库存量、订货量等,都是数据元素的名称。在整个系统中,数据元素的名称必须标识出这项数据元素,以区别于其他的数据元素。一般来说,数据元素的名称要尽量反映该元素的含义,使人容易理解和便于记忆。

(2)在其他场合下的别名。同一数据元素,其名称可能不止一个,而是有若干个,有些是因为习惯上的不同,有些是由于用户不同,有些是由于程序的不同,但都是指同一项数据元素。例如对仓库管理员来说是"订货单编号",而对采购员来说是"采购单编号",其实都是指同一个数据元素。如果称"订货单编号"是正式的数据元素名称,那么"采购单编号"就是该数据元素的别名,它用于采购部门。有时为了反映该数据元素的含义,其正式名称很长,但是在某些程序语言或数据库系统中,其字符个数是有限制的。例如在 IMS 数据库系统中,数据名称最多允许由 8 个字符组成,在这种情况下,要起个别名,或用缩写名称来代替该数据元素的正式名称。

(3)取值的范围和取值的含义是指数据元素可能取什么值或每一个值代表的意思是什么。例如在一个企业里实行基本工资加计件工资制度,财务部门每月计算一次职工的工资,那么"工资"就是一个数据元素。假设规定该企业职工每月工资最高不得超过 300 元,最低不得少于 40 元,那么"工资"这个数据元素的取值范围就是 40～300 元。此外,数据元素"工资"的值域是连续的,因为一个职工的工资可能是在这个范围内的任意一个数值(以元为单位,精确到 0.01 元)。又例如在人事档案中有婚姻状况一项,如果用 S、M、D、W 四个字母分别表示未婚、已婚、离婚、丧偶,那么数据元素"婚姻状况"的取值就是 S、M、D、W,其含义分别是未婚、已婚、离婚、丧偶。显然该数据元素的值域是离散的,也就是不连续的,只能取这四个值中的一个。因此可以在数据字典中对每一个数据元素的取值范围和取值的含义加以定义,便于系统分析员在分析问题时使用。再例如在计算工资时可以帮助检查错误,凡是高于 300 元或低于 40 元者都属于出错。

(4)数据元素的长度。在数据字典中记录数据元素的长度,有助于估计所需要的计算机存储容量。

除了上述四项主要内容以外,对数据元素的定义还包括对这项数据元素的简单描述,即与之有关的数据元素或数据结构,以及与之有关的处理逻辑。下面以一个数据元素定义的例子来进行说明:

数据元素定义

数据元素名称:考试成绩

简述:学生的期末考试成绩,共分四个等级

别名:成绩

长度:1 个汉字

取值/含义:

　　　优　95 分～100 分

　　　良　75 分～94 分

　　　中　60 分～74 分

　　　差　0 分～59 分

有关的数据元素或数据结构:学生档案

有关的处理逻辑:计算成绩

2. 数据结构

在系统分析阶段的数据字典中,是用数据结构(Data Structure)对数据之间的组合关系进行定义的,它完全是一种逻辑的描述。一个数据结构可以由若干个数据元素组成,还在可以由若干个数据结构组成,也可以由若干个数据元素和数据结构混合组成。显然这是一个递进的定义。

在数据字典中,对数据结构的定义包括以下几项内容:

(1)数据结构的名称。它用来标识这个数据结构,以区别于系统中其他的数据结构。在一般情况下,一个数据结构只有一个名称,不要有别名。

(2)数据结构的组成。如果是一个简单的数据结构,直接列出它所包含的数据元素就可以了。如果是一个嵌套的数据结构,只需要列出它所包含的数据结构名称,因为这些数据结构同样在数据字典中有定义。

除了上述两项主要内容以外,对数据结构的定义还包括对该数据结构的简单描述,即与数

据流或数据结构,以及与之有关的处理逻辑。下面以一个数据结构定义的例子来进行说明:

数据结构定义

数据结构名称:配件

简述:本公司经营的汽车配件的基本信息

组成:配件编号

配件名称

供应商

有关的数据流/数据结构:顾客的订货单、对供应商的订货单、配件库存

有关的处理逻辑:编辑订货单、计算应收款

在这个例子中,其组成部分"供应商"是一个数据结构,可以在数据字典中找到有关"供应商"的定义,其他的组成部分是数据元素,可以分别在数据字典中找到这些数据元素的定义。

3. 数据流

数据流(Data Flow)是数据结构在系统内传输的路径,在数据字典中,对数据流的定义要包括以下五项内容:

(1)数据流的来源。它可能来自系统的一个外部项,例如数据流"顾客的订货单",来自外部项——"顾客"填写的订货单,数据流也可能来自某一个处理逻辑,如来自处理逻辑"编辑订货单"。

(2)数据流的去处。一个数据流,其去处可能不止一处,它可能流向系统的某些外部项,也可能流向某些处理逻辑或数据存储,例如上面所说的数据流"顾客的订货单",从外部项"顾客"那里,流向处理逻辑"编辑订货单"。

(3)数据流的组成。一个数据流可能包括若干个数据结构,这时需要在数据字典中加以定义,如果该数据流只包括一个简单的数据结构,就不需要专门定义这个数据流,只要在有关的数据结构的定义中指明它就可以了。

(4)数据流的流通量,这是指在单位时间(每天或每周或每月)里的传输次数。例如汽车配件公司平均每天要处理500张顾客的订货单,那么该数据流的流通量是500份/天。如果对系统内所有数据流的流通量都有了一个大致的估计,那么在设计这个系统时,其处理能力也就知道了。

(5)高峰时期的流通量。有些业务活动的频繁程度往往和时间有关,例如礼品的销售在节日期间会急剧增加。又例如汽车配件公司营业部在每天早晨9:00~11:00这段时间里业务最忙。这段时间称作"高峰时期",要估计在高峰时期数据流的流通量。

下面以一个数据流定义的例子来说明:

数据流定义

数据流名称:供应商的发货单

简述:供应商向汽车配件公司发来货物时填写的发货单

数据流来源:供应商

数据流去向:"核对发货单"处理逻辑

数据流的组成:发货单标识

供应商

配件

流通量：50 份/天。

高峰时期流通量：每天上午 9：00 ~ 10：00 约 25 份

4. 数据存储

数据存储（Data Store）是数据结构停留或保存的地方，也是数据流的来源或去处之一。在数据字典中，只能对数据存储给以简单的描述，因为数据存储本身就是一个复杂的问题。例如数据逻辑存储结构的设计，数据的组织（包括逻辑组织和物理组织），数据的检索和查询要求等，都属于数据存储问题。在数据字典中，对数据存储定义的内容有以下四项：

（1）数据存储的名称及其编号。在数据流程图里，一个数据存储不但有自己的名称，一般来说还有一个编号，如 D1，D2 等。

（2）流入/流出的数据流。流入的数据流要指出其来源，流出的数据流要指出其去向。

（3）数据存储的组成。这是指它所包含的数据结构。

（4）立即存取分析。该数据存储是否要有立即存取的要求，如果有的话，其关键字是什么。

下面以一个数据存储定义的例子说明：

数据存储定义

数据存储名称：销售历史

编号：D5

简述：汽车配件公司从月初到现在所有配件的销售量

流入的数据流："对顾客的发货单"，来源是"产生发货单"处理逻辑

流出的数据流：销售量，去向是"产生销售报表"处理逻辑

数据存储的组成：配件编号、月份（年、月）、销售量

立即存取要求：有，关键字是"配件编号"和"月份"

5. 处理逻辑

处理逻辑的表达也是一个复杂的问题，每一个处理逻辑实际上就是一个程序。处理逻辑的表达工具有判断树、判断表、结构式语言等。要把这些全部定义在数据字典中也是不可能的，同数据存储一样，只能给予简单的描述。在数据字典中，对处理逻辑的定义主要有以下四项内容：

（1）处理逻辑在数据流程图里的名称，以及处理逻辑在数据流程图里的编号。处理逻辑的名称应该反映它的逻辑功能，例如"编辑订货单"，编号是 1.1.1。

（2）对处理逻辑简单的描述。其目的是使人知道这个处理逻辑是做什么用的，以及在什么场合下用的，实际上是对这个处理逻辑的名称做进一步的解释。

（3）处理逻辑的输入和输出。一般是指输入到该处理逻辑的数据流和由这个处理逻辑所产生的输出数据流，还要分别指明输入数据流的来源和输出数据流的去向。

（4）处理逻辑的主要功能描述，可以采用结构式语言，简单地概括它的逻辑处理功能，使程序员看到它以后，在头脑中形成一个比较明确的概念，知道应该如何去实现这个处理逻辑的功能。

处理逻辑在数据字典中的表达应该按"输入 – 处理 – 输出"的顺序排列。

下面以一个处理逻辑定义的例子说明：

处理逻辑定义

处理逻辑名称：编辑订货单

编号：1.1.1

简述：确定顾客的订货单是否填写正确

输入：顾客的原始订货单

来源：外部项"顾客"

处理：检索"配件"数据存储，验证订货单上填写的配件数据是否正确；检索"顾客"数据存储，若是老顾客，核对其数据是否正确（或是否发生变化），若检索不到，则是新顾客

输出：①合格的订货单，去向——处理逻辑"确定顾客订货"

②不合格的订货单，去向——外部项"业务员"

③新顾客，去向——处理逻辑"登录新顾客数据"

6. 外部项

外部项在数据字典中的定义包括以下两项内容：

(1)外部项的名称。

(2)有关的数据流。指由外部项产生的数据流或传递给该外部项的数据流。

下面以一个处理外部项定义的例子来进行说明：

外部项定义

外部项名称：顾客

简述：购买汽车配件公司货物的个人和单位

有关的数据流：来自顾客的订货单，付款；系统输出给顾客的发货单，收据

人数：约 7 000 户

5.4.3 数据存储结构规范化

数据存储结构规范化的目的是提高数据存储的质量和存取的效率（存储、查询、检索的效率），减少冗余，节约资源开销，提高数据的可修改性、一致性和完整性。

在结构系统分析中，数据存储结构规范化主要针对结构化的数据。现在数据库的类型大致有四类：层次模型、网状模型、关系模型和面向对象模型。现在用得较多的数据模型是关系模型，这里数据存储结构规范化是指用关系规范理论将一个非规范的数据结构划为规范的数据结构。一个非规范或低级规范式的数据结构易产生数据的冗余、数据的不一致性，造成一些插入和更新异常情况。

数据结构的规范化形式有：第一范式（First Normal Form，1NF）；第二范式（Second Normal Form，2NF）；第三范式（Third Normal Form，3NF）；BC 范式（BC Normal Form，BCNF）；第四范式（Forth Normal Form，4NF）等。在实际应用中数据存储结构达到第三范式就可以满足应用的要求。

结构系统分析中所使用的数据结构（Data Structure）相当于规范化理论所使用的"关系"（Relation），一个数据结构表达了数据元素之间的关系。结构系统分析中所使用的"数据元

素"(Data Element)相当于规范化理论所使用的属性(Attribute)。每一条记录称为一个元组(Tuple),含有两个属性的记录称为2元组,含有 n 个属性的记录称为 n 元组。在一个关系中的每一个元组(相当于一个文件中的每一条具体的记录值)必须用唯一的一个关键字(Key)标识出该元组以区别于关系中的其他元组。

1. 第一规范化形式(1NF)

在规范化理论中,关系必须是规范化的。所谓规范化是指在一个数据结构中所有的属性都是不可分的,没有重复出现的组项,换句话说,它是一个"平坦"的数据结构。任何一个规范化的关系都被称为第一规范化形式(First Normal Form),简称第一范式(1NF)。

以职工档案为例,如表5-2所示:

表 5-2　职工档案

工号	姓名	出生时间	……	受奖情况			
				获奖时间	奖励称号	获奖等级	奖励部门

注:受奖情况由获奖时间、激励称号、获奖等级、奖励部门四个属性来描述,因此它是一个复合数据项,这个数据结构是非平坦的数据结构。

人们在处理这个问题的时候,不规范的做法是将横向冗余法或纵向冗余法化为1NF。

纵向冗余法是将授奖情况以多次形式在表结构中表示来将复合数据项拉平。例如根据每个职工的授奖综合情况,以 4 次为限,转化为表5-3 的形式,虽然这样的结构使得每个属性都是最小的不可分的,且达到 1NF 的要求,但是此结构冗余,如大多数职工没有获奖或获奖次数小于 4 次,很多记录上的获奖信息栏是空的。同时,如果一个职工的获奖次数大于 4 次,则这样的结构无法反映该职工的全部获奖信息。

表 5-3　纵向冗余法化为 1NF 的结构

工号	姓名	出生时间	……	获奖时间1	奖励称号1	获奖等级1	奖励部门1	获奖时间2	奖励称号2	获奖等级2	奖励部门2	获奖时间3	奖励称号3	获奖等级3	奖励部门3	获奖时间4	奖励称号4	获奖等级4	奖励部门4	……

横向冗余法是直接将复合数据项拉平,即去掉上层的受奖情况,以增加记录的方式来描述职工多次获奖的信息。这样使得描述职工的基本情况的信息多次重复出项,造成横向冗余,如表5-4所示。

表 5-4　横向冗余法化为 1NF 的结构

工号	姓名	出生时间	……	获奖时间	奖励称号	获奖等级	奖励部门
001	张三	19650403		19920401	市劳模		大连市
001	张三	19650403		19920401	科技进步奖	一等	大连市
001	张三	19650403		19920401	科学发明	一等	辽宁省
……	……	……	……	……	……	……	……

规范的做法是将上述关系拆成两个关系,即把组合项拿出来单独形成一个关系:

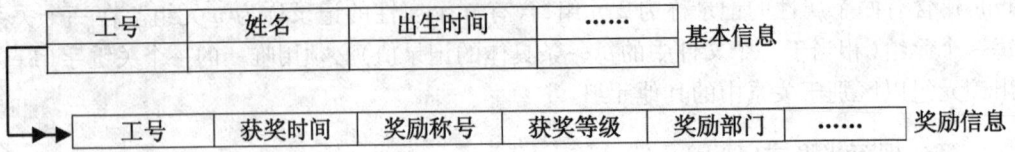

工号	姓名	出生时间	......	基本信息

工号	获奖时间	奖励称号	获奖等级	奖励部门	......	奖励信息

2. 第二规范化形式(2NF)

在引进第二规范化形式之前,先介绍函数依赖(Functional Dependence)的概念。

如果在一个数据结构 R 中,数据元素 B 的取值依赖于数据元素 A 的取值,那么我们称 B 函数依赖于 A。换句话说,A 决定 B,用"A→B"表示。

在一个数据结构(关系)中,有一个属性(或几个属性组合)能识别一条记录,称该属性(或几个属性组合)为关键字,其他的属性为非主属性。一般地,每个非关键字(非主属性)函数依赖于关键字。

部分和完全函数依赖:若关键字由若干个属性组成,如果非关键字函数依赖于整个关键字,则称为完全函数依赖;如果非关键字只是函数依赖于关键字的一部分,则称为部分函数依赖。

$$R = (a,b,c,d,e) \quad (a,b)为关键字,(a,b)→c,a→d,b→e$$

c 完全函数依赖于整个关键字。d,e 部分函数依赖于整个关键字

2NF 定义:如果一个规范化的数据结构,它所有的非关键字数据元素都完全函数依赖于整个关键字,我们称它为第二规范化形式(Second Normal Form)的数据结构,简称第二范式(2NF)。

根据第二规范化形式的定义,如果一个规范化的数据结构,其关键字仅由一个数据元素组成,那么它必然属于第二范式。如果关键字是由若干个属性组成的,要判别所有的非关键字与关键字的函数依赖关系,若存在部分依赖关系,则不属于 2NF。

例如:配件 – 供应商 – 库存关系

语义描述:配件编号代表每种配件(名称和规格),每种配件的库存量、价格、库存占用资金还和供应商有关,即同一配件可由不同的供应商供应,其价格、库存量及库存占用资金因供应商不同而不同。同一供应商可供应多种配件。

这个关系达到 1NF,因其所有的属性都是不可分的。用"配件编号 + 供应商名称"作关键字。根据语义描述,非关键字与关键字有如下的函数依赖关系。

配件 – 供应商 – 库存关系属性组成:

＊配件编号

配件名称

规格

＊供应商名称

供应商地址

价格(厂价)

库存量

库存占用资金

注:带＊号的属性为主码。

该关系属性间函数依赖：

配件编号→配件名称,配件编号→规格

供应商名称→供应商地址

配件编号＋供应商名称→价格(厂价),配件编号＋供应商名称→库存量

配件编号＋供应商名称→库存占用资金

因为"配件名称""规格""供应商地址"并不完全函数依赖于整个关键
字。存在非主属性部分函数依赖于关键字,所以它不属于2NF

对这样一个数据结构,可能会有如下问题。

(1)如果汽车配件公司准备引进一种新的汽车配件,知道它的名称和规格,给它规定一个配件编号,想把这种新配件插入"配件－供应商－库存"数据存储中去,但是配件公司还没有决定由哪一家供应商提供这种新配件,也就是还没有该配件的供应商数据和库存数据,就无法插入这项新配件的数据。(关键字不能为空)

(2)如果汽车配件公司和某家供应商断绝了业务关系,就没有必要再保存这家供应商的数据,而这家供应商恰恰是某种(或某几种)配件的唯一供应商,当把这家供应商的数据删除时,整个元组也就不存在了,那么这种(或这几种)配件的数据也都丢失了,这样会把不应该删除的数据也删除了。

(3)如果某家供应商的地址发生了变化,需要修改这家供应商的地址;但是有上百种或上千种配件是由这家供应商提供的,那么要逐个地修改"供应商地址",与这家供应商有关的元组一条也不能遗漏,这就为修改带来了麻烦。

显然第一规范化以后,属于第一范式的数据结构还是一个不理想的数据结构,需要进一步把它转换成第二规范化形式,对于关键字由若干个数据元素组成的数据结构而言,办法是必须确保所有的非关键字数据元素完全函数依赖于整个关键字,必要时把它分解成若干个属于2NF的数据结构,使每一个数据结构中的非关键字数据元素都完全函数依赖于整个关键字。"配件库存"可以分解成三个数据结构,"配件""供应商"和"配件库存",它们都是属于2NF的数据结构。

配件库存	配件	供应商
* 配件编号 * 供应商名称 　价格 (厂价) 　库存量 　库存占用资金	* 配件编号 　配件名称 　规格	* 供应商名称 　供应商地址

3. 第三规范化形式(3NF)

在引进第三规范化形式之前,先介绍"传递依赖"(Transitive Dependence)的概念。

假设A,B,C分别是同一个数据结构R中的三个数据元素,或分别是R中若干个数据元素的集合。如果C函数依赖于B,而B又函数依赖于A,那么C也函数依赖于A,我们称"C传递依赖于A",说明数据结构R中存在着传递依赖关系。即：

若A→B　B→C,则A→C

3NF 定义:如果一个属于第二范式的数据结构,它所有的非关键字数据元素都是彼此函数独立的,换句话说,在所有的非关键字数据元素之间,不存在函数依赖关系,那么我们称它是第三规范化形式(Third Normal Form)的数据结构,简称第三范式(3NF)。

例如:

配件库存		配件库存
* 配件编号 * 供应商名称 价格(厂价) 库存量 库存占用资金	3NF →	* 配件编号 * 供应商名称 价格(厂价) 库存量

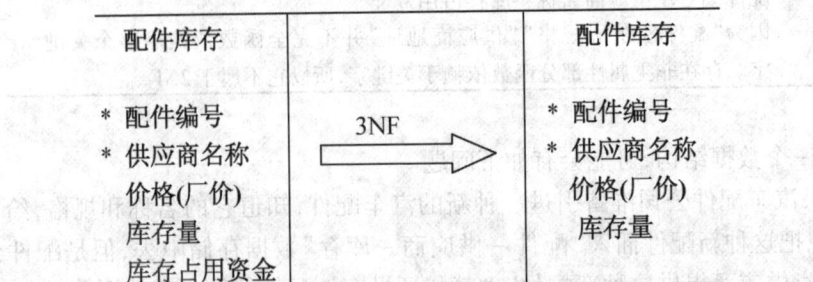

"配件库存"已经是第二范式的数据结构,但是存在着传递依赖关系。因为"库存占用资金"函数依赖于"库存量"和"价格",这三个数据元素都是属于非关键字,而"库存量"和"价格"都完全函数依赖于整个关键字;因此"库存占用资金"传递依赖于关键字。这说明在非关键字域中,存在着冗余的数据元素,因为已知"库存量"和"价格",就必然能够计算出"库存占用资金",它作为一个数据元素存在,为修改"配件库存"带来不便,每当修改"库存量"的时候,就必须修改"库存占用资金",这显然是不合理的。

例如:有若干项工程,每项工程都有规定的完工日期,每项工程要由若干职工完成,每个职工只能承担一项工程,每个职工都有固定的工资。

那么可以设计一个称为"分派职工任务"的数据存储的数据结构:

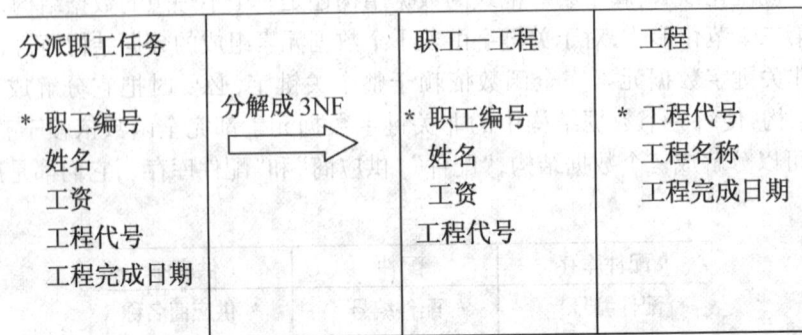

分派职工任务		职工—工程	工程
* 职工编号 姓名 工资 工程代号 工程完成日期	分解成 3NF →	* 职工编号 姓名 工资 工程代号	* 工程代号 工程名称 工程完成日期

在一个单位里,不同的职工可能同名同姓,因此只有"职工编号"才能唯一地标识出这个职工及其所承担的工程,显然"分派职工任务"是第二范式的数据结构。

"分派职工任务"数据结构中存在着传递依赖关系,因为"工程完成日期"函数依赖于"工程代号",而"工程代号"依赖于关键字"职工编号"。

如果又增加一个新的工程项目,规定了它的代号和完成日期,但是还没有指派由哪些职工承担,这时就无法插入这项新工程的数据。

即使是第二范式,"分派职工任务"的数据结构也仍然存在上述插入、删除、修改等异常问题,产生的原因就是存在着传递依赖关系。解决的办法是去掉传递依赖关系,必要时分解成若干个第三规范化形式的数据结构。

对于"分派职工任务"数据结构,可以把它分解成两个第三范式的数据结构,即"职工-工程"和"工程"。

4. 数据存储结构规范化的步骤

把一个非规范化的数据结构转换成第三规范化形式的数据结构一般要经过以下几个步骤:

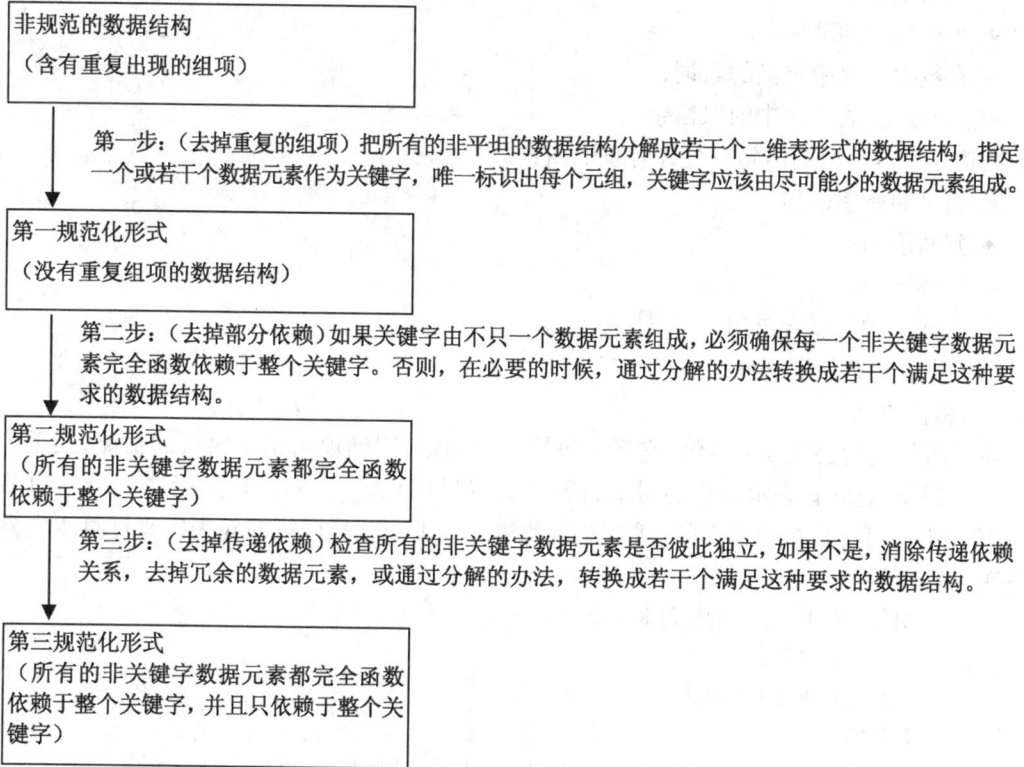

```
┌─────────────────────────────┐
│ 非规范的数据结构              │
│ (含有重复出现的组项)          │
└─────────────────────────────┘
      │   第一步:(去掉重复的组项)把所有的非平坦的数据结构分解成若干个二维表形式的数据结构,指定
      │   一个或若干个数据元素作为关键字,唯一标识出每个元组,关键字应该由尽可能少的数据元素组成。
      ▼
┌─────────────────────────────┐
│ 第一规范化形式                │
│ (没有重复组项的数据结构)      │
└─────────────────────────────┘
      │   第二步:(去掉部分依赖)如果关键字由不只一个数据元素组成,必须确保每一个非关键字数据元
      │   素完全函数依赖于整个关键字。否则,在必要的时候,通过分解的办法转换成若干个满足这种要
      │   求的数据结构。
      ▼
┌─────────────────────────────┐
│ 第二规范化形式                │
│ (所有的非关键字数据元素都完全函数│
│  依赖于整个关键字)            │
└─────────────────────────────┘
      │   第三步:(去掉传递依赖)检查所有的非关键字数据元素是否彼此独立,如果不是,消除传递依赖
      │   关系,去掉冗余的数据元素,或通过分解的办法,转换成若干个满足这种要求的数据结构。
      ▼
┌─────────────────────────────┐
│ 第三规范化形式                │
│ (所有的非关键字数据元素都完全函数│
│  依赖于整个关键字,并且只依赖于整个关│
│  键字)                        │
└─────────────────────────────┘
```

在实际的应用中,并不是所有的数据结构都要达到三范式,在某些特殊情况下,为了提高运行效率,缩短响应时间,允许设计成 2NF 甚至是 1NF 的数据结构。如某些常用于查询的且是较复杂的数据结构。

5.4.4　处理逻辑的分析与表达

在系统分析阶段对系统中的每一个功能单元,应该给以详细的说明,使得用户、系统设计员和程序设计员都了解它的具体逻辑功能,对功能单元的表达,是指对它的逻辑功能、而不是物理功能的表达。也就是要说明这个功能单元应该完成什么事情,而没有必要说明它用什么技术如何去完成这件事。系统的最小功能组成部分就是最低一层的数据流程图中的每一个处理逻辑,通常我们把这种处理逻辑称作“功能单元”。

处理逻辑的分析与表达方法(或称工具)有三个:结构式语言(Structured Language)、判断树(Decision Tree)、判断表(Decision Table)。

1. 结构式语言

结构式语言是一种介于自然语言和程序语言之间的语言。之所以称为“结构式语言”,是因为受到结构程序设计思想的启发而扩展出来的。我们已经知道,结构程序设计只允许有三

种基本结构,任何一个程序可以由三种基本结构表达,即顺序结构、判断结构和循环结构。结构式语言和自然语言的不同之处在于它只用了极其有限的词汇和语句,同程序设计语言的不同之处在于没有严格的语法规定。

结构式语言使用的词汇主要有以下三类:

- 祈使句中的动词;
- 在数据字典中定义的名词;
- 某些逻辑表达式中的保留字。

结构式语言使用的语句只允许有以下四类:

- 简单的祈使语句;
- 判断语句;
- 循环语句;
- 上述三种的复合语句。

结构式语句有如下三种:

(1)祈使语句

祈使语句是指要做什么事情,它至少包括一个动词,明确地指出要执行的功能,还至少包括一个名词作为宾语,表示动作的对象,祈使句要尽量简短。例如,"计算运费""获得订货数量""单价乘以订货数量得到金额"等都是祈使语句。下面就是用祈使句来定义计算水电费这个处理逻辑的例子。

> 对每户在本月应交的房租水电费。
>
> 获得当前水表数。
>
> 获得上月底的水表数。
>
> 计算如下:
>
> 当前水表数减去上月底的水表数,得到本月实际用水吨数。
>
> 0.12 元乘以实际用水吨数得到水费。
>
> 将水费加到应交房租水电费中。
>
> 获得当前电表数。
>
> 获得上月底的电表数。
>
> 当前电表数减去上月底的电表数得到本月实际用电度数。
>
> 0.16 元乘以实际用电度数得到电费。
>
> 将电费加到应交房租水电费中。
>
> 将房租加到应交房租水电费中。
>
> 得到住户的应交房租水电费。

下面是一段用自然语言表达"计算每户每月的房租水电费"的过程:

"住户每月的应交房费由三项费用组成:第一项是每月固定的房租,第二项是水费,第三项是电费。每一吨水的费用是 0.12 元,每度电的费用是 0.16 元。查住户本月底的水表数,然后减去上月底的水表数,就可以得到住户在本月的实际用水量,再用 0.12 元乘以实际用水吨数,算出本月的应交水费。查本月底的电表数,再减去上个月底的电表数,就得到该住户在本月的实际用电量,用 0.16 元乘以实际用电度数,算出本月的应交电费。最后把房租费、水费和电费相加起来,得到该住户在本月应该交的房租水电费。"

对这段用自然语言描述的计算每户每月应交房租水电费的过程,也可以用结构式语言表达,其中的每一条语句都是祈使句。

（2）判断语句

判断语句类似于结构程序设计中的判断结构,它的一般形式如下:

如果　　条件 1
　　　则　动作 A
否则(条件 1 不成立)
　　　就　动作 B

例如:

如果　　温度大于 25 ℃
　　　则　启动空气调节器
否则　　（温度小于或等于 25 ℃）
　　　　关闭空气调节器

在判断语句中,每一个动作也可以是一组祈使语句,或是循环语句,甚至是另外一个判断语句。

如果　　条件 1
　　　则　如果　　条件 2
　　　　　　　则　动作 C
　　　否则　　　（条件 2 不成立）
　　　　　　　则　动作 B
否则　　　　　（条件 1 不成立）
　　　就　　　动作 A

例如:

如果　　下雨
　　　则　如果　　刮风
　　　　　　则　穿雨衣
　　　否则　　（不刮风）
　　　　　就　带雨伞
否则　　　　（不下雨）
　　　就　　　　不带任何雨具

这句话表示了如果下雨并且刮风就穿雨衣出门,如果下雨但是不刮风就带雨伞出门,如果不下雨,则不带任何雨具出门。

有的时候,对同一个条件可能有若干种不同的状态,而且这些状态不会同时发生,只能发生其中的一种。在这种情况下,对不同的状态,会选择不同的策略:

情况 1　　则　选择　　动作 A1
情况 2　　则　选择　　动作 A2

......
情况 n   则   选择   动作 An

对于一个情况,只能采取一项动作,因此判断语句还可以有另外一种形式:
如果   情况 1
      则   动作 A1
否则
如果   情况 2
      则   动作 A2
否则
...
如果   情况 n
      则   动作 An
否则
      就   出错处理

例如:
判断学生考试成绩,按考卷成绩给等级
    考试分数   等级
    95 分 ~ 100 分   优
    75 分 ~ 94 分   良
    60 分 ~ 74 分   中
    0 分 ~ 59 分   差

    如果   95 分 ~ 100 分
      则   定为优
    否则
    如果   75 分 ~ 94 分
      则   定为良
    否则
    如果   60 分 ~ 74 分
      则   定为中
    否则
    如果   (0 分 ~ 59 分)
      就   定为差

(3)循环语句
循环语句是指在某种条件下,连续执行相同的动作,直到这个条件不成立为止,它也可以明确地指出对每一件相同的事务,都执行同一个动作。

例如:计算房租水电费,是对每一户都要这样计算的,不仅要计算每一户应交的费用,而且还要计算所有住户所交房费的总和,其循环语句可以这样写:

对每一户

计算房租水电费

将房租水电费加到总计中

例如:"开发货单并且修改库存",其编号是 1.1.4,用循环语句表达如下。

1.1.4　开发货单并且修改库存

对每一张订货单:

01　将顾客名称和地址写到发货单上

02　对订货单上的每一项汽车配件:

按配件编号检索 D3"配件库存"文件,获得当前库存量

当前库存量减去订货数量得到新库存量

按新库存量修改"配件库存"文件

单价乘以订货数量得到金额

将金额加到合计金额中

将金额写到发货单上

03　将合计金额写到发货单上

2. 判断树

对于比较复杂的逻辑判断:如某个动作的执行不是只依赖于一个条件,而和若干个条件有关,那么就比较复杂,虽然可以用结构式语言表达,却可能要使用很多层次的判断语句,因此不能一目了然,甚至在一个处理逻辑中有若干个策略,而每一个策略又和若干个条件有关。在这种情况下使用"判断树"(Decision Tree),它可以用图形明确地指出每一个策略和条件组合的对应关系。

在看一张判断树图形的时候,要从左边(树根)开始,沿着各个分支向右看,根据每一个条件的取值状态可以找出应该采取的策略(动作),所有的动作都列在最右侧(树梢的右侧)。

例如:某工厂制定了一项对职工的超产奖励政策:对产品 X 和产品 Y,凡是实际生产数量超过计划指标者,均可获得奖金,原则是超产越多,奖金就越多。

对产品 X,实际生产数量超过计划指标 1 件至 50 件,奖金按超产部分的每件 0.10 元计算,实际生产数量超过计划指标 51 件至 100 件,其中 50 件按每件 0.10 元计算,其余部分按每件 0.12 元计算,实际生产数量超过计划指标的 100 件以上,其中 50 件按每件 0.10 元计算,另外 50 件按每件 0.12 元计算,其余部分按每件 0.15 元计算。

对产品 Y,实际生产数量超过计划指标 1 件至 25 件,奖金按超产部分的每件 0.20 元计算,实际生产数量超过计划指标 26 件至 50 件,其中 25 件按每件 0.20 元计算,其余部分按每件 0.30 元计算,实际生产数量超过计划指标的 50 件以上,其中 25 件每件按 0.20 元计算,另外 25 件按每件 0.30 元计算,其余部分按每件 0.50 元计算。

如果这项政策用结构式语言表达,可能需要花一些时间才能写出,但是用判断树却能够很

快地表达出来。

在这项奖金政策中：

(1)有两个条件,第一个条件是产品种类,我们用 G 表示,第二个条件是超产数量,即实际生产数量减去计划指标余下的部分,我们用 N 表示。

(2)第一个条件:产品种类 G 共有两个状态,取值分别是产品 X,产品 Y,第二个条件:超产数量 N,它的状态和产品种类有关,共有 6 种状态。对产品 X,超产数量 N 的取值范围是 $1 \leq N \leq 50, 50 < N \leq 100, N > 100$;对产品 Y,超产数量 N 的取值范围是 $1 \leq N \leq 25, 25 < N \leq 50, N > 50$。

(3)有 6 项动作,即 6 个奖金计算公式。

(4)每一个奖金计算公式都和产品种类 G 与超产数量 N 有关。

这项奖励政策的决策树如图 5-9 所示：

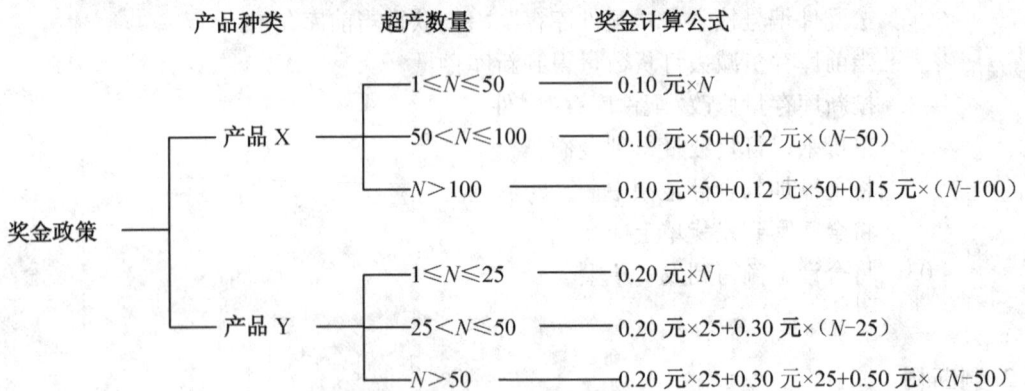

产品种类	超产数量	奖金计算公式

```
                                    ┌── 1≤N≤50 ──── 0.10 元×N
                   ┌── 产品 X ──────┤── 50<N≤100 ── 0.10 元×50+0.12 元×(N-50)
                   │                └── N>100 ───── 0.10 元×50+0.12 元×50+0.15 元×(N-100)
  奖金政策 ────────┤
                   │                ┌── 1≤N≤25 ──── 0.20 元×N
                   └── 产品 Y ──────┤── 25<N≤50 ── 0.20 元×25+0.30 元×(N-25)
                                    └── N>50 ────── 0.20 元×25+0.30 元×25+0.50 元×(N-50)
```

图 5-9 奖励政策判断树

用结构式语言等价表达这个判断逻辑：

如果　是产品 X

　　则　如果　1 件≤超产数量 N≤50 件

　　　　则　奖金 =0.10 元 × N

　　　　否则

　　　　如果　50 件 < 超产数量 N≤100 件

　　　　则　奖金 =5 元 +0.12 元 ×(N -50)

　　　　否则

　　　　如果　超产数量 N >100 件

　　　　则　奖金 =11 元 +0.15 元 ×(N -100)

　　　　否则　(N≤0)

　　　　　就　无奖金

　　否则　(是产品 Y)

　　则　如果　1 件≤超产数量 N≤25 件

　　　　则　奖金 =0.20 元 × N

　　　　否则

　　　　如果　25 件 < 超产数量 N≤50 件

则　　奖金 $=5$ 元 $+0.30$ 元 $\times(N-25)$

否则

如果　超产数量 $N>50$ 件

则　　奖金 $=12.5$ 元 $+0.50$ 元 $\times(N-50)$

否则　（$N\leqslant0$）

就　　无奖金

显然在表达一项复杂判断逻辑的时候,判断树比结构式语言更清楚、更直观,更易于理解。

3. 判断表

判断表(Decision Table)也是一种表达判断逻辑的工具,它的优点是能够把所有的条件组合一个不漏地表达出来。特别是当条件很多,而且每一个条件的取值有若干个,相应的动作也有很多的情况。在分析这类问题时,判断表比判断树更有效,它能帮助系统分析员澄清问题,甚至能够发现用户可能遗漏的尚未提出的逻辑要求。

例如:某工厂人事部门,对一部分职工重新分配工作,其分配原则如下:

对这部分职工,如果年龄不满 20 岁,文化程度是小学,则脱产学习;文化程度是中学,则当电工。如果年龄满 20 岁但不满 40 岁,如果文化程度是小学或中学,若是男性,则当钳工;若是女性,则当车工;文化程度是大学,当技术员。如果年满 40 岁及以上者,文化程度是小学或中学,则当材料员,文化程度是大学,则当技术员。

这是一个复杂的逻辑判断,用判断表来表述:

(1)这项政策的条件有三个:性别、年龄、文化程度。

(2)每一个条件的取值:性别(男 M,女 F)、年龄(小于 20 岁 C,大于等于 20 岁并且小于 40 岁 Y,大于等于 40 岁 L)、文化程度(小学 P,中学 S,大学 U)。

(3)所有条件的组合,因为性别有两个取值,年龄有三个取值,文化程度有三个取值,所以总的组合数:$2\times3\times3=18$

(4)这项政策可能采取的策略有六项(行动方案有六个):脱产学习,当电工,当钳工,当车工,当技术员,当材料员。

(5)画出判断表。判断表分为三个部分:第一部分条件组合数,本例中共 18 个;第二部分为条件及条件取值组合;第三部分为策略行动名及在相应的条件组合下所采取的行动。

依次填充表中各项,得出初始判断表(如表 5-4)。

①在表的第一行填上组合数序号;

②在表的第二部分填上每个条件名及取值的连续出现情况,得到所有的条件组合。

填入第一个条件的取值,因为共有 18 种组合,如果第一个条件是性别,取值有两个,分别是 M 和 F,那么每一个取值在第一行连续出现的次数 $18\div2=9$,因此 1~9 列填 M,10~18 列填 F,如表 5-4 所示。

填入第二个条件的取值,即年龄的取值共有三个,分别是 C、Y、L,如果每个取值在第二行中连续出现的次数等于第一行中每个取值连续出现的次数,那么被本行条件取值的个数除,即 $9\div3=3$

填入第三个条件的取值,即文化程度的取值共有三个、分别是 P、S、U,如果每一个取值在第三行中连续出现的次数等于上一行(第二行)中每个取值连续出现的次数时,那么被本行条

件取值的个数除,即 $3 \div 3 = 1$

③填入行动名,分析每一种条件组合应该采取的行动,在相应的格子里填写符号"×"。例如第一列,男性,年龄未满 20 岁,文化程度是小学,动作是脱产学习,则应该在第一列,动作是脱产学习这一行填上填写符号"×"。

由表可知,第 3 列和第 12 列的条件组合没有相应的动作,说明这项动作没有考虑到年龄未满 20 岁但文化程度是大学的男性或女性职工应该分配什么工作。虽然按常理,这种情况似乎不可能出现,但是如果出现这种情况,则会束手无策。

当系统分析员指出这种遗漏后,用户应该重新修改这项政策,并将修改的结果告诉系统分析员。假定本例修正后的策略是:如果出现这种情况,则不论男女,都分配当技术员,修正的结果如表 5-4 所示。

表 5-4 初始判断表

	1	2	3	4	5	6	7	8	9	10	11	12	13	14	15	16	17	18
性别	M	M	M	M	M	M	M	M	M	F	F	F	F	F	F	F	F	F
年龄	C	C	C	Y	Y	Y	L	L	L	C	C	C	Y	Y	Y	L	L	L
文化程度	P	S	U	P	S	U	P	S	U	P	S	U	P	S	U	P	S	U
脱产学习	×									×								
当电工		×									×							
当钳工				×	×													
当车工													×	×				
当材料员						×	×									×	×	
当技术员			×					×	×			×			×			×

(6)简化判断表:在列出包括全部条件组合的判断表以后,就需要采取适当的办法对判断表逐步进行化简,直到不能化简为止。化简的办法就是合并,其原则是在相同的动作下,检查它所对应的各列条件组合中是否存在无须判断的条件,如果存在,就可以合并。

例如上表中的第一列和第十列的条件组合,对应的动作相同,都是"脱产学习"。它们在第一行的取值各不相同,分别是"M"和"F",这包括了第一行条件,即性别的全部取值,这两列在第二行的条件取值相同,都是"C",在第三行的条件取值也相同,都是"P"。这意味着,不论是男性或女性,只要该职工年龄不满 20 岁,文化程度是小学,就脱产学习。存在着无须判断的条件,即性别。因此第一列和第十列可以合并,合并后在第二行和第三行条件取值符号不变,只要把第一行的条件取值符号改为"/"即可,表示对此条件无须判断。按这种合并原则,一步一步地将判断表进行简化。最后化简的判断表如表 5-5 所示。

表 5-5　简化后的判断表

	1	2	3	4	5	6	7	8	9
性别	/	/	/	M	M	/	/	F	F
年龄	C	C	/	Y	Y	L	L	Y	Y
文化程度	P	S	U	P	S	P	S	P	S
脱产学习	×								
当电工		×							
当钳工				×	×				
当车工								×	×
当材料员						×	×		
当技术员			×						

对于这个复杂的逻辑判断,可以用判断树和结构式语言来表示。

判断树:

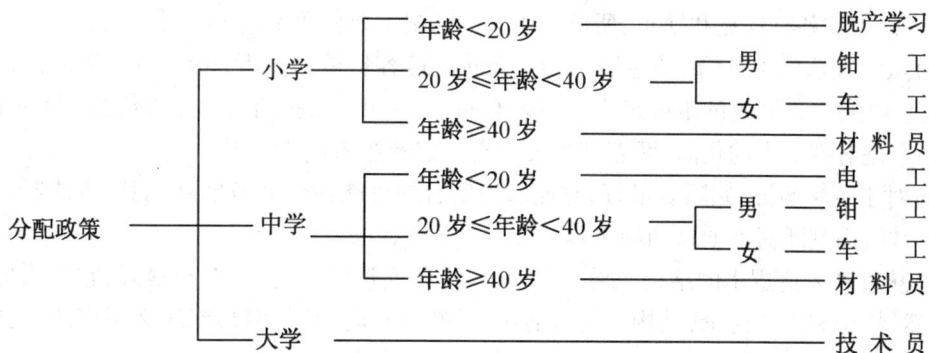

结构式语言

对每一个职工:

　　如果　　文化程度是小学

　　　则　如果　年龄<20 岁

　　　　　　则　脱产学习

　　　　否则

　　　如果 20 岁≤年龄<40 岁

　　　　　则　如果　男性

　　　　　　　　则　当钳工

　　　　否则 （女性）

　　　　　　就　当车工

　　　否则(年龄≥40 岁)

　　　　　就　当材料员

　　否则

```
如果  文化程度是中学
    则   如果   年龄 <20 岁
              则   当电工
        否则
        如果   20 岁 ≤ 年龄 <40 岁
              则   如果 男性
                      就   当钳工
                  否则(女性)
                      就   当车工
        否则   （年龄 ≥40 岁）
                  就   当材料员
    否则   （文化程度是大学）
        就   当技术员
```

4. 三种表达工具的比较

在表达一个处理逻辑的时候,结构式语言、判断树和判断表一般都要交替使用,互为补充。因为这三种工具各有优点和缺点,所以在不同的情况下要使用不同的工具。

(1)从掌握这项工具的难易程度上讲,判断树最容易被初学者接受;易于掌握;结构式语言的难度居中;而判断表的难度最大。原因有两个,一个是要把所有的条件组合一个不漏地列出;另一个是对判断表的化简,两者都需要具有一定的逻辑代数知识。

(2)对于逻辑验证,判断表最好,它能够把所有的可能性全部考虑到,能够澄清疑问,结构式语言较好;而判断树不如这两项工具。

(3)从直观表达逻辑的结构来看,特别是表达判断逻辑结构,判断树最好,它用图形表达,一目了然,易于和用户讨论,结构式语言居中,虽然它不能用图,但却能用文字表达,也能使人看懂,而判断表的表达能力最低,一般来说,用户不易看懂。

(4)作为程序设计资料,结构式语言和判断表最好,而判断树却远不如这两项工具。

(5)对于机器的可读性,也就是计算机自动编制程序,判断表和结构式语言的机器可读性最好,能够由计算机自动生成程序,而判断树却不好,没有这种可读性。

(6)对于可修改性,结构式语言的可修改性较高,判断树居中,而判断表的可修改性最低。当处理逻辑发生变化时,例如要想增加一个条件或减少一个条件,或者改变某个条件的取值,就会改变所有的条件组合,需要重新建立判断表。所以对判断表来说,其可修改性最低。

通过对上述各种情况的分析,我们可以得到以下结论:

(1)对于一个不太复杂的判断逻辑,也就是说,条件只有 2 个或 3 个,条件组合最多只有15 个,相应的动作也只有 10 个左右,或者是作为判断表的图形表达要和用户共同讨论,在这两种情况下,使用判断树最好。

(2)对于一个复杂的判断逻辑,条件很多,组合也很多,相应的动作有任意多个。在这种情况下,使用判断表最好。

(3)在一个处理逻辑中,既包含了一般的顺序执行动作,又包含了判断或循环逻辑的过程,使用结构式语言最好。

5.4.5　数据立即存取分析图

数据立即存取分析图反映了用户对数据的立即存取要求,指出了对数据存储的逻辑存取路径。一般指对数据结构建立主键和索引。现在在系统分析中用得不多。这里不做介绍了。

5.4.6　结构图

结构图是结构系统设计的主要工具。在 1974 年,美国的斯蒂文斯(W. Stevens),梅约斯(G. Myers)和康斯坦丁(L. Constantine)三人联名在 IBM 系统杂志(IBM Systems Journal, V01. 13, No.2)上发表了一篇题目是"结构化设计"(Structured Design)的论文,第一次提出了结构系统设计的思想,指出可以用一组标准的工具和准则从事系统设计工作。即结构系统设计是:"用一组标准的准则和工具帮助系统设计员确定系统应该由哪些模块,用什么方式联结在一起,才能构成一个最好的系统结构。"

其中"结构图"(Structure Chart)就是一项主要工具,用于表达系统内各个部分的组织结构和相互关系,解决了传统方法所不能解决的问题。

对于一个复杂的大系统,在设计时把系统分解成若干个"暗盒"模块,然后再考虑把这些"暗盒"模块用什么方式联结在一起,才能构成一个最好的系统结构。

"暗盒"模块是具有四种属性的一组程序语句,这四种属性分别是输入和输出、逻辑功能、运行程序、内部数据。输入和输出、逻辑功能是模块的外部属性,而运行程序、内部数据是模块的内部属性。

在把一个系统分解成若干个暗盒模块时,应该注意四条原则:

①每一个暗盒模块应该只解决一个问题;

②每一个暗盒模块的功能都应该明确,使人容易理解;

③在分解时,要指出暗盒模块之间的联结关系;

④在分解时,要使暗盒模块之间的联结关系尽可能的简单,模块尽可能地具有独立性。

结构图可以表达一个已经被分解成由若干个暗盒模块组成的系统结构,表达了这些模块之间的接口,即层次和通信关系。

结构图有很多优点:

①由于它是图形,所以具有很高的可读性,容易使人理解,也容易和用户讨论;

②它是自顶向下逐层扩展的图形,因此能够表达总体一级的系统结构;

③它既有严密性,又有灵活性;

④易于维护和修改。

结构图能够准确地表达系统中各个组成部分以及这些组成部分之间的联结关系,因此它具有很强的严密性,从而完全符合系统分析员所确定的逻辑要求。它还具有很高的灵活性,易于维护和修改,因为它是模块化的层次结构,所以能够随着数据流程图的改变而变动。

结构图作为系统的设计蓝图,不但能够用于设计阶段,而且还是以后几个阶段的工作依据,它有助于程序设计、系统测试、系统维护等各项工作的顺利进行。

1. 结构图中的符号

(1)模块:在结构图中,一个模块用一个矩形表示,模块的名称写在方框的里面,如图 5-10 所示。

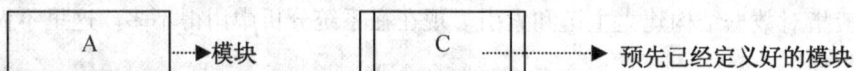

图 5-10　模块图形表示

(2)模块之间的联结:反映模块间的调用和被调用关系,用箭线表示。

模块间的调用关系靠通信,模块间的通信有两种,一种是数据通信,另一种是控制通信,如图 5-11 所示。一个模块向另一个模块发送数据流,就是数据通信,这个数据流可以是数据结构,也可以是数据元素,并且已经被发送模块处理过。而标志并没有被发送模块真正处理过,它只是表达了数据的某种状态。例如读到文件末尾后产生一个文件结束标志 EOF(End of File)。又例如对某项数据经过有效性检验以后,产生"正确"或"不正确"的标志,这些都属于控制信息。

图 5-11　模块间的通信符号

(3)模块间的判断调用:一个模块调用另一个从属模块,依赖于其内部的判断条件,如果条件成立,就产生调用命令,如图 5-12 所示。

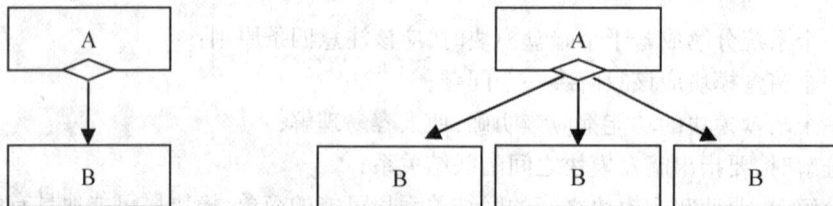

图 5-12　模块判断调用图

(4)模块间的循环调用:

模块间的循环调用如图 5-13 所示。

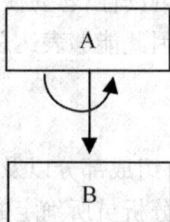

图 5-13　模块循环调用图

结构图就是用上述图形符号,将结构系统设计结果表达出来。

2. 模块的设计原则

降低模块间的联结程度,提高模块的内部紧凑性:

(1)模块之间的联结

影响模块之间联结程度的因素有两个:一是两个模块之间的联结形式,二是接口的复杂性。

两个模块之间的联结形式有五种,按照从好到坏(联结程度由低到高)排列如下:

- 数据联结:如果两个模块之间的通信信息是若干个参数,其中每一个参数都是一个数据元素,那么这种联结称为数据联结,数据联结是模块之间进行信息通信的一种必不可少的联结形式,在模块之间传输的数据元素越少,产生的不利影响就越小。
- 特征联结:如果两个模块都与同一个数据结构有关,那么这种联结称为特征联结。
- 控制联结:如果模块 A 向模块 B 所传递的信息控制了模块 B 的内部逻辑,那么模块 A 和 B 之间的联结称为控制联结。
- 公共联结:如果某个模块都和同一个公用数据域有关,那么在这两个模块之间存在着公共联结。
- 内容联结:如果一个模块和另一个模块的内部属性(运行程序或内部数据有关),那么这种联结称为内容连接。

在设计模块时,应该以数据联结为主,特征联结为辅,必要时才建立控制联结,坚决消除公共联结和内容联结。

(2)模块内部的紧凑性

决定系统结构的另一个重要因素就是每一个模块内部的紧凑性(Cohesion),模块内部的紧凑性,主要表现在模块内部各部分为了执行处理功能而组合在一起的相关程度,即组合强度。

模块的功能越简单,其内部紧凑性就越高。

①功能组合

如果一个模块内部的各个组成部分的处理动作都为执行同一个功能而存在,并且只执行一个功能,那么这种组合称为功能组合。功能组合的模块,其内部紧凑性最高,与其他模块的联结形式也最好,是"暗盒"模块。

②顺序组合

如果一个模块内部的各个组成部分执行的几个处理动作有这样的特征,前一个处理动作所产生的输出数据是下一个处理动作的输入数据,那么这种组合称为顺序组合。顺序组合模块的紧凑性比较高;其模块联结形式也比较好(联结程度较低),但两者都略于功能组合模块。

③通信组合

如果一个模块内各组成部分的处理动作都使用相同的输入数据或产生相同的输出数据,那么这种组合称为通信组合,通信组合模块的紧凑性略低于顺序组合模块,也是属于"不完全暗盒的盒子",但是在某些情况下还是可以接受的,而且它和其他模块间的联结形式也比较简单。典型的通信组合模块和输入/输出有关。

④过程组合

如果一个模块内各个组成部分的处理动作各不相同,彼此也没有什么关系,但它都受同一个控制流支配,决定它们的执行次序,那么这种组合称为过程组合。

实际上,过程组合模块就是若干个处理动作的公共过程单元。这些处理动作要完成的功能彼此之间并没有什么联系。过程组合模块和顺序组合模块有本质的不同,后者中每一个处理动作产生的输出数据流,必定是下一个处理动作的输入数据流,彼此有密切的关系,而前者的所有处理动作彼此无关,只是受同一个控制流(不是数据流)的支配,而聚集在公共过程单元(这个模块)之中,它可能是一个循环体,也可能是一个判断过程,也可能是一个线性的顺序执行步骤。过程组合模块的内部结构通常是由程序流程图直接演变出来的,目的是想要强调执行次序、方法或运行效率,它的特点是当它从上级模块接收数据,经过变换以后,返回给上级模块的数据却可能是零散的,彼此间没有多少关系的数据。

⑤暂时组合

如果一个模块内的各个组成部分,它们的处理动作和时间有关,那么这种组合称为暂时组合。这意味着在系统运行的时候,该模块中的各个处理动作必须在特定的时间限制之内执行完,虽然这些处理动作彼此无关。一般来说,暂时组合模块内部各个组成部分的处理动作只执行几次,但是它却可能影响到其他许多模块的运行,因此和其他模块之间的联结程度比较高,而且联结范围也比较宽。其紧凑性很低,可修改性也低,维护起来也比较困难。

⑥逻辑组合

如果一个模块内部各个组成部分的处理动作在逻辑上相似,但功能却彼此不同或无关,那么这种组合称为逻辑组合。

什么是"逻辑相似"?假设有一个人外出去旅行,他可以乘汽车,或乘火车,或乘飞机,或乘轮船,这四种方式在逻辑上相似,都是乘交通工具旅行,但具体的交通工具却完全不同,而且只能选择其中的一种,即所执行的功能不同。

例如把所有的输入操作全都放在一个模块中,读一张控制卡,或从磁带上读一个事务文件记录,或是从磁盘上读一个主文件记录。又例如把编辑各种输入数据的功能全放在一个模块中,或把输出各种错误信息的处理功能放在一个模块中,都属于逻辑组合模块。

一个逻辑组合模块往往包括若干个逻辑相似的处理动作,像一个百宝箱,需要什么就从中选一个。在使用这个模块时,先要确定适当的参数值,因为每一个处理动作都依赖于参数的取值。所以调用模块必须完全知道该模块的内部属性,因此逻辑组合模块是一个"完全透明的盒子",几乎没有什么紧凑性,它和其他模块之间的联结形式相当复杂,存在着很多控制联结,可修改性很低,维护相当困难。

⑦机械组合

如果一个模块内部各个组成部分的处理动作彼此没有任何关系,那么这种组合称为机械组合。

机械组合模块也称为"随机模块",它类似于逻辑组合模块,其处理动作既与数据流无关,也与控制流无关。但是逻辑组合模块内各个组成部分至少在逻辑上是相似的,而机械组合模块却连这点特性也没有。

3. 系统的深度和宽度

系统的深度表示系统中的控制层数,宽度则表示控制的总分布,即同一层次的模块总数的最大值,如图5-14所示。

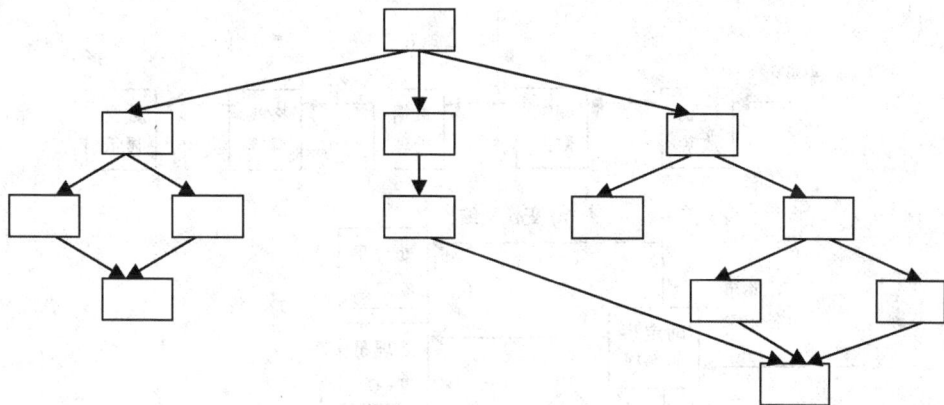

图 5-14　系统的深度和宽度

一般情况下,深度和宽度标志着一个系统的大小和复杂程度,她们之间应有一定的比例关系,即深度与宽度均要适当。深度过大,可能说明系统的分割太细,宽度过大,则有可能带来系统管理上的困难。

4. 模块的扇入和扇出

一个模块控制的直属下级模块的个数称为该模块的扇出;反之,一个模块的直接上级模块的个数称为模块的扇入。

模块的扇出直接影响系统的宽度,扇出过大则意味着该模块的直接下属模块多,控制与协调较困难,也意味着模块的内部联系较低。这时需要增加中间层次的控制模块。扇出小,则说明上、下级模块或其本身可能过大,应考虑是否采用分解的方法,使结构变得合理。一般来讲,一个设计得好的系统模块的扇出系数为 5 加减 2。

模块的扇入通常说明模块的通用性情况,扇入系数越大,表明共享该模块的上级模块数目越多,因而通用性强,维护也较方便,但是片面地追求高扇入可能使得模块的独立性降低。

通常一个好的系统结构,高层的模块扇出数较高,中间扇出数较少,底层的模块有很高的扇入数。

5. 结构图设计方法

结构图的设计主要依据是在系统分析阶段产生的数据流图——DFD,即如何将 DFD 转化为系统结构图。数据流图一般有两种典型的结构:变换型结构和事务型结构。

变换型是一种线状结构(如图 5-15a),它可以明显地分为输入、主加工和输出三个部分;

事务型结构(如图 5-15b)中都可以确定一个处理逻辑为系统的事务中心,该事务中心应该具有以下四种逻辑功能:

①获得原始的事务记录;

②分析每一个事务,从而确定它的类型;

③为这个事务选择相应的逻辑处理路径;

④确保每一个事务能够得到完全的处理。

根据上述两种结构,可以利用"以变换为中心的设计"和"以事务为中心的设计"方法,将 DFD 转换为相应的系统结构图。

(a) 变换型结构

(b) 事务型结构

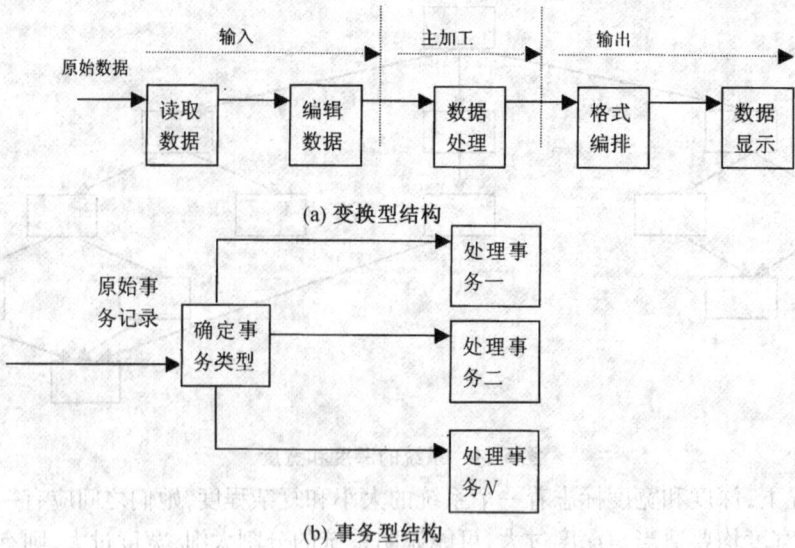

图 5-15　系统数据处理结构图

（1）以变换为中心的设计

该方法的基本思想是以 DFD 为基础,首先找出变换中心,确定模块结构图的顶层模块,然后,按照"自顶向下"的设计原则逐步细化,最后得到一个满足数据流图所表达的用户要求的系统模块结构。整个过程可以分为以下三步:

①找出变换中心,确定出主加工:在 DFD 中,通常可以把几股数据流的汇合处或是一个数据流的分流处确定为主加工,即系统的变换中心。将此处理逻辑的功能用一个模块来表示,这就是结构图的顶层模块。

②设计模块结构图的顶层和第一层:顶层模块设计好后,为其设计一个输入模块、变换模块和输出模块,从而设计出结构图的第一层。

③设计中、下层模块:对第一层结构图的每个模块,自顶向下,逐步细化来设计。主要包括:输入模块的细化、变换模块的细化和输出模块的细化。至于细化到什么程度,要根据实际情况来决定。

设计出的每一个模块,应注意给它们取一个适当的名字,以反映该模块的功能。一般用动宾结构的词组来为模块命名。

（2）以事务为中心的设计

以事务为中心的设计,一般要经过以下七个步骤:

①确定事务的来源。在一般情况下,所有的事务在数据字典中已经有定义,因此可以找出它的来源。但是,在有的情况下,这个事务可能是某个输入子系统的一个模块产生的,也可能是变换子系统或输出子系统的某个模块产生的,只有在以变换为中心的系统结构进行分解时才能识别出来。

②确定适当的以事务为中心的系统结构。

③确定每一种事务以及它所需要处理的动作。

④合并具有相同处理功能的模块。有的时候,在若干模块中存在着相同的处理动作,在这种情况下,要把这些相同的处理动作分离出来,合并成一个模块,或是从一组低层功能组合的

模块中产生一个中层模块,这也是一种合并方式。

⑤对每一种类型的事务,分别建立专门的事务模块,对它进行独立的处理。如果在系统中有些事务非常相似,可以把它们组合起来,进入同一模块处理,但必须确保这个事务模块有较高的紧凑性,要避免产生通信组合与逻辑组合模块。

⑥对一种事务所引起的每一个处理动作,要分别建立一个直接从属于该事务模块的下级模块,要使用模块的分解原则,在分解时要注意允许有公共处理动作的模块,加大它的扇入系数。

⑦必要时,对动作模块进一步分解。

5.4.7　输入-输出-处理图

输入-输出-处理图是系统设计的一个重要工具和成果,它描述每一个模块的输入和输出关系、处理内容、本模块的内部数据和模块间的调用关系。输入-输出-处理图是系统实施阶段编制程序设计任务书和进行程序设计的出发点和依据。

```
┌─────────────────────────────────────────────────┐
│               ××模块输入-输出-处理图              │
│  系统名:                                          │
│  由下列模块调用:                                  │
│  调用下列模块:                                    │
│  输入:                                            │
│  输出:                                            │
│  处理内容:                                        │
│  内部数据:                                        │
│  备注:                                            │
│  编制者:                        编制日期:          │
└─────────────────────────────────────────────────┘
```

图 5-16　输入-输出-处理图样例

习　　题

1. 简述结构化方法的基本思想和特点。

2. 结构化方法开发系统的一般过程及每个阶段的工作任务。

3. 结构化方法在进行系统分析和设计过程中有哪些工具。

4. 简述数据流程图和数据字典的概念和作用。

5. 下面的数据结构"零件-工程"表达了零件和工程的关系,同一种零件可用于不同的工程,每一个工程对该零件有一定的需要量,请把它转换成第一范式、第二范式和第三范式。

零件-工程

　零件

　　零件号

　　零件名称

零件规格

实际库存量

工程

工程号

工程名称

工程负责人姓名

零件需要量

6. 某产品，根据其重量和等级，采取不同的处理方式。如果重量小于 1 kg，则采取普通处理方式。若重量等于 1 kg，并且是 A 级，则采取特殊处理方式，若是 B 级，则采取普通处理方式。若重量大于 1 kg，则采取特殊处理方式，分别用判断表和判断树表达。

7. 下面是一项货运收费政策：

航空运费：重量小于或等于 20 kg 的货物每千克 3 元，若重量大于 20 kg，超重部分按每千克 3.5 元计算，航空运费的最低起价是 6 元。这项标准只适用于国内航线，如果是国际航线，运费加倍。

铁路运费：若收货地点在本省以内，快件每千克 1.5 元，慢件每千克 1 元。若收货地点在外省，重量小于或等于 20 kg，快件每千克 2 元，慢件每千克 1.5 元，若重量大于 20 kg，超重部分每千克加收 0.2 元。

用判断表列出全部条件组合，逐步化简，最后再用判断树，结构式语言表达。

第6章　信息工程方法论

信息工程方法论(Information Engineering Methodology，IEM)于20世纪80年代初由美国学者詹姆斯·马丁(James Martin)等人创立，我国于20世纪80年代中期开始引进并结合国情进行研究和推广应用。这是一种建立新一代集成化、网络化信息系统的有效方法论，既适用于现有应用系统的集成，也适用于集成化的应用开发，信息工程区别于传统的结构化方法和软件工程方法，它主要以数据为中心或面向数据，而不以处理为中心或面向处理；同时强调高层的构思和规划，其中尤其强调总体数据规划，即首先使企业领导、业务人员和分析人员从总体上理解和把握系统的信息结构框架。

6.1　信息工程方法论概述

1.定义

信息工程作为一个学科，要比软件工程更为广泛，它包括了为建立基于当代数据库系统的计算机化企业所必需的所有相关学科。

信息工程方法论作为一个完整的MIS开发方法论，是面向数据的，以数据为中心。

信息工程方法论也是一种生命周期方法，把MIS开发过程分为若干个阶段，各个阶段有相应的目标和任务，有相应的建模工具。

2.信息工程的产生

信息工程产生的条件：

(1)数据处理的发展；

(2)数据处理危机的产生；

(3)应用积压；

(4)应用开发效率低；

(5)系统维护困难。

3.信息工程的基本原理或前提

(1)数据位于现代数据处理的中心(如图6-1所示)。

(2)数据是稳定的，处理是多变的。

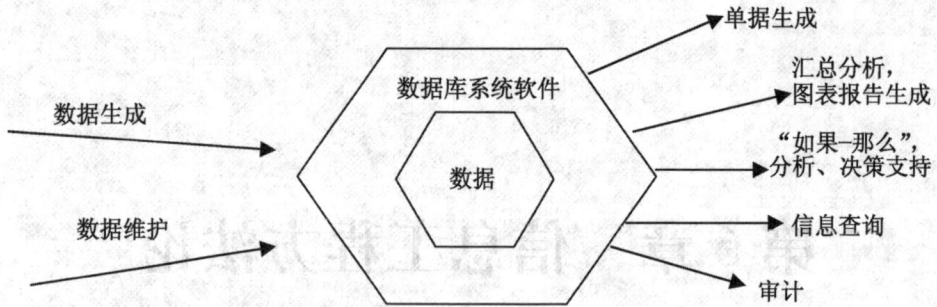

图 6-1　数据在现代 IS 中的地位

一个企业(组织)只要经营目标不变,所使用的数据类很少变化。具体地说:数据实体的类型是不变的,具有较稳定的数据模型。如:

一个学校包括教师、学生、课程、专业等实体。

一个工厂包括产品、工艺、设备、材料、库存、财务等实体。

这些总是稳定的。

处理过程的变化是迅速和频繁的:组织机构的变动、运行机制、体制的不同,使得处理方式发生不同。只有正确地识别数据,建立良好的、稳定的数据结构,才能更好地满足业务不断发展的需要。

最终用户必须真正参与信息系统开发工作。企业的高层领导和各级管理人员,都是计算机系统的最终用户(End-User)。由于他们最了解业务过程和管理上的信息需求,所以从规划分析到设计实施,在系统建设的每一阶段都应有用户的参与。

4. 四类数据环境

信息工程是在分析了 20 世纪 70 年代的"数据处理"危机的基础上产生的,为克服这种危机提出了"数据环境(Data Environment)"的概念,认为现代信息系统有四类数据环境,反映了由低级到高级的发展过程。

第一类数据环境是数据文件(Data-Files)环境。这类数据环境是指早期用程序语言建立的数据存储结构,缺乏数据分析工作,一般是与应用程序密切相连。优点是应用开发见效快,缺点是随着应用的增多,冗余的、不一致的数据会越来越多,从而形成了混乱的数据环境,系统维护、集成十分困难。

第二类数据环境是应用数据库(Application Data Base)环境。当数据库管理系统(DBMS)出现以后,数据存储结构的建立大大简化了,但是,数据分析工作仍然没有跟上,只按用户视图"建库",方便性带来了随意性,于是应验了"数据库风险",实际上会更快地形成混乱的数据环境,系统维护、集成同样十分困难。

第三类数据环境是主题数据库(Subject Data Base)环境。经过科学的规划和设计,用DBMS建立具有共享性和一致性的、本来意义上的数据库,即"主题数据库"。以主题数据库为主的数据环境才是集成化的数据环境,在这种环境中才能开发和运行集成化的信息系统。

第四类数据环境是信息检索系统(Information Retrieval System)环境。这类数据环境是指对一些主题数据库进行萃取和深加工,为高层查询和辅助决策准备的数据环境。

5. 信息工程的组成部分

(1) 企业模型/战略数据规划

(2) 实体关系分析

(3) 主题数据库模型

(4) 使用非过程的应用生成软件工具

(5) 处理过程生成

(6) 数据应用分析

(7) 分布分析

(8) 物理数据库设计

(9) 使用第四代过程语言

(10) 原型设计

(11) 结构化程序设计和面向对象的程序设计

其中,企业模型/战略数据规划、实体关系分析和主题数据库模型是信息工程的基础。

6. 信息工程生命周期

信息工程开发方法将信息系统建设划分为如下几个阶段:

(1) 企业战略规划

(2) 信息战略规划

(3) 业务区域分析

(4) 业务系统设计

(5) 技术设计

(6) 系统建造

(7) 系统转换

(8) 运行维护

信息工程方法主要工作内容如图 6-2 所示。其中最主要的核心工作是总体数据规划。这个工作的主要内容类似于结构化方法所讲的系统分析和系统设计。

用户需求初步意见

功能需求调研

业务需求调研

- 职能域定义
- 业务过程
- 业务活动
- 主要业务说明

1-DFD
2-DFD

- 用户视图定义
- 用户视图组成
- 数据元素集形成

功能建模

数据建模

- 子系统定义
- 功能模块
- 程序模块
- 模块说明

E-R
图

- 实体定义
- 用户视图分组
- 概念数据库定义
- 逻辑数据库定义

系统体系结构建模

- 全系统 C-U 阵
- 子系统 C-U 阵

需求调研

系统建模

信息分类编码

通信/计算环境规划   应用系统开发规范与计划

应用系统开发

模块设计
- 主控模块
- 输入/输出模块
- 处理模块
- GUI
- 模块实现

数据设计
- 基本表
- 参照表
- 归档表
- 视图
- 样本数据

系统测试/组装

系统试运行/投产

面向全组织

总体规划或总体设计

面向具体的业务域

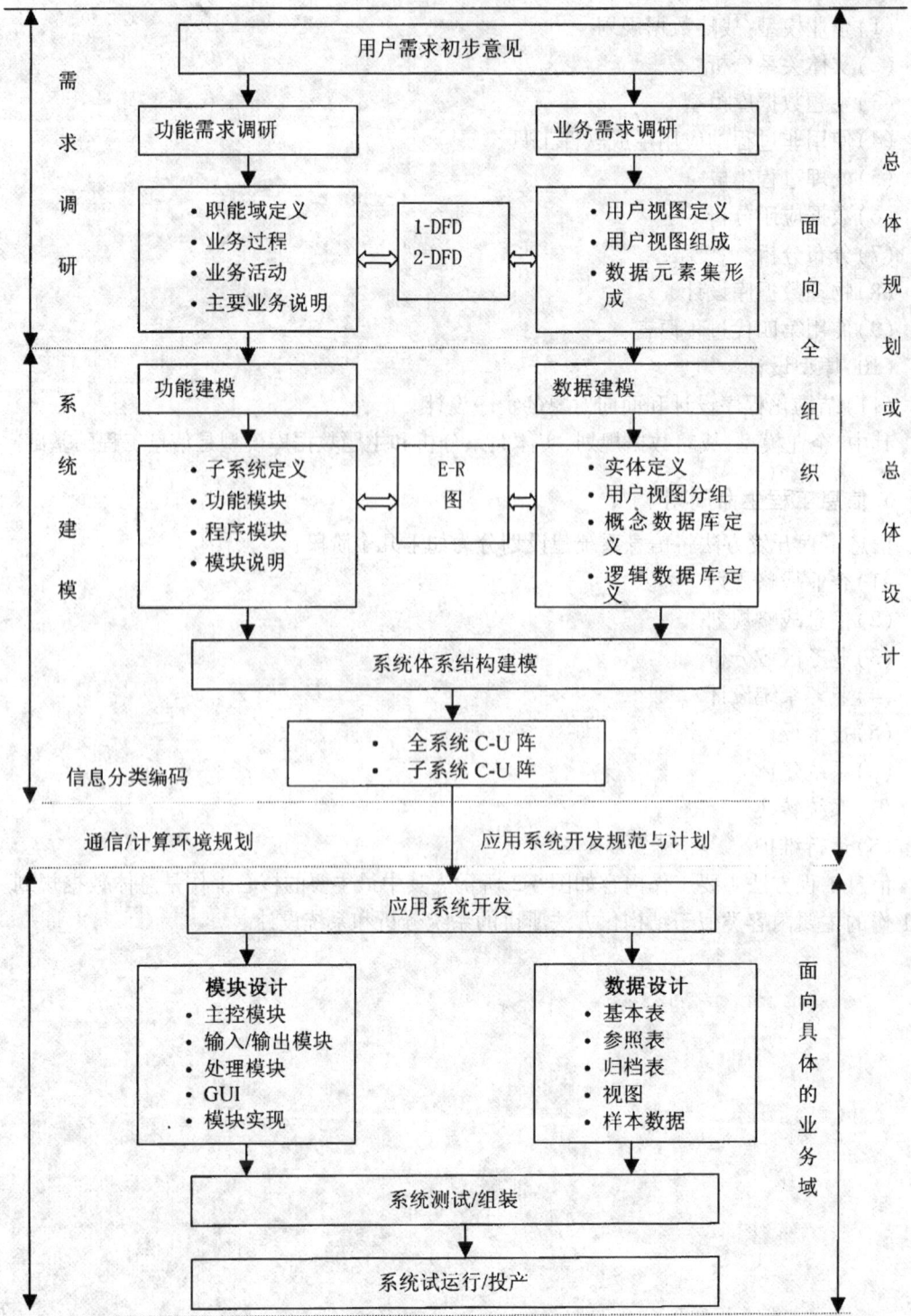

图6-2   信息工程方法的主要工作内容

6.2　总体数据规划的主要工作内容

总体数据规划分为两个阶段——需求分析阶段和系统建模阶段。

需求分析阶段的主要工作是:业务调研和数据调研。

要完成的基本任务包括以下几个方面。

(1)业务模型:业务域、业务过程和业务活动的定义,其中重点是业务过程的定义;

(2)用户视图的定义:包括输入、存储和输出类用户视图;

(3)数据元素:通过对用户视图的分析,定义数据元素,对数据元素进行一致性控制和分布分析。

(4)数据流分析。

系统建模阶段的主要工作是系统功能建模、数据建模和体系结构建模。

要完成的主要任务包括以下几个方面。

(1)功能模型:系统、子系统、功能模块和程序模块的定义;

(2)数据库表的定义:主题数据库和其基本表的识别和定义;

(3)数据模型:分全域数据模型和子系统数据模型。即系统和子系统有哪些主题数据库、基本表和它们之间的联系。

(4)系统体系结构:识别定义每一主题数据库/基本表与功能模块的存取关系,从而形成系统和子系统的 C-U 矩阵。

通过总体数据规划工作,除了构建信息系统的总体框架外,同时还要建立起一系列的信息资源管理基础标准。在多年总体数据规划理论研究与工程实践中,我们提出信息资源管理基础标准包括:数据元素标准、用户视图标准、信息分类编码标准、概念数据库和逻辑数据库标准。

6.2.1　总体数据规划的组织

为了进行总体数据规划工作,需要成立一个责权明确的工作班子。这个班子在企业最高管理者的直接领导下,由一名负责全面规划工作的信息资源规划者和一个核心小组所组成,并通过一批用户分析员和广大的最终用户相联系。这种总体数据规划的人员和工作关系如图6-3 所示。

信息资源规划组构成:

信息主管(Chief Information Manager,CIO,相当于企业组织的副总)、外聘的专家顾问;

核心小组(企业中的信息中心人员,主要的系统分析人员);

规划组(信息技术人员、数据管理员、业务分析员);

企业组织各职能部门负责人;

最终用户。

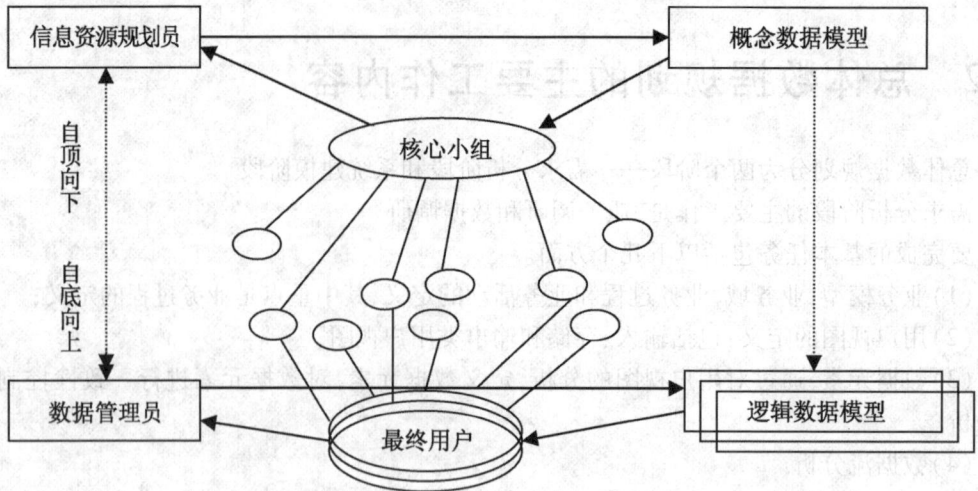

图 6-3 总体数据规划的人员和工作关系

在规划工作开始前,对参与规划工作的全体人员进行培训:

(1)对总体数据规划工作统一认识,对信息工程方法达成共识;

(2)对信息工程方法模型及模型表达方法进行介绍;

(3)对总体数据规划工作过程、内容、方法步骤达成共识;

(4)明确两类人员的合作关系,以便各自发挥优势进行互补;

(5)对支持工具如何使用进行介绍。

6.2.2 需求分析技术与方法

1.业务分析与业务模型

总体数据规划之所以要进行业务分析,是为了按信息工程的思想方法来重新认识企业,以便能系统地、本质地、概括地把握企业的功能结构,在信息工程方法论中是用"职能区域 – 业务过程 – 业务活动"这样的层次结构来把握企业功能的,这就是企业模型(Enterprise Model)或业务模型(Business Model)。

业务模型的研制过程可分为三步:首先,研制一个表示各职能域的模型;其次,扩展上述模型,使它能表示出企业的各项业务过程;最后,继续扩展上述模型,使它能表示企业的各项业务活动。

提出业务模型是建设计算机化企业的基础性工作,所谓企业的计算机化是指将人工的业务过程和业务活动变为以计算机为信息存储处理工具的自动化或半自动化的过程和活动。计算机引进管理工作后,人 – 机结合的工作方式变化的深刻含义在于,并不是用计算机一味地模仿人工过程和活动,由于电脑和人脑有各自的特性,在新的工作方式中各自得到发挥,就使原来的过程和活动发生某些根本性的变化。因此,首先要搞清楚现行系统的业务过程和活动,然后考虑引进计算机后对这些过程和活动带来的必然的调整和改造,这就是业务模型分析工作的实质。

（1）研制职能域模型

职能域（Function Area）或职能范围、业务范围是指一个企业或组织中的一些主要的业务活动领域。

研究定义职能域是总体数据规划中第一阶段的一项重要任务，这项工作应该在规划工作一开始就尽快着手进行，需要讨论的问题是该企业的职能将来会发生什么样的变化，或者应该怎样变化，可以提出这样一些问题：

企业的长期目标是什么？

预计会发生或很可能发生什么样的变化？

所定义的职能域是否包括了这些目标和将来的变化？

当一个企业的职能域划分出来以后，就可以进一步明确自顶向下规划的范围或边界。

例如，水监业务分为以下几个职能域：

01 法规管理

02 通航管理

03 船舶管理

04 船员管理

05 防污染管理

06 计划基建管理

07 危险品管理

08 办公自动化

09 安全管理

（2）业务过程模型

业务模型的二级结构是业务过程模型，业务过程的识别、命名和定义主要依靠用户分析员来完成。每个职能域都要执行一定数目的业务过程（Process），一个业务过程可以用动宾结构来命名，业务过程的命名要符合它们所起的作用，然后对每个业务过程要用一段简单的短文加以定义，说明该业务过程是做什么的。如库存管理可以定义为："对仓库的原材料、零部件进行接收、保管、发放并核算库存量的过程"。

例如，国家海事局水上安全监督业务的部分业务模型如表6-1所示。

业务过程与组织机构的关系：

职能域和业务过程的确定应该独立于当前的组织机构。组织机构可能变化，但仍然会执行同样的职能和过程。有的企业的组织机构形式每隔两年多时间就改变一次，而一些主要的业务过程却保持不变。职能域与业务过程的确定。应主要考虑独立于当前组织机构的职能，因而会有这样两种情况：

①经逻辑分析而得出的职能模型中可能包括这样的职能域，它横跨两个或多个现行系统的业务部门；

②对现行系统所列出的业务过程可能包含这样一些过程，它们分别属于不同的职能域，但功能相同或相近。例如，库存管理，它可以由一个部门或几个部门来完成，尽管仓库职能部门是时而分开、时而合并的，但库存管理的业务过程却是一直在起作用的。

表 6-1　国家海事局水上安全监督业务的部分业务模型

职能区域	业务过程
P02　通航管理	P0201　通航水域管理 P0202　水上水下施工作业 P0203　航行警告与通告 P0204　海事调查处理 P0205　海上搜救 P0206　通航秩序监督 P0207　船舶动态管理
P03　船舶管理	P0301　船舶登记 P0302　报废船舶管理 P0303　老旧船舶管理 P0304　船舶安全检查 P0305　国际船舶进出口岸管理 P0306　船舶进出港签证管理 P0307　船舶在港作业管理
P04　船员管理	P0401　船员注册 P0402　船员培训 P0403　评估/考试 P0404　海员证管理 P0405　发证管理 P0406　船员跟踪管理 P0407　船员档案管理 P0408　培训机构管理 P0409　空白证书管理 P0410　船员试题库管理 P0411　船员考试发证收费 P0412　对外监督

关于业务建模的经验：

从事过企业模型分析工作的人都会有一些体验，这些体验非常值得初次做这方面研究的人借鉴。

①开始以为业务过程的定义没有毛病，可是规划工作进行一段时间再来复查，会发现有许多不妥之处，还是要修改过来的，当然，由于相关修改很多，可能代价较大。

②业务过程应该按照自顶向下规划的目的来确定，这些业务过程是企业运营的基本工作，应该不受管理层次或具体负责人变动的影响。

③一些业务部门的职能相互覆盖，其表现是有相同的或相似的业务过程，因此，职能域和业务过程的定义是一种逻辑化模型，不能简单地按现有机构、部门、职务来定义职能域和业务过程。

④在建立企业模型工作中，高层管理人员和最终用户的参与是很重要的，只有他们才知道

这个企业是怎样真正工作的,许多规划负责人起初总是希望计算机分析人员起重要的作用,但结果并不是这样,用户扮演的是比他们最初的想象要重要得多的角色。

（3）业务活动

在每个业务过程中都包含一定数目的业务活动(Activity)。业务活动是企业最基本的、不可再分的最小功能单元。在建立企业模型工作中,识别与确定业务活动的工作量比识别与确定业务过程要大得多,不能简单罗列,需要做许多分析、比较、分解与综合工作,并解决一系列分析过程中的问题。

功能分解的程度:

识别与确定业务活动,首先是自顶向下的分解过程,企业要完成一项任务,每个功能都可细分为更低一层的一些功能,如此细分下去,直到一些基本的活动。从高层看,一个职能域可以看作是一个功能;职能域中的业务过程是下一层的功能,由相应的业务组(几个人或一两个人)负责;业务过程的下一层是业务活动,有的活动较大,需要几个人分别进行,有的活动较小,由一个人负责进行。功能分解的程度常常有所谓的"人为因素"。

判断功能分解是否彻底的一个有效方法,是看是否可以用一句话来说明一个基本活动的内容和目的,如果需要用几句话来说明,那么这个活动就可能需要继续细分。业务活动也是用动宾结构的词组来命名的。业务活动应该是最基本的、不好再分解的功能,在未来计算机信息系统中,这些基本功能有一部分可以计算机化,有一部分仍需保留人工方式处理,还有一部分需要以人－机结合的方式处理。

在业务活动模型中,每一活动应该是凝聚性活动(Coherent Activity)。凝聚性活动具有如下特征:

①一个凝聚性活动产生某种清晰的可识别的结果。能用一个简单的句子来确定这个活动的目的/结果。

②一个凝聚性活动有清楚的时空界限。每一确定的时间和空间都可清楚地指出谁在这个活动中工作和谁不在这个活动中工作。

③一个凝聚性活动是一个执行单元。

④一个凝聚性活动在很大程度上是独立于其他活动的。

（4）企业模型特点

企业模型应具有下述特点:

①完整性:这种模型应该是表示组成一个企业的各个职能域各种过程和活动的完整图表。

②适用性:这种模型应该是理解一个企业的合理的有效方法。在每一个分析层次上,职能和活动的确定,让管理人员感觉到自然和正确是适用性的体现。

③永久性:只要企业的目标保持不变,这种模型就应该是保持正确和有效的。有些企业定期对自己进行改组,有些企业定期地改变管理工作方式,但是不论怎样,一些相同的职能必须继续执行,这种企业模型在企业改组时是很有用的,而且与数据的管理方式是无关的,即不管数据是文件、数据库还是纸面上的。

2. 数据需求分析

数据需求分析是指对用户的业务工作所需要的信息进行深入的调查研究。

信息工程的数据需求分析体现了面向数据的思想方法,两类人员密切合作,认真调查研究企业各管理层次的业务工作的信息需求,同时进行正规的信息资源管理工作,建立起各种基础标准,为企业信息化打下坚实的基础。主要完成的任务是:

- 按职能域收集整理用户视图;
- 数据元素定义及一致性控制;
- 数据流分析;
- 信息分类编码对象识别。

(1)用户视图定义

用户视图(User View)是一些数据的集合,它反映了最终用户对数据实体的看法。用户视图的定义与规范化表述包括:

- 用户视图标识;
- 用户视图名称;
- 用户视图组成和主码。

①用户视图分类与登记

可以对用户视图进行如下分类。

用户视图分为三大类:输入大类、存储大类和输出大类。

每大类下分为四小类:单证/卡片类、账册类、报表类和其他小类(格式化电话记录、屏幕数据显示格式等)。

对每个用户视图给一个编号,以标识该用户视图,这对全企业的用户视图的整理和分析是非常重要的。

用户视图标识的编码规则如下:

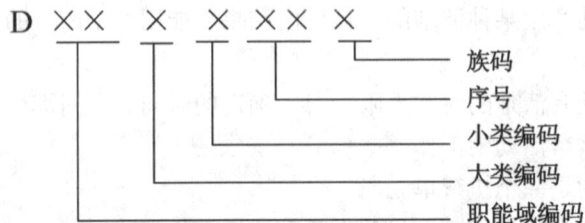

其中

大类编码取值:1 = 输入,2 = 存储,3 = 输出

小类编码取值:1 = 单证,2 = 账册,3 = 报表,4 = 其他

序号:01 ~ 99

族码取值:空,A ~ Z

用户视图名称是指用一短语对用户视图的意义和用途进行描述。

例如

用户视图标识:D042204

用户视图名称:船员签证表

对每个用户视图要注明其生存期,即每个用户视图在管理工作中从形成到失去作用的时间周期。生存期分为如下几类:

1 = 动态,2 = 日,3 = 周,4 = 旬,5 = 月,6 = 季,7 = 年,8 = 永久

估计每个用户视图的记录数。

②用户视图的组成

对每一个用户视图的数据项逐一进行登记,就得到用户视图的组成,这是一个抽象的过程。需要注意的是,登记的用户视图中的数据项应该是基本数据项或数据元素,而不应该是复合数据项。在登记用户视图组成时,不能简单地照抄,要做一定的规范化整理工作,适当规范化的用户视图不仅适合计算机处理,有利于数据库设计,而且更适合于业务人员的使用。

对用户视图规范化,是按照关系数据库的规范化理论对用户视图进行分解的,使之基本上达到 2NF 或 3NF。

(2)数据元素定义与一致性控制

数据元素(Data Elements)是最小的不可再分的信息单位,是数据对象的抽象。

数据元素是在对用户视图规范化整理过程中逐步产生的,通过登记用户视图组成,就可以对每个数据元素进行定义和命名。

数据元素的定义是指用一个简明的短语来描述一个数据元素的意义和用途,该短语的一般格式是:

$$\boxed{修饰词－基本词－类别词}$$

类别词是数据元素中的一个最重要的名词,用来识别和描述一个数据元素的一般用途,如表示名称、地址、时间、方位、状态、等级等。基本词是类别词的最重要的修饰词,是一个组织的实体类或者实体类的部分组,带有一定的行业特点。类别词和基本词只有一个,修饰词可以有一个或多个,类别词居后,基本词、修饰词居前。

数据元素名称是指数据元素的代码,是计算机和管理人员共同使用的标识。数据元素名称用字母字符串表示,可按数据元素定义的中文词抽取拼音首字母,也可按英文取其首字母或按缩写规则得出。

例如:

数据元素名称	数据元素定义
CSRQ	出生日期
DWMC	单位名称
CLBM	材料编码
XSSL	销售数量
YTDM	用途代码

数据元素名称和数据元素定义在所规划的全系统中要保持一致,要控制"同名异义"和"同义异名"的数据元素。

(3)数据流分析

总体数据规划的信息需求分析,还包括数据流的识别、定义和分析工作,这也是系统建模的重要基础。

数据流分析,以一个职能域为基础,分析其输入/输出数据流和存储数据流。

(4)信息分类编码对象识别

用户分析员和系统分析员在建立数据元素标准时,就要识别出哪些数据元素具有分类编码的意义,按该对象的属性或特征进行分类编码,并把这些成果和资料提交给信息分类编码小组,由信息分类编码小组继续完成后面的工作。

6.2.3　系统建模技术与方法

系统建模的目的,就是使企业领导、管理人员和信息技术人员对所规划的 IS 有统一的、概括的、完整的认识,是在需求分析规范化文档的基础上,深入分析研究,准确提出系统的逻辑框架,回答系统"是什么""做什么"的问题,从而能科学地制订总体方案——通信网络方案、计算机体系结构方案、应用系统开发方案、信息管理制度与人员机构建设方案等,保证成功地进行集成化的 IS 建设。

1. 系统建模的主要工作

(1)系统功能建模

所规划的系统应具有哪些功能,即全局地、自顶向下地看系统应该做什么、能做什么,这就是功能建模的目的。

功能建模的主要工作是:

①了解企业领导关于管理体制和管理机制方面的意见,掌握已有的有关管理模型的研究成果;

②在业务领导参与复查职能域和业务过程的定义,在与规划分析人员取得共识所形成的规范化功能需求文档的基础上,由规划分析人员进行计算机处理模块的可行性分析,提出可自动化处理与人－机交互完成模块;

③选取已经开发和使用的应用系统中的有用程序模块;

④借鉴同类系统中的有关模块。

以各功能模块的识别和定义为主要工作,经过讨论提出规划系统的功能模型初稿,即系统是由哪些子系统、功能模块、程序模块所构成。

(2)系统数据建模

规划的系统应该有哪些业务主题数据库,即各功能模块的运作是在什么数据的支持下进行的,这些数据组织到基本表的层次应具有什么样的结构,这就是数据建模的目的。

数据建模的主要工作:

①在业务领导参与复查数据需求分析资料,与规划分析人员取得共识的基础上,业务领导根据管理经验,规划分析人员根据用户视图分组,提出概念的主题数据库(数据库名称及内容列表),经过讨论和全局协调,再由规划分析人员将每一概念数据库规范化到 3NF 的一组基本表中;

②在全域数据实体对象识别和分类的基础上,进行 E-R 分析;

③选取已经开发和使用的应用系统中的有用的基本表结构;

④如有可能,借鉴同类系统的有关基本表。

以主题数据库和其基本表的识别和定义为主要工作,经过讨论提出规划系统的数据模型初稿即系统由哪些主题数据库、基本表组成及它们之间的联系。

(3)体系结构建模

识别定义每一个主题数据库/基本表被功能模块存取的关系,从而形成系统和子系统的 C-U 矩阵,这是科学制订总体网络/计算机配置方案,数据分布策略和项目进度计划的根据。

2. 系统功能建模

(1)功能模型的概念和表示方法

系统的功能模型(Function Model)是对规划系统功能结构的概括性表示,采用"子系统 – 功能模块 – 程序模块"的层次结构来描述。表示方法与业务模型类似。

功能模型标识的编码规则:

```
X   XX   XX   XX
              |————— 程序模块序号：01~99
         |—————————— 功能模块序号：01~99
    |——————————————— 子系统序号：01~99
|———————————————————— 系统标识，大写字母
```

(2)功能建模的分析研究工作

由业务模型研制出功能模型的主要分析工作是对业务过程和业务活动进行计算机化的可行性分析。业务模型是对现行系统的概括性认识,功能模型是对新系统功能的概括性认识,虽然大体存在如下的对应关系:

业务模型：职能域	业务过程	业务活动
↓	↓	↓
功能模型：子系统	功能模块	程序模块

但这绝不是一种简单的对应关系,因为除了规划人员在调研阶段和建模阶段的认识有所不同而导致两个模型的关键成分、相互关系和内部逻辑顺序有所不同之外,更重要的是功能模型的研制要进行更为深入的分析研究工作,其中包括运用计算机与信息系统的若干专业知识。

对业务过程和活动进行计算机化可行性分析是指识别和区分:

- 哪些业务过程、业务活动可以由计算机自动进行(A 类);
- 哪些可以人 – 机交互进行(I 类);
- 哪些仍然需要由人工完成(M 类)。

这样一来,功能模型的建立就需要改造那些人工活动部分,并对某些过程或活动做必要的分解与综合,以至于重新设计。

我国系统工程专家王众托教授提出了企业信息系统的总体结构新方案——"企业集成信息系统"(Enterprise Integrated Information System, EIIS)的三维功能模型,对功能建模起到重要的指导作用。

第一维是管理运行层次——战略管理、战术管理、运行管理、业务运行层次,自上而下共四个层次。所规划的各子系统和功能模块要搞清楚是分布在哪个层次上,或者纵向跨哪几个层次。属于业务运行层和运行管理层上的是事务处理、办公自动化、施工控制、CAD 和监测等子系统或功能模块;属于战术管理层的有 MIS、统计汇总、决策支持和某些专家系统的子系统或功能模块;属于战略管理层的有主管信息系统、战略信息系统等子系统或功能模块。

第二维是职能部门的划分,例如计划合同部门、工程财务会计部门、物资供应部门、设备供应部门、技术与设计管理部门等,这些部门的最上层领导是统一的。

第三维是信息的处理深度,有四个层次:数据处理——包括数据的采集、整理、处理和存储,是最接近生产现场、业务活动和外界环境的;信息形成——利用数据处理结果,经过汇总、分析,形成有用的信息;问题分析——对施工、采购等业务活动现状,对比原订的目标、计划与任务,进行分析,发现问题,分析方案,进行评价选择;统筹规划——制订管理的长远发展目标、战略措施、宏观和长远计划。

分析三维模型各块之间的信息流会发现其复杂性。从运行管理层、战术管理层到战略管理层,自下而上的信息较多,自上而下的控制指挥信息较少;此外,各层都有来自外界或与外界交换的信息。

这种三维的"功能模型"能揭示整个集成化 IS 系统的总体结构,强调了集成化系统具有跨部门、跨功能,使各层次有所贯通,使各种功能能够相互结合的集约化管理特征,即"功能集成"。然而,这些功能模块必须在集成化的数据环境中运行,分散、混乱、无序的数据环境不能支持集约化管理的跨部门、跨功能、各层次贯通、各种功能的相互结合。功能模块都是按数据中心原理去存取集成化的数据存储,即功能集成是以"数据集成"为基础的。科学的建模方法应该将"功能集成"和"数据集成"结合起来,并强调 IS 是带有很强的社会、人文条件因素的社会 – 技术系统工程。信息系统的集成,不仅包括计算机和网络环境的集成,还包括更重要的数据环境和人文环境的集成。

(3)功能建模方法

①定义子系统

定义子系统是建立功能模型的最初的、首要的工作,就像建立业务模型首先要研究职能域的定义一样。

首先,规划组要通过讨论提出系统的初步定义,划分出子系统。要着重研究和说明:

- 系统的目标;
- 系统的边界(覆盖业务模型的全部职能域);
- 子系统的定义(职能域对应子系统,但不是简单的一一对应,需要进一步分析与综合);
- 子系统的目标(对原职能域说明进行修订);
- 子系统在"三个维度"中的位置(即属于哪一管理层次、为哪些业务部门服务、信息处理的深度);
- 抓住关键或"主线"子系统。

②子系统功能建模

分小组进行每一个子系统的功能建模。对原先的一些业务过程经过计算机化可行性分析,再进行综合,确定每一个子系统的功能模块;对功能模块进行定义和说明,要将子系统的关于"三个维度"位置的说明具体化。

小组深入讨论的注意点是:

- 运用管理模型的研究成果,将数据流程图与相关的业务流程图对照;
- 酌定模块说明的文字描述,确切定义模块;
- 通过分解与集结的权衡,确定层次关系,分解要注意控制细化程度,集结要注意控制综合程度;

- 分析选取已经开发和使用的有用模块；
- 如果可能,分析选取类似系统的有用模块。

③提出系统功能模型初稿

通过大组交叉分析、讨论、修订,提出系统功能模型初稿。讨论分析的要点是：

- 跨管理层次、跨业务部门的子系统和功能模块；
- 关键业务流程的认定(在相应的子系统说明中描述)；
- 共用或类似模块的认定(在相应的模块说明中描述)；
- 去除冗余模块。

④业务领导审定系统功能模型

中高层业务领导审查系统功能模型的思考要点是：

- 在审订业务模型时所提出的意见,特别是业务过程的改动意见是否得到落实；
- 关键业务流程识别是否正确；
- 跨管理层次、跨业务部门的子系统和功能模块识别是否正确,对建立信息管理制度的影响和对策；
- 对不易说明部分提出原型研究的需求。

⑤原型研究和功能模型的进一步调整

- 确定原型研究的内容和目标；
- 组成原型研究小组,开发、演示、修改原型；
- 修改功能模型。

(4)功能建模的示例

现以"P04 物资管理"职能域为例,介绍功能建模的方法步骤。

首先,继承业务模型的研究结果,原业务模型如下：

职能域	业务过程	业务活动
P04 物资管理		
	P0401 材料计划管理	
		P040101 编审材料需求计划
		P040102 编审采购计划表
		P040103 配置大宗物资资源
		P040104 编审采购资金计划
	P0402 材料采购	
		P040201 供应商信息
		P040202 发订货通知单
		P040203 确定采购限价
		P040204 确定自购比率

选定新系统的统一标识为"T",而得出功能模型的借鉴资料。显然,功能建模不是这样的简单对应,经过分析讨论和一些修订后,有如下的初步结果：

子系统	功能模块	程序模块
T04 物资管理		
	T0401 材料计划管理	
		T040101 编审材料需求计划
		T040102 编审采购计划表
		T040103 配置大宗物资资源
		T040104 编审采购资金计划
	T0402 材料采购	
		T040201 供应商信息
		T040202 发订货通知单
		T040203 确定采购限价
		T040204 确定自购比率
		T040205 处理资源平衡异常
		T040206 物资催赶
		…………

3. 系统数据建模

（1）主题数据库

主题数据库（Subject Data Base）是面向业务主题，为满足管理工作的需要而将与某一业务主题有关的数据组织到一起而形成的一个主题库。主题数据库不是面向应用程序的，而是独立于应用程序的。

例如："职工数据库"面向职工管理的业务主题，应包括职工的自然情况、工资、职业历史和岗位职责等管理内容，是主题数据库。而面向应用程序建立的"工资数据库""人事档案数据库"等，将随着应用程序的增加而迅速增加，会造成混乱的、无法控制的数据环境。

采用主题数据库的一整套技术方法（本章所讲的数据建模方法是其主要部分），随着应用系统的增加数据库的数目有特定的增加趋势，到一定的时候就趋于平稳，不再增加，这样逐步建成的是稳定的、可控制的和有序的数据环境（如图6-4所示）。

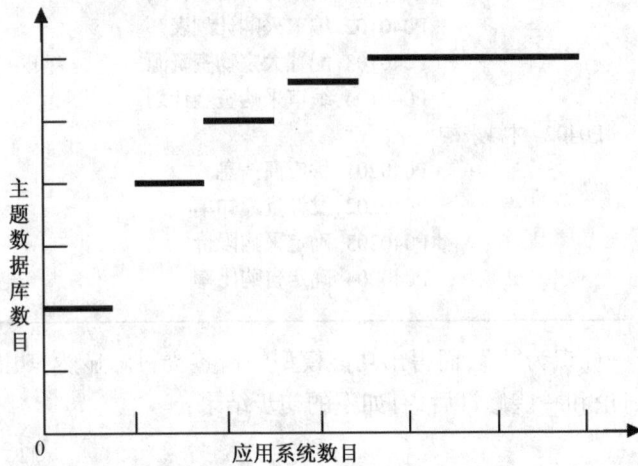

图6-4　主题数据库数目与应用系统数目关系图

（2）实体 – 关系图（E-R 图）

在数据组织的诸多模式中，"关系模式"有其特有的优越性，特别适合业务管理的数据环境建设。

按关系模式的观点，现实世界中有联系的一些数据对象就构成了一个"数据实体"或简称为"实体"。

例如："设备"这个实体，是设备编码、设备名称、设备生产厂家、出厂日期、设备原值等数据对象的抽象，这些数据对象称为实体的"属性"。

实体与实体间存在着关系或联系，一共有三种基本关系：一对一，一对多，多对多。

例如："供应商"与"设备"具有"一对多"的关系——"一个供应商出售多种设备"。可以用下图来表示这两个实体及其关系：

事实上，一种设备可能是有多个供应商在经销，于是有"多对多"关系，见下图：

上面这种简明地反映实体及其关系的图，称为"实体 – 关系图"，简称"E-R 图"。

（3）基本表与数据元素

基本表是由企业管理工作所需要的基础数据所组成的，而其他数据则是在这些数据的基础之上衍生而来的，它们组成的表是非基本表。基本表可以代表一个实体，也可以代表一个关系，基本表中的数据项就是实体或关系的属性，基本表应该具有一些基本特性：

- 原子性，即表中的数据项是数据元素；
- 演绎性，即可由表中的数据生成全部的系统输出数据；
- 稳定性，即表的结构不变，表中的数据一处一次输入，多处多次使用，长期保存；
- 规范性，即表中的数据关系满足三范式；
- 客观性，即表中的数据是客观存在的数据，是管理工作需要的数据，不是主观臆造的数据。

数据元素是最小的不可再分的信息单位，是一类具体数据的抽象。

例如：下表是"职工数据库"的一部分，其中"工号"是具体数据的抽象，是一个数据元素；而具体数据 0102 则是该数据元素的"值"或"实例"。

在数据分析中，分析人员为了把握数据对象，必须能清楚地区分"数据元素"和"数据元素的值"，如表 6-2 所示。

表 6-2　数据元素和数据元素的值的示例表

数据元素	工号	职工姓名	出生日期	……
数	0101	张大明	19380303	……
据	0102	李光	19401101	……
元	0104	刘为	19430918	……
素	……	……	……	……
值	0312	季方名	19601202	……

数据库逻辑设计的主要工作是仔细分析哪些是基础数据,哪些是非基础数据,怎样将基础数据组织进基本表,如何利用基本表来生成非基本表(如各种归档表、中间表、临时表、虚表等)。

(4)数据模型的概念和表示法

数据模型是对用户数据需求的概括,反映了规划系统的信息组织框架结构。

数据模型分为:全域数据模型,全组织(整个集成系统)的所有主题数据库及其基本表;应用系统数据模型,一个应用系统所涉及的主题数据库及其基本表;子系统数据模型,一个子系统所涉及的主题数据库及其基本表。

①概念数据模型

概念数据库是最终用户对数据存储的看法,反映了用户的综合性信息需求。概念数据库一般用数据库名称及其内容(简单数据或复合数据)的列表来表达。

全企业或某一职能域的全部概念数据库及其主要关系的表达:

总体数据规划中的数据建模,首先是产生概念数据模型,以便反映用户信息需求的总体观点。建立规范概念数据模型,需要较广泛深入的业务域知识和经验,因此需要业务行家参与,以便分析、识别、定义出各个数据库的名称和数据内容。

例如,工程管理系统的概念数据模型初稿是:

1.	勘测设计	数据内容列表
2.	立项	数据内容列表
3.	招标	数据内容列表
4.	合同	数据内容列表
5.	工程项目	数据内容列表
	......	......

这里的每个概念数据库是采用"实体描述法"来表达的,这些概念数据库之间的关系将采用自然语言来描述(列出的序号大致表达了业务主题的顺序)。显然,这种"模型"用户是容易理解的,便于征求意见,通过讨论、修订逐步确定。

②逻辑数据模型

逻辑数据库是系统分析设计人员的观点,是对概念数据库的进一步分解和细化。在数据组织的关系模式中,逻辑数据库是一组规范化的基本表。

由概念数据库演化为逻辑数据库,主要工作是采用数据结构规范化原理与方法,将每个概念数据库分解成三范式的一组基本表,一个逻辑数据库就是这一组三范式基本表的统一体。逻辑数据库的表述,包括各基本表的标识、名称、主码和属性列表,以及基本表之间的关系。

全企业或某一职能域的"逻辑数据模型"是指全企业或某一职能域的全部基本表及其关系的表述。逻辑数据模型能更科学准确地反映出用户的信息需求。

例如,工程管理系统的逻辑数据模型初稿是:

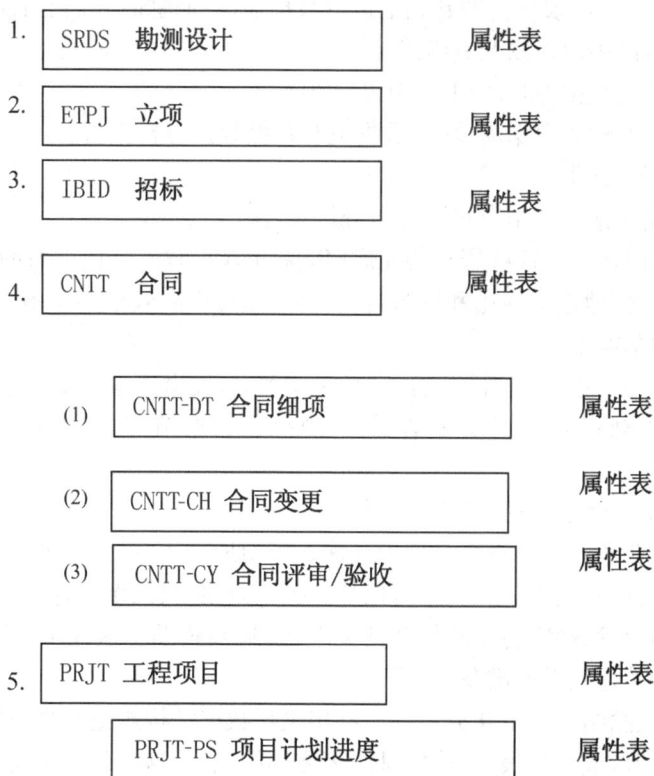

1.	SRDS　勘测设计	属性表
2.	ETPJ　立项	属性表
3.	IBID　招标	属性表
4.	CNTT　合同	属性表

(1)	CNTT-DT　合同细项	属性表
(2)	CNTT-CH　合同变更	属性表
(3)	CNTT-CY　合同评审/验收	属性表

5.	PRJT　工程项目	属性表
	PRJT-PS　项目计划进度	属性表

其中:

- 序号1、2、3……标出了主题数据库(Subject Database),一个主题数据库包括一组基本表(一个方框代表一个基本表,个别的主题数据库可以只含有一个基本表);
- 每个主题数据库都含有一个一级基本表(向左探出的方框),存储着主题数据库的基本的、静态的、概要的信息;
- 大多数主题数据库都含有二级基本表(缩进去的方框),存储着主题数据库的详细的、动态的、进一步展开性的信息;
- 属性表(Attributes List)是指基本表的内容按数据项划分的列表;
- 主键(Primary Key)是指属性表中能唯一标识一条记录的数据项。

采用的这种基本表集的二级有序结构来表示逻辑数据模型是对詹姆斯·马丁的结构化E-R图的简化。

(5)数据建模方法

人们长期以来一直在追求数据建模和数据库设计的自动化方法,但总也没有突破性进展,其根本原因是,数据建模和数据库设计的有效方法,归根到底是以业务知识和管理经验为基础的,采用某些软件辅助工具,只是为了加强规范化,省去分析处理和人工绘制图表等烦琐工作,没有能自动产生正确的数据模型的工具。

在弄清楚上述预备知识和基本概念之后,可以说数据建模过程是从用户视图到主题数据库,从数据流程图到E-R图,从数据实体到基本表的研究开发过程。

①数据建模的基础资料

我们是在规范化的需求分析的基础上进行数据建模的,这时我们已有的调研资料是:

- 各个职能域的用户视图及其组成;
- 各个职能域的数据流程图(1-DFD,2-DFD)
- 各个职能域的输入数据流、输出数据流和存储数据分析报告;
- 全域的数据元素集;
- 全域的数据元素——用户视图分布分析报告等。

我们在计算机内建立了这些资料的元库(Repository),它不仅比一般的数据字典有更丰富的内容,而且能更方便地检索使用和进行自动化处理,可以有效地用于系统数据建模。

②数据建模的基本工作

- 识别业务主题,将用户视图分组,定义实体大组,提出概念数据模型;
- 按业务需要进一步分析实体的属性,规范化数据结构,产生基本表,提出逻辑数据模型;
- 数据元素规范化,进一步审核基本表的组成。

数据建模需要业务人员与系统分析人员深入密切地合作,可大致分成三步进行:

第一步,进行实体–关系分析——可以从业务主题出发,确定实体大组,识别各个实体;也可以从数据流程图出发,确定各个实体及其关系,绘制 E-R 图。这样可以建立概念数据模型,并为逻辑数据模型的建立做好准备。

第二步,进行数据结构规范化分析——利用关系数据结构规范化理论和方法,将每一个实体规范到三范式,即形成基本表,并确定基本表之间的关系,这就建立了逻辑数据模型。

第三步,进行数据元素规范化分析——利用数据元素规范化的理论和方法建立较为完整的类别词表和基本词表,控制数据元素的一致性,使基本表进一步规范化。

对各个数据库来说,这三个步骤就是数据库的概念设计(第一步)和逻辑设计(第二、三步)。

数据建模的依据资料及成果之间的关系如图 6-5 所示,其中数字来自一个实际系统。

对已定义的数据对象(数据元素、基本表、主题数据库)按以下的不同分类进行综合考虑,可以帮助检查有无差漏或不妥之处:

- 按产生关系——基本信息/派生信息;
- 按详略程度——概要信息/详细信息;
- 按变化情况——静态信息/动态信息;
- 按时态关系——当前信息/历史信息;
- 按加工深度——源数据/初加工信息/深加工信息;
- 按管理层次——作业信息/分析信息;
- 按系统范围——内部信息/外部信息;
- 按业务域分布——专用信息/公用信息等。

③数据建模的步骤

定义主题数据库、进行用户视图分组、规范化数据结构(确定基本表的数据元素)等工作,是一种综合性的分析过程,没有严格死板的顺序,实际上总是既要统一综合考虑,又要一个一个地规划设计每一个数据库,具体步骤如下:

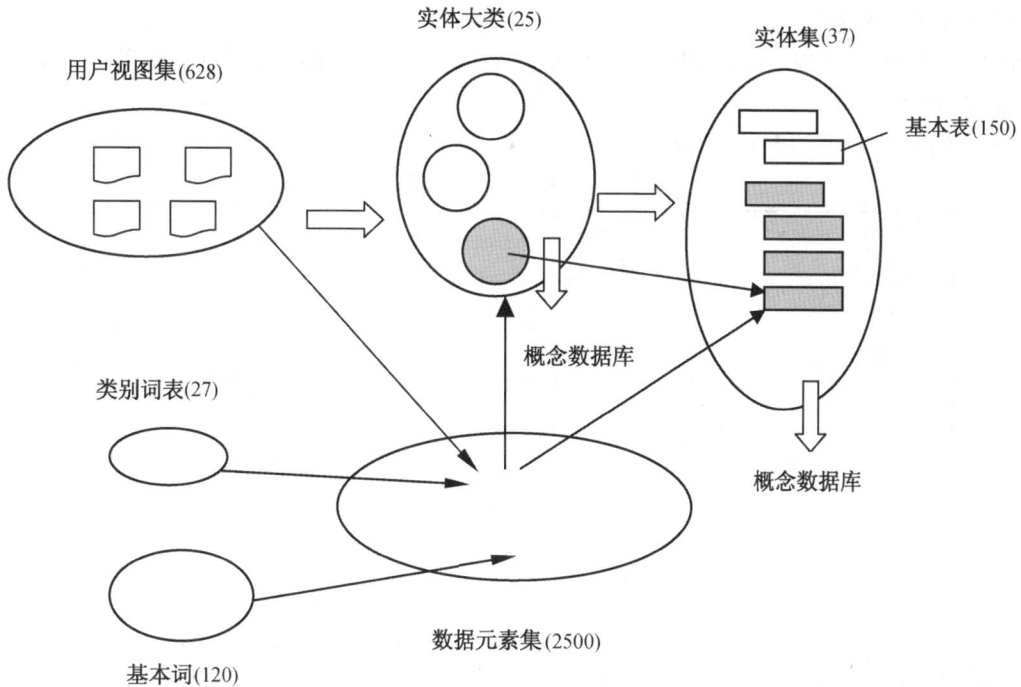

实体大类(25)

实体集(37)

用户视图集(628)

基本表(150)

概念数据库

类别词表(27)

概念数据库

基本词(120)

数据元素集(2500)

图 6-5　数据建模的依据资料及成果

a. 定义主题数据库,并给每个基本表命名。每个主题数据库都包含一个一级表和若干个二级表,一般来说,一个主题数据库的一级表记存该主题的"基本信息",这种信息具有主体特征、静态性和单值性,对于动态信息则是当前动态,即强调当前性;一个主题数据库的二级表记存该主题的"派生信息"或"关联信息",这种信息可能是多值记录、变动记录或归档记录,对于动态信息则是过时动态的记录,即强调历史性。一级表与二级表通常有一对多的关系,如为表明一个主题数据库中各表的紧密关系,二级表的标识最好在一级表的标识后加下划线字符,再后接一至三个字符。

b. 用户视图分组。根据业务主题对"用户视图集"进行分组,即识别实体所包含的用户视图,使一组用户视图对应一个主题数据库或基本表,为设计数据库结构做准备。

c. 确定数据库结构。如果用户视图的调研资料和分组比较准确和完全,那么这组视图所包含的数据元素就应该是所对应的数据库的全部属性。规划人员可对这些属性间的关系进行分析,筛选确定每个基本表的结构。

4. 系统体系结构建模

信息系统体系结构(Information System Architecture)在信息工程方法论中是指系统数据模型和功能模型的关联关系,采用 C-U 矩阵来表示。系统体系结构模型的建立是进行数据分布分析、制订系统开发计划的科学依据。

根据系统规模的大小,系统体系结构模型也相应地分为:

(1)全域系统体系结构模型,即全域 C-U 阵,它表示整个规划范围所有应用系统与主题数据库的概要关联情况;

(2)应用系统体系结构模型,即应用系统 C-U 阵,它表示一个应用系统的所有子系统与主

题数据库的关联情况;

(3)子系统体系结构模型,即子系统 C-U 阵,它表示一个子系统的所有功能模块与主题数据库的关联情况。

系统的 C-U 矩阵如表6-3 所示。

表6-3　系统的 C-U 矩阵

数据库(一级表) 子系统	……	CNTT	PRJT	……
……				
F08 计划进度	U	C		
F09 质量	U	U		
……				

子系统的 C-U 矩阵如表6-4 所示。

表6-4　子系统的 C-U 矩阵

基本表 子系统(功能模块)	……	CNTT	CNTT-CH	PRJT	PRJT-PS	……
……						
F08 计划进度		U	U	U	A	
F09 质量			U	U	U	U
……						

其中,C 表示生成,U 表示使用,A 表示生成和使用。

要建立系统体系结构模型,必须首先建立每个数据库/基本表的"数据 – 功能关联关系"。因为每一个数据库/基本表都有其生成、维护(增、删、改)功能模块,也有检索和使用模块。这个工作在系统建模阶段是非常重要的。借助计算机化的规划辅助工具,在每个数据库/基本表"数据 – 功能关联关系"建立的基础上,就能建立起系统的体系结构模型。

习　题

1. 简述信息工程方法的基本原理及信息工程的构件。
2. 简述总体数据规划的内容和工作步骤。
3. 现代企业数据环境有哪几种?
4. 简述业务模型的概念和特点,以及业务模型与组织机构的关系。
5. 凝聚性活动应具有什么特点?
6. 什么是主题数据库? 主题数据库模型的表达形式是什么? 基本表有什么特性?
7. C-U 矩阵的作用是什么?

第 7 章　面向对象的开发方法

7.1　面向对象方法的产生和发展

7.1.1　面向对象方法概述

面向对象系统的开发方法(Object-Oriented Methodology,OO)是从面向对象的程序设计语言发展而来的,1967 年,奥利-约翰·达尔(Ole-Johan Dahl)与克利斯登·奈加特(Krysten Nygaord)发表了 Simula 67 程序语言,该程序语言提供了描述与理解客观事实的一个新角度,首次在程序中引入把数据与对它的操作合成一个整体封装(Encapsulation)的概念,在此基础上,艾伦·凯(Alan Kay)设计了一个典型的面向对象的程序语言 Smalltalk,使面向对象的方法开始传播和发展,20 世纪 80 年代中后期,C + +、JAVA 等语言的出现,使面向对象的程序设计逐渐成熟。

在 20 世纪 70、80 年代,由于结构化方法和信息工程方法发展比较迅速,人们更多地接受和关注上述两种方法而忽略了 OO 方法,到了 20 世纪 90 年代,面向对象技术应用领域越来越广,其技术本身也越来越成熟,人们对其研究加深了,并把面向对象的思想引入系统分析和系统设计工作中来,形成了完整的面向对象方法。

OO 方法的基本思想:OO 方法认为,客观世界是由各种各样的对象组成的,每种对象都有各自的内部状态和运动规律,不同对象之间的相互作用和联系就构成了各种不同的系统。当我们设计和实现一个客观系统时,如能在满足需求的条件下,把系统设计成由一些不可变的(相对固定)部分组成的最小集合,这个设计就是最好的。而这些不可变的部分就是所谓的对象。

1. 对象是 OO 方法的主体,对象至少应有以下特征

(1)模块性

模块性即对象是一个独立存在的实体,从外部可以了解它的功能,但其内部细节是"隐蔽"的,它不受外界干扰。对象之间的相互依赖性很小,因而可以独立地被其他各个系统所选用。

（2）继承性和类比性

事物之间都有一定的相互联系，事物在整体结构中都会占有它自身的位置。在对象之间有属性关系的共同性，在 OO 方法中称之为继承性，即子模块继承了父模块的属性。将通过类比方法抽象出典型对象的过程称之为类比。

（3）动态连接性

动态连接性是指各种对象之间统一、方便、动态的消息传递机制。因此，以对象为主体的 OO 方法可以简单解释为：

①客观事物都是由对象（Object）组成的，对象是在原事物基础上抽象的结果，复杂的事物都可以通过对象的某种组合结构构成。

②对象由属性和方法组成。属性（Attribute）反映了对象的信息特征，如特点、值、状态等。而方法（Method）则是用来定义改变属性状态的各种操作。

③对象之间的联系主要是通过传递消息（Message）来实现的，而传递的方式是通过消息模式（Message Pattern）和方法所定义的操作过程来完成的。

④对象可按其属性进行归类（Class）。类有一定的结构，类上可以有超类（Superclass），类下可以有子类（Subclass）。这种对象或类之间的层次结构是靠继承关系维系着的。

⑤对象是一个被严格模块化了的实体，称之为封装（Encapsulation）。这种封装了的对象满足软件工程的一切要求，而且可以直接被面向对象的程序设计语言所接受。

面向对象方法把信息系统看作是一起工作来完成某项任务的相互作用的对象集合，在面向对象方法中，既没有过程和程序，也没有数据实体和文件，系统只是由对象所组成的。从面向对象的角度认识事物，进而为开发系统提供了一种全新的方法。面向对象方法解决了结构化方法和信息工程方法中两个无法逾越的"鸿沟"：数据与功能的鸿沟以及开发阶段的鸿沟。真正实现系统开发过程的无缝衔接。面向对象方法的发展和完善将成为未来信息系统开发建设的主流方法。

2. OO 方法开发过程分为 4 个阶段

（1）系统调查和需求分析：对系统面临的问题和用户的开发需求进行调查研究。

（2）分析问题的性质和求解问题：在复杂的问题域中抽象识别出对象及其行为、结构、属性和方法。这一个阶段一般称为面向对象分析，即 OOA。

（3）整理问题：对分析的结果进一步抽象、归类整理，最终以范式的形式确定下来，即 OOD。

（4）程序实现：使用面向对象的程序设计语言将其范式直接映射为应用程序软件，即 OOP（它是一个直接映射过程）。

7.1.2 面向对象的基本概念和特征

在面向对象系统中，无论是面向对象分析，还是面向对象设计或面向对象程序设计，都以一些基本概念为其基础和特征，它们是对象（Object）、类（Class）、消息（Message）、继承性（Inheritance）、多态（Polymorphism）、封装（Encapsulation）和动态联编（Dynamic Binding）。以下简要介绍这些概念。

1. 对象

对象即客观世界中所存在的实体。一张桌子、一个人、一本书或一个图书馆都可以理解为是一个对象。为了用计算机解决客观世界中的问题,软件系统将它们映射为程序中的部件,并继续称之为对象。

面向对象方法是基于客观世界的对象模型化的系统开发方法。在面向对象程序设计中,对象是一个属性(数据)集及其操作(行为)的封装体。作为计算机模拟真实世界的抽象,一个对象就是一个实际问题论域、一个物理的实体或逻辑的实体。在计算机程序中,可视为一个"基本程序模块",因为它包含了数据结构和所提供的相关操作功能。

对象的属性是指描述对象的数据,可以是系统或用户定义的数据类型,也可以是一个抽象的数据类型,对象属性值的集合称为对象的状态(State)。

对象的行为,是定义在对象属性上的一组操作方法(Method)集合。方法是响应消息而完成的算法,表示对象内部实现的细节,对象的方法集合体现了对象的行为能力。

对象的属性和行为是对象定义的组成要素,有人把它们统称为对象的特性。无论对象是有形的或是抽象的,简单的或是复杂的,一般具有以下特征:

(1)具有一个状态,由与其相关联的属性值集合所表征。

(2)具有唯一标识名,可以区别于其他对象。

(3)有一组操作方法,每个操作决定对象的一种行为。

(4)对象的状态只能被自身的行为所改变。

(5)对象的操作包括自操作(施于自身)和他操作(施于其他对象)。

(6)对象之间以消息传递的方式进行通信。

(7)一个对象的成员仍可以是一个对象。

2. 类

类(Class)是对象的抽象及描述,是具有共同属性和操作的多个对象的相似特性的统一描述体。类也是对象,是一种集合对象,我们称之为对象类(Object Class),简称为类,以有别于基本的实例对象(Object Instance)。一个类所包含的方法和数据是用来描述一组对象的共同行为和属性。通过类来抽象一个个对象的共同特点、描述一个个对象的相似属性,储存一个个对象的一致行为,是面向对象技术最重要的特征。从形式和定义说明上看,类很像传统程序设计中的结构,但类同时包含了传统程序设计中数据定义和功能实现的构造。

类与对象相比有不同的抽象层次,因而有不同层次的类。这些类之间不是孤立的,它们之间的关系构成了类的层次结构(Class Hierarchy)。将这些类的属性和行为储存在一起就构成了类库(Class Library)。类库为程序设计提供了可再用软件,是进一步进行软件开发的工具。是否建立了一个丰富的类库,是一个面向对象程序设计语言实用化的标志。

类、类层次结构、类库都是面向对象系统的重要特征。

3. 消息

消息是对象之间的通信机制,是访问类中所定义的行为的手段。当一个消息发送给某一个对象时,即要求该对象产生某些行为,所要求产生的行为包含在发送的消息中,对象接收到消息后,给予解释并产生响应。这种通信过程叫作信息传递(Message Passing)。

一个有效率的面向对象系统中,是没有完全孤立的对象的,对象的相互作用的模式是采用消息传送来实现的。

消息(Message)是面向对象系统中实现对象间的通信和请求任务的操作。消息传递是系统构成的基本元素,是程序运行的基本处理活动。一个对象所能接收的消息及其所带的参数,构成了该对象的外部接口。对象接收它能识别的消息,并按照自己的方式来解释和执行。一个对象可以同时向多个对象发送消息,也可以接收多个对象发来的消息,消息只反映发送者的请求,由于消息的识别、解释取决于接收者,因而同样的消息在不同对象中可解释成相应的行为。

4. 继承性

继承性是不同类层次之间共享数据和方法的手段,是软件重用的一种机制。继承性使软件开发不必都从头开始。对一个新的类的定义和实现可以建立在已有类的基础上。把已经存在于类中的数据和方法作为自己的内容,并加入自己特有的新内容。类的层次结构在概念分析上源于对事物不同层次的抽象,而在具体实现上却依赖继承机制。

当两个类产生继承关系后,原有的类被称作父类(Parent Class),新定义的类被称作子类(Children Class)。若干类只从一个父类得到继承,则称为"单继承"(Single Inheritance);若一个子类能从多个父类那里得到继承则称为"多重继承"(Multiple Inheritance)。继承性是面向对象语言区别于其他语言最主要的特点。单继承关系如图7-1所示。

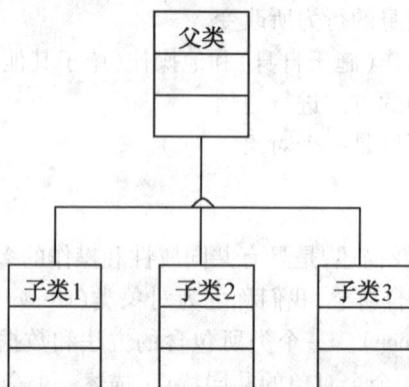

图7-1 单继承关系图示

就继承风格而言,具有多样性,除上述的单继承、多重继承外,还有全部继承、部分继承等。一般的面向对象系统,在不同程度上支持如下四种类型的继承:

(1)替代继承,如果我们能够对类T的对象比类E的对象实施更多的操作,就说类T继承类E,即在类E的对象处,能够用类T的对象来替代。这种继承基于方法。例如,一个徒弟从师傅那里学到了师傅的全部技术,那么在任何需要师傅的地方,都可以由该徒弟来替代。

(2)包含继承,如果类T的每个对象也是类E的对象,则说明类T是类E的子对象。这种继承是基于结构而非操作。例如,苹果类的对象(如"红富士""红香蕉""青香蕉""国光")都是水果类的一些特殊对象,苹果继承了水果的特征,而且包含了水果的所有特征,这便是包含继承。

(3)限制继承,如果类E包括满足某种已知限定条件的类T的所有对象,则类T是类E的一个子类。这是包含继承的特殊情形。例如，少年是人的子类，但是他们服从更特殊的限制条件，即要求年龄限于 13 到 19 岁之间；又如，鸵鸟是一类特殊的鸟，它们不能继承鸟类会飞的特征，是受限制继承。

（4）特化继承，如果类 E 的对象是类 T 的对象，而 T 带有更多特殊信息，则类 T 是类 E 的子类。例如人和学者，其中学者的信息是人的信息再加上某些属性。

继承性允许程序设计人员在设计新类时，只需考虑与已有的父类所不同的特性部分，而继承父类的内容为自己的组成部分。如果父类中某些行为不适用于子类，则程序设计人员可在子类中重写方法的实现。因此，继承机制不仅能除去基于层次联系的类的共性的重复说明，提高代码复用率，而且能使开发者大部分精力用于系统中新的或特殊的部分设计，便于软件的演进和增量式扩充。

5. 多态

多态是指具有多种形式。不同对象在收到同一消息后产生不同的结果，这种现象叫作多态。在使用多态时，系统发出一个通用消息而实现的细节由收到消息的对象自行决定。这样，同一消息就可产生不同的调用方法。

多态的实现受到继承性和动态联编的支持，利用类继承的层次关系，把具有通用功能的消息放在较高的层次，而不同的实现这一功能的行为放在较低的层次，在这些层次上生成的对象能够给通用消息以不同的响应。

6. 封装

封装是指对象可以拥有处理内部变量并将内部实现细节隐藏起来的能力。封装将对象封闭起来，管理着对象的内部状态，因而封装的实质是信息隐藏，它的基本单位是对象。它和抽象是处理对象的两个相反的方面。抽象一般用来描述对象所具有的外部特征，包括对象的外部接口和外部功能等。外部接口将对象的封装与抽象联系起来。在一般的面向对象系统中，封装是通过类的定义说明来实现的。

一般地讲，封装的定义为：

（1）一个清楚的边界，封装的基本单位是对象；

（2）一个接口，这个接口描述该对象与其他对象之间的相互作用；

（3）受保护的内部实现，提供对象的相应的软件功能细节，且实现细节不能存在于定义该对象的类之外。

7. 动态联编

联编是将对象对一个方法的使用与该方法的程序代码相结合的过程，即编译程序决定软件系统中引用的一个方法名到底是调用多个具有该方法名的具体方法中的哪一个。所谓动态联编是指两者的结合是在程序运行时才发生的，即是在编译后才进行的，故也称"滞后联编"（Late Binding）。一般程序设计（非动态联编程序设计）的联编是在编译时，即在程序运行之前完成的，编译程序知道要调用的函数是谁，故称为"静态联编"（Static Binding）或"早期联编"（Early Binding）。动态联编所具有的灵活性是多态机制的基础。由于动态联编的对象在接收到消息后，只有在运行时才能确定具体的程序代码，而作为类实例出现的对象有可能与不同的程序代码相结合，从而体现出多态的机制，当然，只有方法本身被说明是多态方法即具有多态属性,才能进行动态联编。

7.2 面向对象的系统分析与设计

所谓面向对象的系统分析与设计,就是将面向对象的方法运用到分析和设计阶段中。面向对象的系统分析和设计的主要目的是完成对某个论域(Application Domain)的分析和对系统的建模。具体来说,在该阶段需要完成的任务是:描述系统中的对象、对象的属性和操作、对象的动态特性、对象间的构造关系及通信关系等,从而建立系统的静态结构和动态活动模型。在系统分析阶段,需要解决的问题集中在确定系统所需要完成的工作上;而在系统设计阶段,则需要决策如何完成系统预定的功能。

7.2.1 面向对象的系统分析

1.面向对象分析概述

面向对象分析(Object-Oriented Analysis,OOA)就是运用面向对象方法进行需求分析,它包括概念原则、过程步骤、表示方法、提交文档等规范要求。其基本目标是按照某种机制,构造待开发信息系统的形式模型,捕捉系统最基本的需求。在系统分析阶段建立的模型应该清晰地体现各种需求,提供一个软件需求和软件开发之间的基础,这将成为后续的设计和实现等阶段的框架。因此,在面向对象分析中需要完成的基本任务是:运用面向对象方法,分析和理解问题论域和系统责任,正确认识其中的事物和它们之间的关系,识别出描述问题论域及系统责任所需的类及对象,定义这些类和对象的属性与服务,及其他们之间所形成的结构、静态联系和动态联系,最终产生一个符合用户需求、并能直接反映问题论域和系统责任的 OOA 模型及其详细说明。其中,OOA 模型应涉及对象的三个方面:静态结构(对象模型)、相互作用的序列(动态模型)和数据转移(功能模型)。这三个子模型的结构为:

$$对象模型 = 对象模型图 + 数据字典$$
$$动态模型 = 状态图 + 全局事件流图$$
$$功能模型 = 数据流图 + 约束$$

这三个子模型在不同问题中的重要性是不同的,但几乎所有问题都使用从真实世界中抽象出来的对象模型。

上述 OOA 模型可划分为五个层次,它们分别是:

(1)对象与类

表达待开发系统及其环境信息的基本构造单位,标出反映问题域的对象和类,并用符号进行规范的描述,以信息提供者熟悉的术语为对象和类命名。

(2)属性层

定义对象和某些结构中的数据单元,继承结构中所有类的公共属性可放于通用类中。标识对象必需的属性并放在合适的继承层次上,实例连接关系和属性的特殊限制也应标识出来。

（3）服务层

表示对象的服务或行为，即要定义类上的操作。列出对象需要做什么（即方法），也给出对象间的消息连接（并应以箭头指示消息从发送者到接受者），消息系列用执行线程来表达，服务用类似流程图的方式表达。

（4）结构层

识别现实世界中对象之间的关系。当一个对象是另一个对象的一部分时，用"整体 – 部分"关系表示；当一个类是类属于另一个类时，用类之间继承关系表示。

（5）主题层

主题层是用于管理大系统的一个方法，这里所说的"主题"可以看成是子模型或子系统，可将相关类或对象分别归类到各个主题中，并给予标号和名称。

总之，OOA 模型的基本要求是：明确系统中应设立哪些对象与类，每一类对象的内部构成，各类对象与外部的关系，形成一个完整的模型图。在此基础上，还应按需要提供主题图，以帮助使用者能够在不同粒度层次上理解系统。

2. 面向对象分析的步骤

面向对象分析需要将真实世界进行抽象，通过对问题的叙述，将真实世界系统加以描述。分析的目的是构造一个系统属性和系统行为的模型，该模型是根据对象和对象之间的关系、动态控制和功能转移来确定的（如图 7-2 所示）。为此，OOA 过程应该包含以下步骤：

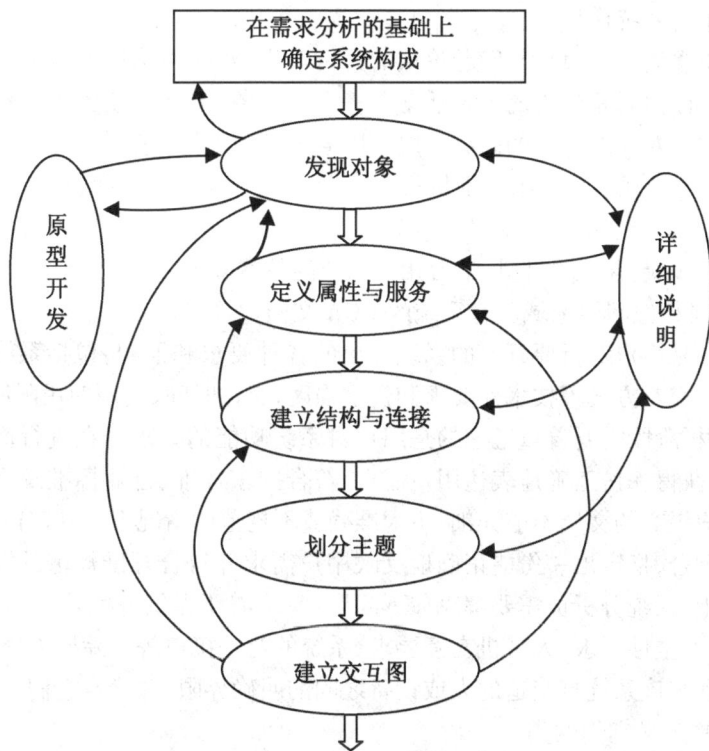

图 7-2　OOA 过程模型

- 得到问题论域的初始化描述(问题叙述)。
- 识别对象,定义它们的类。
- 识别对象的内部特征,创建数据字典(包含类、属性和关联的描述),定义属性,定义服务。
- 识别对象的外部特征。建立一般－特殊结构,建立整体－部分结构,建立实例连接,建立消息连接。
- 划分主题,建立主题图。
- 定义用例,建立交互图。发现活动者、系统边界,定义用例,反映怎样使用系统及系统向用户提供的建立交互图。
- 建立详细说明。
- 原型开发。

值得注意的是,以上所列的 OOA 过程的各个步骤,并没有特定的次序要求,它们可以交互地进行,系统分析员可以按照自己的工作习惯决定 OOA 过程的次序。不强调活动的次序,而是允许各种活动交替进行,这正是 OOA 方法的一个特点。

以下将对面向对象分析过程的各个步骤的主要内容及主要方法进行较为详细的讨论。

(1)得到问题论域的初始化描述(问题叙述)

系统分析的基本出发点是问题论域及用户需求,面向对象系统分析也不例外。在面向对象系统分析中,研究问题论域及用户需求的主要目的是通过对问题论域的深入研究,建立一个能够满足用户需求的系统模型。

面向对象分析强调系统模型与问题论域的紧密对应,对问题论域的研究贯穿于整个面向对象分析工作中。面向对象分析的主要活动——发现对象、定义对象类等工作都要通过对问题论域的研究完成。对问题论域的研究一般可以通过以下工作来完成:

- 亲临现场,通过观察掌握第一手材料;
- 认真听取问题论域专家的见解;
- 阅读与问题论域有关的材料,学习相关领域的基本知识;
- 借鉴相关或相似问题论域已有系统的 OOA 文档。

用户需求指的是用户对所要开发的系统提出的各种要求和期望,包括系统的功能、性能、可靠性、保密要求、交互方式等技术性要求和资金强度、交付时间、资源使用限制等非技术性要求。其中,系统分析阶段需要着重考虑的是用户对系统功能的要求。在进行面向对象分析之前,系统分析员应获得一份正确地表达用户需求,符合国家标准、行业标准及企业内部规范的需求文档。当用户提交的文档不够详细、不太准确或不规范的情况下,系统分析员需要与用户和其他有关人员配合,指定出一份能正确地反映用户需求并符合标准规范的需求文档。在对用户需求的研究中,系统分析员需要解决如下问题:系统需要提供哪些功能,要达到何种性能指标以及可靠性、安全性要求,人－机交互要求,系统的对外接口等。除此之外,在该阶段还应划出被开发系统和与该系统打交道的人或设备之间的明确界限,并确定它们之间的接口。

(2)识别对象,定义它们的类

对于一个给定的应用论域,一个合适的对象集合能够确保软件的可重用性、提高可扩充性,并能借助面向对象的开发模式,提高软件开发的质量和生产效率。没有一个科学的对象识别的客观方法,就不能充分发挥面向对象程序设计方法的优势。

在对象识别中最为关键的是正确地运用抽象原则。面向对象分析用对象来映射问题论域中的事物，但并不是问题论域中的所有事物都需要用对象来进行映射，系统分析员应紧密围绕系统责任这个目标去对问题论域中的事物进行抽象，对这些事物进行取舍，识别出反映系统特征的对象。取舍的准则是问题论域中的事物及其特征是否与当前的目标有关。

在OOA中运用抽象原则，首先，要舍弃与系统责任无关的事物，保留与系统责任有关的事物。其次，还要舍弃与系统责任有关的事物中与系统责任无关的特征。判断事物及其特征是否与系统责任相关的准则是：该事物是否为系统提供了一些有用的信息或需要系统为其保存和管理某些信息；该事物是否向系统提供了某些服务或需要系统描述它的某些行为。正确地进行抽象还需要考虑将问题论域中的事物映射为什么对象以及如何对这些对象进行分类的问题。

为了尽可能识别出系统所需要的对象，在系统分析的过程中应采用"先松后紧"的原则。系统分析员应首先找出各种可能有用的候选对象，尽量避免遗漏；然后对所发现的候选对象逐个进行严格的审查，筛选不必要的对象，或者将它们进行适当的调整与合并，使系统中的对象和类尽可能地紧凑。

在寻找各种可能有用的候选对象时，主要的策略是：从问题论域、系统边界和系统责任这三个方面出发，考虑各种能启发自己发现对象的因素，找到可能有用的候选对象。在问题论域方面，可以启发分析员发现对象的因素包括：人员、组织、物品、设备、事件、表格、结构等。在系统边界方面，应该考虑的因素包括：人员、设备和外部系统，它们可以启发分析员发现一些系统与外部活动所进行的交互，并处理系统对外接口的对象。对系统责任的分析是基于发现对象识别的遗漏的考虑，对照系统责任所要求的每一项功能，查看是否可以由已找出的对象来完成该功能，在不能满足要求时增加相应的对象，可以使系统分析员尽可能地找出所需的各种对象。

在找到许多可能有用的候选对象之后，需要进行的工作是对它们进行逐个审查，分析它们是否是OOA模型所真正需要的，从而筛选掉一些对象，或精简及合并一些对象，以及将一些对象推迟到OOD阶段再进行考虑。在舍弃无用对象时，对于每个候选的对象，判断它们在系统中是否真正有用的准则是它们是否为系统提供了有用的属性和服务。在进行判断的同时，也可以使系统分析员认识了对象的一些属性和服务，并将这些属性和服务填写到相应的对象的类符号中。虽然这并非本阶段所要求进行的工作，但OOA的各个活动之间并没有严格的界限和次序规定，在进行某项活动的同时兼顾其他阶段的工作将提高整个OOA过程的效率。如果选出的对象过多，使得系统的复杂性大大增加，对象的精简工作便成为必然。在精简的过程中，对于只有一个或少数几个属性的对象，应考虑是否可以将它们合并到引用它们的对象之中；而对于只有一个或少数几个服务的对象，如系统中只有一个其他类的对象请求这个服务，则可以考虑将该对象合并到请求者对象中去。

对于候选对象中那些与具体的实现条件密切相关的对象，如图形用户界面（GUI）系统、数据库管理系统、与硬件及操作系统有关的对象，应推迟到OOD阶段进行考虑，不要在OOA模型中建立这些对象，以确保OOA模型可以独立于具体的实现环境而只与问题论域相关。

在找到系统中所需的对象之后，建立它们的类便是一件相对简单的工作了。从识别对象到定义它们的类是一个从特殊个体上升到一般概念的抽象过程，我们需要为每一种对象定义一个类，并用一个类符号进行表示，同时还应把陆续反映的类属性和服务填写到类符号中，以得到这些对象的类。在定义对象类时,有时需要对一些异常情况进行检查,必要时做出修改和调整。对于类的属性或服务不适合该类的全部对象时,应该重新进行分类;对于属性及服务相同的类,则可以进行合并;对于属性和服务相似的类,则可以考虑建立一般 – 特殊结构或整体 – 部分结构,利用类的继承及派生对这些类进行简化;遇到对同一事物进行重复描述的类,应对其中某一类进行适当的改造而去除冗余的类。在定义类时,还应注意类的命名原则。类的名字应符合这个类所包含的每一个对象;应反映每个对象个体,而不是群体;类名应采用名词或带有定语的名词,而不应采用动词;类名应采用规范词汇及问题论域专家及用户惯用的词汇;应避免使用毫无意义的字符或数字作为类名。

(3)识别对象的内部特征,创建数据字典

对象的内部特征包括对象的属性和服务,识别对象的内部特征包括定义对象的属性与服务这两个部分的工作。

问题论域中的事物的特征可以区分为静态特征和动态特征,静态特征可以通过一组数据来表示,而动态特征则可以通过一系列操作来表示。面向对象方法用对象来抽象问题论域中的事物,相应的对象属性和服务则与事物的静态特征和动态特征相对应。对象的属性是描述对象静态特征的数据项,而对象的服务则是描述对象动态特征(行为)的操作序列。对象的属性和服务描述了对象的内部细节,只有给出了对象的属性和服务,才能说对于该对象有了确切的认识和定义。

按照面向对象方法的封装原则,一个对象的属性和服务是紧密结合的,对象的属性只能由该对象的服务来进行访问,即确定对象状态的属性数据应该是 Private 型(或 Protected 型)的。而对象的服务可以分为内部服务和外部服务,与之相对应的是 Private 型(或 Protected 型)和 Public 型。内部服务只供对象内部的其他服务使用,不能在外部进行调用;而外部服务则对外提供一个消息接口,通过这个接口接收对象外部的消息并为之提供服务。

对于对象的属性和服务,面向对象方法提供了专门的表示方法:对象的属性用在类符号中部填写的各属性的名字表示;而对象的服务则用在类符号下部填写的各服务的名称表示。图 7-3 是对象的属性和服务的表示法的一个示意图。

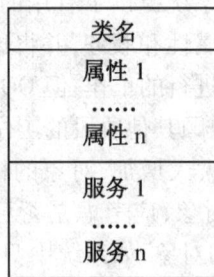

图 7-3　对象的属性和服务的表示法

①定义对象的属性

由于面向对象方法具有对象重用这个巨大的优势,因此在定义对象的属性时可以借鉴以往 OOA 的成果,查看相同或相似的问题论域是否有已开发的 OOA 模型,尽可能复用其中同类对象的属性定义。然后,研究当前问题论域和系统针对本系统应该设置的各类对象,按照问题论域的实际情况,以系统责任为目标进行正确的抽象,从而找出各类对象应有的属性。

可以从以下角度去确定对象应具有的属性：

- 按一般常识,该对象应具有哪些属性;
- 在当前问题论域中,该对象应具有哪些属性;
- 根据系统责任的要求,该对象应具有哪些属性;
- 建立该对象是为了保存和管理哪些信息;
- 对象为了在服务中实现其功能,需要增设哪些属性;
- 是否需要增设属性来区别对象的不同状态;
- 用什么属性来表示对象的整体 – 部分联系和实例连接。

对于找到的对象属性,还应进行严格的审查和筛选,才能最终确定对象应具备的属性。在审查和筛选中,应考虑的问题有：

- 该属性是否体现了以系统责任为目标的抽象;
- 该属性是否描述了该对象本身的特征;
- 该属性是否破坏了对象特征的"原子性";
- 该属性是否已通过类的继承得到;
- 该属性是否可以从其他属性推导得到。

在确定了对象属性之后,应对各属性命名加以区别。属性的命名在词汇的使用方面与类的命名原则基本相同。在工作的最后,应在类描述模板中给出每个属性的详细说明,该说明包括以下信息：

- 属性的解释;
- 属性的数据类型;
- 属性所体现的关系;
- 属性的实现要求和其他。

②定义对象的服务

发现和定义对象的服务和 OOA 的其他活动一样,可以借鉴以往同类系统的 OOA 成果,同时还应研究问题论域和系统责任以明确各个对象应该设立哪些服务以及如何定义这些服务。

在定义对象服务时,应注意以下问题：

- 考虑系统责任,审查各项功能要求,并确定相应的对象和服务;
- 考虑问题论域,确定设立哪些服务来模拟哪些与系统责任有关的行为;
- 分析对象的状态,确定实现对象状态转换的对象服务;
- 追踪服务的执行路线,发现可能遗漏的服务。

在初步确定对象的服务之后,还必须对所确定的服务进行详细的审查,并最终确定所需的对象服务。在对对象服务的检查中,应着重检查以下两点：

检查每个服务是否真止有用。一个有用的服务或者直接提供某种系统责任所要求的功能,或者响应其他对象服务的请求而间接地完成这些功能的某些局部操作。不满足这些条件的服务是无用的,应该舍弃。

检查一个服务是否只完成一项明确定义的、完整而单一的功能。如果一个服务中包括了多项可以独立定义的功能,则应将它分解为多个服务。若发现把一个独立的功能分割到多个对象服务中去完成的情况,应加以合并,使一个服务对它的请求者体现一个完整的行为。

与类和属性的命名不同,服务的命名应采用动词或动词加名词组成的动宾结构,服务名应尽可能准确地反映该服务的职能。

在定义对象服务的最后,还应在类描述模板中给出各服务的详细说明。对服务的详细说明中应包含以下内容:

- 服务解释:解释该服务的作用及功能;
- 消息协议:给出该服务的入口消息格式;
- 消息发送:指出在该服务执行期间需要请求哪些别的对象服务;
- 约束条件:该服务执行的前置、后置条件以及执行事件等需要说明的事项;
- 服务流程图:对较复杂的服务,需要给出表明该服务执行流程的服务流程图。

在识别对象内部特征的最后,应把每个对象的属性和服务都填写到相应的类符号中去,构成类图的特征层。而对特征层的描述,则是在类描述模板中对每个对象属性和对象服务进行详细说明。

(4)识别对象的外部特征

系统是由一系列的类和对象构成的,各个类和对象之间存在一定的关系,这些关系可以在OOA模型的关系层中得到体现。只有定义和描述了各个类和对象以及各对象之间的关系,才能构成一个完整的、有机的系统模型。

对象(以及它们的类)与外部的关系有如下四种:

- 一般 - 特殊关系(继承关系):对象之间的分类关系用一般 - 特殊结构表示;
- 整体 - 部分关系:对象之间的组成关系用整体 - 部分结构表示;
- 静态连接关系:即通过对象属性所反映出来的联系,用实例连接表示;
- 动态连接关系:即对象行为之间的依赖关系,用消息连接表示。

表示上述关系的两种结构和两种连接将构成OOA模型的关系层。

(5)OOA提交的分析文档

在正式完成OOA活动时,对系统提供模型化描述,具体地描绘其静态结构(对象模型)和动态功能,包括使用数据流图、实体 - 关系图、状态 - 迁移图。同时应当提交完整的OOA文档,并包括下列主要成果:

- 书写用于指导设计和实现的分析方案说明;
- 精选的候选类清单;
- 提交数据字典;
- 使用OOA模型符号图示,绘制类图、主题图等;(类间继承关系;对象间整体 - 部分关系);
- 类定义模板(类的整体说明、属性说明、方法和消息说明);
- 指定优化规则。

7.2.2 面向对象的系统设计

在对系统进行详细的分析之后,就可以转入系统设计阶段。系统设计包括解决将整个系统划分为子系统、确定子系统的软件和硬件部分分配、为详细设计指定框架等问题。值得注意的是面向对象的设计与面向对象的分析使用了相同的方法,这就使得从分析到设计的转变非常自然,甚至难以区分。可以说,从OOA到OOD是一个积累型的扩充模型的过程。这种扩充使得设计变得很简单,它是从增加属性、服务开始的一种增量递进式的扩充。这一过程与结构化开发方法那种从数据流程图到结构图所发生的剧变截然不同。

一般而言,在设计阶段就是将分析阶段的各层模型化的"问题空间"逐层扩展,得到下个模型化的特定的"实现空间"。有时还要在设计阶段考虑硬件体系结构,软件体系结构,并采用各种手段(如规范化)控制因扩充而引起的数据冗余。系统设计阶段最重要的工作是确定系统结构,包括将系统划分成子系统、确定子系统的本质特征、确定数据管理策略、协调子系统软硬件和全局资源分配、确定软件控制的实现方法、考虑系统的边界条件和交替使用优先权等。

1. 面向对象的设计模型

面向对象设计(OOD)采用扩展 OOA 模型以得到 OOD 模型,即在 OOA 模型建立的横向划分的主题层、对象层、结构层、属性层和服务层五个层次的基础上,再将系统纵向划分为四个部件:问题域部件、人－机交互部件、任务管理部件和数据管理部件,如图7-4所示。

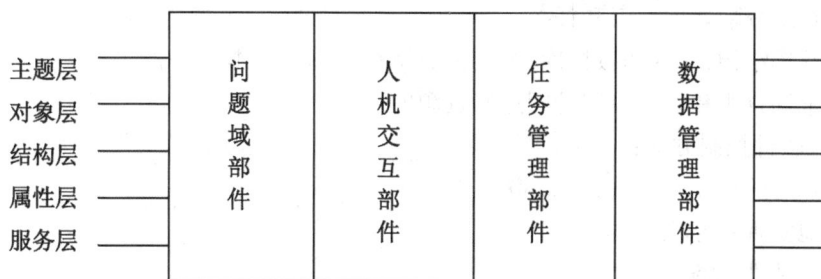

图 7-4　面向对象的设计模型

问题域部件:针对总体进行的设计,设计构造一组为底层应用建立模型的类和对象,细化分析结果。它包括完成目标系统主要功能的对象。"问题域部件"以面向对象分析为基础,通过扩展和调整,使之适应需求的变化,并为实现有关功能所需的类、对象操作等提供实现途径。其主要措施采取重用已有的部件,引入新父类;获取共同的属性,简化软件结构等。

人－机交互部件:给出实现人－机交互需要的对象,设计一组有关类接口视图的用户模型的类和对象,设计用户界面。其主要工作有对用户进一步熟悉、分析用户工作流程与习惯、设计命令系统、设计用户界面细节、设计用户界面专用类等。也可以利用快速原型技术对人－机交互部件的设计进行验证。

任务管理部件:提供协调和管理目标系统软件各个任务的对象,确定系统资源的分配,设计用于系统中类的行为控制的对象和类。"任务管理部件"的设计是多用户、从任务或多线程操作系统开发应用程序的需要,同时也通过任务描述目标软件系统中各子系统间的通信和协同。其主要工作有识别任务,包括由事件驱动的服务、由时间驱动的任务、关键任务及任务优先级,定义任务,定义任务协调功能等。

数据管理部件:确定持久对象的存储,将对象转换成数据库记录或表格。定义专用对象,将目标软件系统中依赖于开发平台的数据存取操作与其他功能分开,以提高对象的独立性。数据存取通过一般的数据管理系统,如文件系统、数据库管理系统等。其主要功能包括数据格式定义和数据操作定义。

这个 OOD 的总体结构的基本思路是简单的,但是我们应当重视并理解它,因为它对于学习和应用面向对象设计,养成良好的规范化设计风格,提高设计质量具有重要意义。

详细地确定对象和类,是 OOD 的工作关键,一种有效的启发式方法是对需要提供的服务和问题陈述做语法分析,其中,名词和名词短语可作候选对象,动词是候选的对象服务,形容词表示了可能的子类关系。寻找对象的策略和方法有很多,但设计经验和技巧非常重要。

在分析和设计中,我们要注意遵循这样的原则:把构造由基本对象组装成复杂对象或活动对象的过程与分解大粒度对象使系统细化过程相结合;把抽象化与具体化相结合;把独立封装与继承关系相结合等。

2. 设计步骤

在面向对象的系统设计中,一般需要进行如下几个步骤的工作:

- 将系统分层分割,细化成一系列子系统;
- 标识问题的一致性特性;
- 给子系统分配处理程序和任务;
- 根据数据结构、文件和数据库,为实现数据存储选择基本策略;
- 标识全局资源和确定控制访问这些资源的机制。

选择实现软件控制方法:

- 保持状态的程序内使用分配方法;
- 直接地实现状态机制;
- 使用一致性任务。

考虑边界条件:

建立交替使用的优先权。面向对象的设计就是定义系统的构造蓝图、约定和规则,以指导系统的实现。虽然在逻辑上将 OOA 与 OOD 先后排序,但事实上二者是自然地紧密结合的,这也是面向对象方法的一个特点。OOA 与 OOD 的区别主要是 OOA 与系统的问题论域更加相关,OOD 与系统的实现更加密切。

(1)系统划分

除了少数很小的应用之外,几乎所有的应用都具有较为复杂的结构,都需要完成许多不同的功能。因此,在系统设计的开始阶段,需要将整个系统划分为一系列易于驾驭的子系统,各个子系统共享某些公共特征,并完成系统某一方面的功能。

子系统是类、关联、操作、事件和约束的结合体。子系统的划分通常是由其所提供的服务来确定的,一般来说每个子系统提供一种服务,如 I/O 处理、图形功能、执行算法等。子系统定义了寻找问题的一个方面解的本质方式,每个子系统在其他子系统中是相对独立的,但单个子系统并不完整,只有将各个子系统按照某种方式进行组合形成总系统后,才能完整地完成系统预定的功能。垂直分割系统,使之成为几个独立的子系统,各子系统可以有某些相互交叉的部分,但是这些交叉直观明了,不需要建立主要设计的依赖关系。

将一个系统分割为一系列子系统的主要方法是利用水平分层和垂直分割。层还可以被分割,而分割也可以进一步分层,利用分层和分割的混合,最终可以形成一个个相互独立的子系统。图7-5 是一个涉及应用和图形交互的典型应用的分层分割块图,最终得到的各个块都可以作为子系统。

应用程序包		
用户对话控制	窗口图形	模拟程序包
	屏幕图形	
	点阵图形	
操作系统		
计算机硬件		

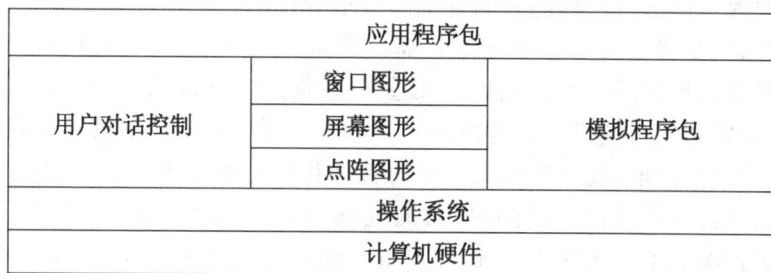

图 7-5　一个典型应用的分层分割块图

当顶层的子系统被确定后,接下来的工作便是表示具有数据流图的各个子系统之间的信息流。一般来说,在一个系统的各个子系统中,以一个子系统为主控系统,控制与其他子系统的所有相互作用,所有其他子系统之间也有相互作用,但其信息流通常是简单的。为了减少子系统之间的相互影响,可以使用简单的拓扑技术。

在进行系统划分时需要综合使用水平分层和垂直分割,大部分系统的划分都是分层和分割的混合。在水平分层中,各层所使用的抽象等级可以是不同的,任何一层都可以定义与另一层完全不同的抽象世界。但是在同一层中的类、关联、操作、事件和约束应该是协调的,每个层次的组成部分都应该是该层服务的客户,并为该层所完成的服务提供相应的支持。根据这一原则,总可以将系统分割为相对独立的若干部分,其中的每一部分执行一个特定的一般服务种类。在划分系统的同时需要考虑如何将这些划分出来的子系统有效地组织起来,协调地完成系统预定的功能。为了使系统能够有效地发挥作用,有时需要使用诸如管道线、星型结构等简单的拓扑结构将子系统组织起来,以减少系统的复杂性。

（2）确定数据管理的策略

几乎所有的实用系统都要和一定数量的数据打交道,因此需要在系统设计阶段确定数据管理的策略,以保证系统对数据的有效管理。对某些涉及数据量很大的系统,数据管理策略在很大程度上制约了系统运行的效率和可靠性,此时数据管理策略便显得更为重要。在系统结构中,可以为数据存储划分独立的子系统,并由该子系统与其他子系统的交互完成系统数据的管理。在数据管理中,分为内存数据管理和外部数据管理。其中内存数据的组织和管理是系统数据管理的基础,其关键在于合理组织内存数据结构,根据数据使用的实际特点合理设置数据属性。在外部数据管理中,可以利用文件或数据库。利用文件来存储和管理外部数据只能实现较为简单的数据组织管理,它属于低层次的数据管理方式,只能提供在较低抽象层次上的数据组织管理,且必须增加较多的程序处理代码。而数据库方式则提供了比文件更高层次的抽象,实现了更为复杂的数据管理功能,并简化了数据管理模块代码的复杂性。但它需要的系统开销较大,对系统的运行效率可能造成较大的影响。在确定数据管理策略时应根据实际情况的需要,在复杂性和系统开销等方面进行合理的协调。

对于较为复杂的系统,可能存在多个内在的、同时发生的对象并行执行的情况,且这些对象不能组合到单线程控制之中。此时,必须为这些对象指定独立的硬件设备或者在处理程序中为它们指定独立的任务。对于其他一些可以融合到单线程控制中的对象,则可以作为一个单任务来实现。对于某些特殊的系统,必须根据系统构造的需要,提供足够的程序处理和特别目的硬件单元。设计人员必须正确地估计系统运行平台的计算能力和硬件结构的影响,必要时可以进行硬件网络的分割。分割硬件网络的基本原则是在物理区域模块中取得最小的通信花费。任何一个设计者都希望能利用有限的系统资源取得较高的运行效率,因此在系统设计阶段必须正确地标识全局资源,并合理地确定控制存取这些资源的机制。一个较为常用的公共机制是建立一个"公园"对象,由该对象管理全局资源的划分,并对一系列动作进行存取,使之脱离低层次的管理和锁定的子集。以上讨论基本上都是硬件控制的范畴,在优化硬件控制的同时,我们也不能忽略软件控制。软件控制能有效地协调过程驱动、事件驱动和同时发生。软件对过程驱动系统的控制是通过在程序代码内驻留,利用执行程序数目、位置和过程调用堆栈以及局部变量定义来确定系统的状态并决定相应的响应动作中实现的。在事件驱动中,软件控制在调度者或监控中驻留,了解应用过程所涉及的事件,并在相应的事件发生时进行调度控制。在一致性系统中,软件控制驻留在多个独立对象中,控制这些对象的同时发生。利用事件驱动和同时发生(一致性),可以实现比过程驱动控制更加柔性化的软件控制。

对于系统的使用者来说,最为关注的是系统的稳定状态行为,但系统设计者还必须重视系统的边界条件:初始化、终结和异常及错误处理。大量的事实表明,系统的崩溃常常发生在系统处于边界条件时。同时值得注意的是:系统结构的基本方面是在时间和空间的交替使用过程中体现出来的,这些交替变化包括硬件和软件、简单和一般、影响和维护的交替变化。对这些交替变化的控制策略应根据系统应用的目的来决定,在决策时,系统设计者必须了解交替使用的优先级,以便在系统的子序列设计一致性期间做出正确的交替决策。

7.3 UML 语言

UML(Unified Modeling Language)语言是一种统一建模语言,产生于 20 世纪 90 年代中期,它不仅统一了 Booch 方法、OMT 方法、OOSE 方法的概念和表示法,而且对其进行了进一步的发展,并最终统一为大众所接受的标准建模语言。UML 语言的出现具有重要的、划时代的意义,将是面向对象技术领域内占主导地位的标准建模语言。

面向对象建模语言出现于 20 世纪 70 年代中期,从 1989 年到 1994 年,面向对象建模语言从 10 余种增加到 50 余种,于是爆发了一场方法大战。众多的建模语言各有自己的特点,相互之间既有共同之处,也有差异,用户没有能力区别不同语言之间的差别,就很难找到适合其应用的语言,这极大地妨碍了用户之间的交流。因此,在客观上有必要建立统一的建模语言。

"统一"这个词在 UML 中有下列一些相互关联的含义:在以往出现的方法和表示法方面,UML 合并了许多面向对象方法中被普遍接受的概念,对每一种概念,UML 都给出了清晰的定义、表示法和有关术语。使用 UML 可以对已有的用各种方法建立的模型进行描述,并比原来的方法描述得更好。在软件开发的生命期方面,UML 对于开发的要求具有无缝性。开发过程的不同阶段可以采用相同的一套概念和表示法,在同一个模型中它们可以混合使用。在开发的不同阶段,不必转换概念和表示法。这种无缝性对迭代的增量式软件开发至关重要。在应用领域方面。UML 适用于各种应用领域的建模,包括大型的、复杂的、实时的、分布式的、集中式数据或计算的、嵌入式的系统。也许用某种专用语言来描述一些专门领域更有用,但在大部分应用领域中,UML 不但不逊色于其他通用语言,相反它的优势更为突出。在实现编程语言和开发平台方面,UML 可应用于运行各种不同的编程实现语言和开发平台系统。其中包括程序设计语言、数据库、4GL 组织文档及固件等。在各种情况下,前部分工作应当相同或相似,后部分工作因各种开发媒介的不同而存在某种程度上的不同。在开发全过程方面,UML 是一个建模型语言,不是对开发过程的细节进行描述的工具。就像通用程序设计语言可以用于许多风格的程序设计一样,UML 适用于大部分现有的或新出现的开发过程。尤其适用于我们所推荐的迭代式增量开发过程。在内部概念方面,在构建 UML 元模型的过程中,我们特别注意揭示和表达各种概念之间的内在联系并试图用多种适用于已知和未知情况的办法去把握建模中的概念。这个过程会增强对概念及其适用性的理解。这不是统一各种标准的初衷,而是统一各种标准的最重要的结果之一。

7.3.1 UML 的发展历程

UML 是在多种面向对象建模方法的基础上发展起来的建模语言,主要用于软件系统的建模。它的演化,可以按其性质划分为以下几个阶段:最初的阶段是专家的联合行动,由三位OO(面向对象)方法学家将他们各自的方法结合在一起,形成 UML 0.9。第二阶段是公司的联合行动,由十几家公司组成的"UML 伙伴组织"将各自的意见加入 UML,形成 UML 1.0 和 1.1,并作为向 OMG(对象管理组织)申请成为建模语言规范的提案。第三阶段是在 OMG 控制下的修订与改进,OMG 于 1997 年 11 月正式采纳 UML 1.1 作为建模语言规范,然后成立任务组进行不断地修订,并产生了 UML 1.2、1.3 和 1.4 版本,其中 UML 1.3 是较为重要的修订版。目前正处于 UML 的重大修订阶段,目标是推出 UML 2.0,作为向 ISO 提交的标准提案。

大致发展历程如下:

1994 年 10 月,布思(Booch)和蓝堡(Rumbaugh)开始着手建立统一建模语言的工作。他们首先将 Booch 93 和 OMT-2 统一起来,并于 1995 年 10 月发布了第一个公开版本,称为统一方法 UML 0.8。

1995 年秋,OOSE 方法的创始人雅各布森(Jacobson)加入了他们的工作,经过他们 3 人的努力于 1996 年 6 月和 10 月分别发表了两个新的版本,即 UML 0.9 和 UML 0.91,并重新命名为 UML。它在美国得到工业界、科技界和应用界的广泛支持,有 700 多家公司采用了该语言。

1996 年,一些机构将 UML 作为其商业策略已日趋明显,UML 的开发者得到了来自公众的正面反应,并倡导成立了 UML 成员协会,以完善、加强和促进 UML 定义工作。于 1997 年 1 月公布了 UML 1.0 版本。

1997 年 7 月,在征求了合作伙伴的意见之后,公布了 UML 1.1 版本。自此 UML 已基本上完成了标准化的工作。

1997 年 11 月,OMG(对象管理组织)采纳 UML 1.1 作为面向对象技术的标准建模语言,成为可视化建模语言事实上的工业标准,已稳占面向对象技术市场的 85% 的份额。

7.3.2 UML 的应用

UML 的主要目标是以面向对象的方式来描述任何类型的系统。最常用于建立软件系统的模型,也可描述非软件领域的系统,如机械系统、企业机构、业务过程、信息系统、实时的工业系统和工业过程等。

UML 是一个通用的、标准的建模语言,对任何有静态结构、动态行为的系统都可用来建模。但是 UML 不是标准的开发过程,也不是标准的面向对象开发方法。这是因为软件开发过程在很大程度上依赖于问题域、实现技术和开发小组,不同的应用、不同的开发人员的开发过程有很大的差异,这使得开发方法的标准化工作很难进行。因此,把开发过程从开发方法中抽取出来,剩下的表示手段和代表语义完全可以实现标准化。表示手段和代表语义组合在一起,即为建模语言。

1. UML 的主要内容

UML 融合了 Booch 方法、OMT 方法和 OOSE 方法中的基本概念。这些基本概念与其他面向对象方法的基本概念大多相同,所以 UML 不仅集众家之长,还扩展了若干概念,因而扩展了现有方法的应用范围。

UML 的主要内容包括 UML 的语义和 UML 的表示法两个方面。

（1）UML 的语义

UML 的语义通过元模型来严格定义。元模型为 UML 的所有元素在语法和语义上提供了简单、一致及通用的定义性说明。使开发者能在语义上取得一致,消除因人而异的表达方法。UML 语义还支持对元模型的扩展定义。UML 定义了各种元素、各种机制及各种类型的语义。

UML 的元素是基本构造单位,其中模型元素用于构造系统,视图元素用于构成系统的表示部分。

UML 定义的各种机制的语义,保持了 UML 的简单和概念上的一致。这些机制是依赖关系、约束、注记、标记值和定制等。

UML 支持各种类型的语义,如布尔、表达式、列表、阶、名字、坐标、字符串和时间等,还允许用户自定义类型。

（2）UML 的表示法

UML 的表示法定义了 UML 的图形表示符号,为建模者和建模工具的开发者提供了标准的图形符号和正文语法。这些图形符号和文字所表达的是应用级的模型,在语义上它是 UML 元模型的实例。使用这些图形符号和正文语法为系统建模构造了标准的系统模型。UML 表示法分为通用表示和图形表示两种。

①通用表示

- 字符串:用于表示有关模型的信息;
- 名字:用于表示模型元素;
- 标号:用于表示附于图形符号的字符号;
- 特定字符串:用于表示附于模型元素的特性;
- 类型表达式:用于声明属性变量和参数;
- 定制:是一种机制,用已有的模型元素来定义新的模型元素。

②图形表示(共有 5 类 10 种图)

- 用例图:用于表示系统的功能,并指出各功能的操作者。
- 静态图:包括类图、对象图及包图。其中类图描述系统中类的静态结构。不仅定义系统中的类,表示类之间的联系如关联、依赖、聚合等,也包括类的内部结构(类的属性和操作)。类图描述的是一种静态关系,在系统的整个生命周期都是有效的。对象图是类图的实例,几乎使用与类图完全相同的标识。他们的不同点在于对象图显示类的多个对象实例,而不是实际的类。一个对象图是类图的一个实例。由于对象存在生命周期,因此对象图只能在系统某一时间段存在。包图由包或类组成,表示包与包之间的关系。包图用于描述系统的分层结构。

- 行为图:包括状态图和活动图,用于描述系统的动态行为和对象之间的交互关系。其中状态图描述类的对象所有可能的状态以及事件发生时状态的转移条件。通常,状态图是对类图的补充。在实用上并不需要为所有的类画状态图,仅为那些有多个状态其行为受外界环境的影响并且发生改变的类画状态图。而活动图描述满足用例要求所要进行的活动以及活动间的约束关系,有利于识别并行活动。

- 交互图:包括顺序图和合作图,用于描述系统的对象之间的动态合作关系。其中顺序图显示对象之间的动态合作关系,它强调对象之间消息发送的顺序,同时显示对象之间的交互;合作图描述对象间的协作关系,合作图跟顺序图相似,显示对象间的动态合作关系。除显示信息交换外,合作图还显示对象以及它们之间的关系。如果强调时间和顺序,则使用顺序图;如果强调上下级关系,则选择合作图。这两种图合称为交互图。

- 实现图:包括构件图和配置图,用于描述系统的物理实现。其中构件图描述代码部件的物理结构及各部件之间的依赖关系。一个部件可能是一个资源代码部件、一个二进制部件或一个可执行部件。它包含逻辑类或实现类的有关信息。部件图有助于分析和理解部件之间的相互影响程度。配置图定义系统中软硬件的物理体系结构。它可以显示实际的计算机和设备(用节点表示)以及它们之间的连接关系,也可以显示连接的类型及部件之间的依赖性。在节点内部,放置可执行部件和对象以显示节点跟可执行软件单元的对应关系。

2. UML 用于软件的开发

UML 是一个建模语言,常用于建立软件系统的模型,适用于系统开发的不同阶段。

(1)用户需求

该阶段可使用用例图来捕获用户的需求,用例图从用户的角度来描述系统的功能,表示了操作者与系统的一个交互过程。通过用例建模,描述对系统感兴趣的外部角色和他们对系统的功能要求。

(2)系统分析

分析阶段主要关心问题域中的主要概念,如对象、类以及它们之间的关系等,需要建立系统的静态模型,可用类图来描述。

为了实现用例,类之间需要协作,可以用动态模型的状态图、顺序图和合作图来描述。在分析阶段,只考虑问题域中的对象建模,通过静态模型和动态模型来描述系统结构和系统行为。

(3)系统设计

在分析阶段建立的分析模型基础上,考虑定义软件系统中的技术细节用到的类,如引入处理用户交互的接口类、处理数据的类、处理通信和并行性的类。因此,设计阶段为实现阶段提供了更详细的设计说明。

（4）系统实现

实现阶段的任务是使用面向对象程序设计语言，将来自设计阶段的类转换成源程序代码，用构件图来描述代码构件的物理结构以及构件之间的关系。用配置图来描述和定义系统中软硬件的物理体系结构。

（5）测试

UML 建立的模型也是测试阶段的依据。可使用类图进行单元测试，可使用构件图、合作图进行集成测试，可使用用例图进行确认测试，以验证测试结果是否满足用户的需求。

7.3.3 UML 的特点

1. 统一了面向对象方法的基本概念

UML 是在 Booch 方法、OMT 方法和 OOSE 方法的基础上发展起来的，是这些方法的延续和发展。消除了不同方法在表示法和术语上的差异，避免了符号表示和理解上的不必要的混乱。

2. 建模能力更强

UML 吸取了不同面向对象方法的长处，融入了其他面向对象方法的可取之处，其中也包括非面向对象方法的影响，还融入了面向对象领域中很多人的思想，因此 UML 的表达能力更强，表示更清晰和一致，建模能力更强。

3. 独立于开发过程

UML 只是一种建模语言，与具体软件开发过程无关，因此独立于开发过程，但是 UML 又可以用于软件开发过程，可以支持从用户需求到测试的各个开发阶段。

4. UML 提出了许多新概念

UML 符号表示考虑了许多方法的图形，删除了大量容易引起混乱的、多余的和极少使用的符号，增加了一些新的符号。还提出了一些新的概念，如构造型、职责、扩展机制、线程、模式、合作图和活动图等。

习　题

1. 解释下列术语的含义：类、对象、消息、方法、继承性、多态性、封装性、特化、抽象、分类。
2. 举例说明类与对象的关系，并画出类的层次图。
3. 结合工程中问题论域，选择实际课题，试着按 OOA 和 OOD 步骤去做，然后再把方案提交小组讨论，加以完善。
4. 什么是面向对象的系统分析和设计？面向对象的系统分析和设计的主要目的和应完成

的主要工作是什么?

5.简述面向对象系统分析的基本任务,并描述该阶段的主要成果——OOA 模型的组成及结构。

6.试描述 OOA 模型的五个层次,并说明它们划分的意义。

7.试描述系统设计的主要阶段和步骤,并说明各步骤的主要工作。

8.简述 UML 的主要内容和特点。

参考文献

［1］高复先.信息资源规划:信息化建设基础工程.北京:清华大学出版社,2002.

［2］邝孔武,王晓敏.信息系统分析与设计(第3版).北京:清华大学出版社,2006.

［3］薛华成.管理信息系统(第6版).北京:清华大学出版社,2012.